孫光浩著

整清古文学叢彙

孫光浩自署

文史哲出版社印行

國家圖書館出版品預行編目資料

釐清古文學疑案 / 孫光浩著. -- 初版. -- 臺北市：文史哲, 民87
面： 公分.
參考書目：面
ISBN 957-549-160-2(平裝)

1. 中國文學 - 研究, 考據等 2. 中國語言 - 文字 - 研究, 考據等

820.9 87009735

釐清古文學疑案

著者：孫光浩
出版者：文史哲出版社
登記證字號：行政院新聞局版臺業字五三三七號
發行人：彭正雄
發行所：文史哲出版社
印刷者：文史哲出版社
臺北市羅斯福路一段七十二巷四號
郵政劃撥帳號：一六一八〇一七五
電話 886-2-23511028・傳眞 886-2-23965656
實價新臺幣三八〇元
中華民國八十七年八月初版

ISBN 957-549-160-2

自敘

吾國文化源遠流長，自有文字記載，歷經數千餘年，且有燦爛輝煌之歷史。然幾經天災人禍，或為毀損，或為湮滅，喪失雖未殆盡，所剩已無幾矣！而其所遺留者，則亦留有諸多困惑，以致難明究竟，乃釀成古今懸案。後世屢曾探索研究，而未得其結果者，不知幾何歟？而生筆戰者，又不知幾何歟？此為他國文化所少見之矣。

苟以文字而言，文字於數千年之遞變，自上古之八卦、象形文乃至今日所通用之楷書，歷經多次演進之。演進過程，姑且不論，而字形之改進等，亦遭中斷也，以致難知究竟也。猶以篆字、隸字演進過程為最，如篆字並非自籀書一躍而成小篆，其中歷經數百年之滄桑，皆莫知之矣！公元一九六五年，於山西省澮河北岸臺地侯馬村出土之侯馬盟書，其為戰國時代晉國趙簡子(鞅)之宗族盟書，其間文字字體，已介乎篆字與隸字之間也。故知史書所言：「李斯發明小篆」一項，而有商榷之必要之。公元一九七五年於湖北省雲夢澤睡虎地出土之秦墓竹簡，所書字體可言為原始之隸字，亦可言為草寫之小篆也。更有山東臨沂銀雀山出土之孫臏兵法、湖南長沙馬王堆出土老子帛書及其文件，依其所留字體，乃可將隸字與八分字體，經五百年歲月演進斷層而予銜接之。自六朝以降，有關隸字、八分之論說足可汗牛充棟，終未搔到癢處，而今歷代書法家對隸字與八分之疑惑，則可迎刃而解之矣。

古代文士有一惡習，喜予竄改或贋作前人文章，以致混淆不清，後人難為論斷，歷代所著辨僞、論述不知幾何？所費筆墨不知幾何？仍無法為之釐清耳。如明代宋濂之諸子辨、胡應麟之四部正訛、姚際恆之古今僞書考，不一而足。至於菩薩蠻（平林漠漠）及憶秦娥（簫聲咽）等二闋。或言李白所作，或言其非也，此二闋難言為李白所作之，此二闋最先見之書籍既有疑問，菩薩蠻一闋見之北宋釋文瑩之《湘山野錄》，文瑩則係聞魏泰所言，魏某所言有悖情理，且喜贋作他人文章，其所撰《東軒筆錄》，四庫全書提要將其贋作文字，舉例刊述綦詳，其言實不可信也。而五代孫光憲所撰《北夢瑣言》，溫李齊名一節中，僅言及溫庭筠為令狐綯丞相代作菩薩蠻一事，並未指定為《平林漠漠》一闋，故不可以此為據也。至於憶秦娥一闋，最先見之於南宋邵博之聞見後錄，言得之於咸陽酒樓，其言與情理不符，且已離格矣！此二闋故難言為李白所作之。再如岳武穆之滿江紅（怒髮衝冠）一闋，眞僞問題論者頗衆，眞與僞皆有其見解，然此闋不論是否岳武穆所作，必為後人所潤飾之。此闋聲、音、韻無不合予詞律之規定，岳武穆文學修維，不可一世，音律則非其長也。故可斷言，後人潤飾必無疑也。

歸林之後，古稀之年，茲將文學或文字常見疑惑，諸多瑣事雜項，不知愚昧，乃博採典籍，特予論證之，其中自有踳駁，惟待博者不吝證之，是感是盼。

中華民國八十六年國慶日　古稀狂翁 **孫光浩** 敘於籬下軒

釐清古文學疑案

目　錄

啓蒙讀物百・三・千

【概說】

民國肇造，國民教育尙未普及之先，兒童初受教育，除於窗前自課外，僅有進入私塾一途。私塾啓蒙讀物，總以百、三、千之三書爲準。兒童僅須朗讀熟記即可，而不求解。此所謂讀死書而已，惟待一旦豁然貫通之。何謂百、三、千歟？係爲百家姓、三字經、千字文三書也。此三本讀物，每句字數相同，且爲押韻，朗朗上口，易讀易記。對稚齡兒童而言，實無艱難之有。簡而言之，在求識字基礎而已。與習字描紅爲私塾啓蒙之兩項課題。此三本書中以百家姓最爲簡單，只需讀不需解，皆爲各家之姓，趙者姓趙，錢者姓錢，亦無從可解之。三字經則較百家姓爲艱難，淺釋四書五經，簡述歷代各朝，以及各名人苦學事實，以勵學子，發憤圖強。如終篇四句云：『勤有功，戲無益。戒之哉，宜勉力。』等句有令啓蒙學子勵志勤學之效耳。至於千字文一書，有關天文地理，人文掌故，則無所不包涵，是故讀之，亦更較困難，特列爲三書最後而讀之。此三書讀熟後，其連接課本，則爲四書五經也。士子窮畢生之年，既於書堆之中爲蠹魚矣。

【百家姓】

百家姓乃以國人之姓編成，爲四字一句之韻文。實不止一百姓，其單姓共四百九十二姓，複姓共四十四姓，計有五百三十六姓。然因版本不同，姓之字數多寡亦不盡同。惟未記撰著人姓名，故對撰著之原意及背景，均無從考證其詳。宋代王明清所著玉照新志、清代代翟灝所著通俗編、清代王相之百家姓考略等書，均未有考據其撰著人。頗爲遺憾，兹分錄於后：

玉照新志：……如市井間所印百家姓，明清嘗詳考之。似是兩浙錢氏有國時，小民所著。何則其首云，趙錢孫李，蓋錢奉正朔，趙氏爲國姓，所以錢次之。孫乃忠懿之正妃，又其次則江南李氏。次句云，周吳鄭王，皆武肅而下后妃無可疑者。（卷五）

通俗編：（前引玉照新志，同上略之。）戒菴漫筆：百家姓單姓四百零八，複姓三十。近見有包括謎子詩，末題至正三年中（元順帝年號），吳王仲端引百家姓盡包成謎。其複姓乃四十四，與今本不同。按陸放翁詩，自註：「農家十月乃遣子，入學所讀雜字書」。百家姓之類，謂之村書。則百家姓之有，自宋前無疑。陳振孫書錄題解，有千姓編一卷，不著撰人。末云：嘉祐八年（宋仁宗年號），[illegible]。又明洪武時，翰林編修吳沉等。據户部黃冊編爲千家姓，以進傳之天下。（卷二）

百家姓考略：百家姓出自兔園集，乃宋初錢唐老儒所作時，錢俶據浙，故首趙次錢。孫乃俶妃，李謂南唐主也。次則國之大族，隨口協韻，掛漏實多，識者訾之。然傳播至今，童蒙誦習，奉爲典冊。乃就其所載，粗爲箋註。方諸古今，姓苑氏族諸書，其猶射者之嚆矢也夫。

按宋人另編千家姓等，詳見直齋書錄。題解末記：嘉祐八年（公元一零六四），采眞子記。明人亦有千家姓，以「朱奉天運」爲起句，而符朱氏皇帝爲千家首姓。復有黃九煙重編百家姓，每句成文，見寄園所寄。清康熙時又重編御製百家姓，（見居易錄）。又崔冕別撰千家姓一卷，以上今皆不傳。現大陸西安，華嶽出版社出刊《百家姓新註》一冊，並依王相箋註百家姓考略爲主，復依唐代元和姓纂、宋代古今姓氏辨證、明代姓氏譜纂、清代姓氏尋源等書，重行註釋。對現版百家姓中，各姓氏之源起及地點，則循夏商周三代之封邑地等，解釋綦詳。復附刊萬家姓一篇，實爲罕見也。

覈姓氏於宗法社會中，極爲重視。猶於封建時代，均以封邑爲姓。如公孫鞅於魏國之時，稱之爲魏鞅。後相秦，受封於商邑，即名商鞅，改姓爲商。又如曾姓，系出姒姓。夏少康氏少子成烈，封於鄫，宋滅鄫，子孫去邑爲曾氏（王相之百家姓考略）。再如公孫氏，春秋之時，諸侯之子爲公子，公子之子爲公孫，公孫之後，無封邑爵號者，皆以公孫爲姓（同上）。故百家姓與三代之封邑爲姓，實有不可分之關係矣。然亦有例外，漢武帝征服匈奴，皆賜姓爲劉。另胡人之姓，編入百家姓中，頗爲不少。如赫連氏，系出南匈奴，右賢王劉豹子劉勃，勃據統萬稱夏帝，自命姓爲赫連。又匈奴之單于，鮮卑之宇文、拓拔、長孫，干闐之尉遲，疏勒裴氏，龜茲之白氏等等（見向達先生之唐代長安與西域文明）。姓本爲族氏之代表，而姓名則爲人身之符號，今科學昌明時代，對於姓名亦未若封建時代之重視之。然華僑於國外仍不忘姓氏，此亦可謂中華民族之民族性也。

何謂姓氏．通鑑外編註：「姓者，統其祖考之所自出。氏者，別其子孫之所自分。《鄭樵久志氏族略序》：三代之前，姓氏分而爲二。男子稱氏，婦人稱姓。氏所以別貴賤，貴者有氏，賤者有名無氏。故姓可呼爲氏，氏不可呼爲姓；姓所以別婚姻，故有同姓、異姓、庶姓之別；氏同姓不同者，婚姻可通。姓同氏不同者，婚姻不可通；三代以後，姓氏合而爲一，皆所以別婚姻，而以地望明貴賤。」瓊林幼學卷二婚姻篇云：「同姓不婚，周禮則然。」按：禮記正義卷三十四：「同姓從宗，合族屬。異姓主名治際會，名著而男女有別。……雖百世而婚姻不通者，周道然也。」日知錄：「姓氏之稱，自太史公始混而爲一。……」註：同姓、異姓、庶姓。詩經小雅伐木：「兄弟無遠。」疏曰：「禮有同姓、異姓、庶姓。同姓是父黨，異姓王舅之親，庶姓與王無親。」

清代琅邪王相箋注《百家姓考略》及今人楊春霖、鄒政民二氏合著《百家姓新注》，對各姓氏皆有精辟考證，自三皇五帝以至周代等，解說綦詳，然亦未必絕對正確。宋代洪邁所著容齋隨筆曾云，姓氏不可考。茲錄於后：

容齋隨筆：姓氏所出，後世茫不可考，不過證以史傳，然要爲難曉。自姚、虞、唐、杜、姜、田、范、劉之外，餘蓋紛然雜出。且以左傳言之：申氏出於四岳，周有申伯，然鄭有申侯，楚有申舟，又有申公巫臣，魯有申繻，申棖，晉有申書，齊有申鮮虞。賈氏姬姓之國，以國氏，然晉有賈華，又狐射姑亦曰賈季，齊有賈舉。黃氏嬴姓之國，然金天氏之後，又有沈、姒、蓐、黃之黃，晉有黃淵。……（冗贅略之）千載之下，遙遙世祚，將安所質究乎？（卷六）

民國四十三年，李彌將軍率軍自滇緬邊區返國時。內有不少邊疆少數民族，隨軍來臺。其中姓氏眞千奇百怪，如有「刀」姓。而百家姓中僅有「刁」姓（梅盛林刁），如此怪姓，其數頗不勝枚舉之。

臺灣於日據時代初期，戶籍人員教育程度甚差。其於戶籍登錄時，錯誤不少。臺南縣之「籃」姓，本爲「藍」姓。雲林縣及臺北縣坪林鄉之「鐘」姓，本爲鍾姓。經因戶籍登錄錯誤以致於今日，將錯就錯，均未更正。另日本人侵佔臺灣之時，使用高壓手段，日人爲複姓，臺灣人民非大日本帝國皇民化，不得使用複姓。如姓「歐陽」者，必須將「陽」字剔除，僅可姓歐（百家姓中有單姓歐姓，歐殳沃利）。臺灣尚有一類複姓，第二字似姓又似名，如「范姜、黃劉、楊謝、劉蔡」等等。據言：日人佔據臺灣之後，大陸自福建廣東再到臺灣之男子，在臺而無戶籍者，與臺灣女子結婚而生子，登記戶籍，其子女僅得隨母姓。不願忘本，第二字爲父姓，猶如贅婚，此僅是傳說而已，無證據可憑，不足深信之。

臺灣某大書局出版一部大辭典，將「溥」字列之爲姓，百家姓中雖無此姓，然也無可疵議。惟其指明爲清代皇室之姓氏，詳註：「4姓，**「滿清」**皇族中有**「溥」**姓，參見溥儀條。」（溥儀：清末代皇帝，年號宣統。……）苟若言「溥」字爲滿清宣統皇帝之姓，則恐有疑問之?

按：滿清本爲女眞族，原無姓。依滿州源流考云：賜姓「愛新覺羅」。清稗類鈔云：愛新覺羅譯言爲金趙，愛新譯爲金，覺羅譯爲趙。……故清人以愛新覺羅爲姓氏。溥儀僅爲宣統之名，溥字爲其輩份之代字而已。如在臺名畫家溥儒係其同輩之兄弟矣。滿清於關外三朝，關內十朝，共十三朝。始於清肇祖，肇祖名爲孟特穆，亦名猛哥帖木兒。太祖名努爾哈赤、太宗名皇太極、世祖順治名福臨、聖祖康熙名玄曄、世宗雍正名胤禎、高宗乾隆名弘曆、仁宗嘉慶名顒琰、宣宗道光名旻寧、文宗咸豐名奕詝、穆宗同治名載淳、德宗光緒名載湉以及宣統溥儀。溥儀之父名載灃，其祖父名奕譞，光緒之父亦爲奕譞。故「奕、載、溥」等字皆爲其輩份之代字耳。滿人本無文化，滿人本無姓氏，故「溥」字僅溥儀之輩份而已。宋代之前，上至北朝魏秦等，胡人崛起，並受中原文化薰陶，始有姓氏。滿文源自蒙古文字蛻變而成，因此百家姓中則無滿人之姓氏也此溥字則恐有疑問，惟待博者證之。然南北朝時，胡人入中原，原胡人姓氏冗長重複，多予改之。宋代洪邁之容齋三筆，述之綦詳。茲錄於后：

容齋三筆：魏孝文自代遷洛，欲大改胡俗，自改拓跋爲元氏，而諸功臣舊族自代來者，以姓或重複皆改之。於是拔拔氏爲長孫氏，達奚氏爲奚氏，乙旃氏爲叔孫氏，丘穆陵氏爲穆氏，步六孤氏爲陸氏，賀賴氏爲賀氏，獨孤氏爲劉氏，賀樓氏爲樓氏，勿忸于氏爲于氏，尉遲氏爲尉氏，其用夏變夷之意如此。然至于其孫恭帝，翻以中原故家，易賜蕃姓，如李弼爲徒河氏，趙肅、趙貴爲乙弗氏……（冗贅略之）。是時宇文泰顓國，此事皆出其手，遂復國姓爲拓跋，而九十九姓改單者，皆復其舊。泰方以時俗文敝，命蘇綽倣周書作大誥，又悉改官名，復周六卿之制，顧乃如是，殆不可曉也。（卷三）

民國八十五年十一月二十七日，臺灣聯合報系所珍藏族譜史料，捐贈予故宮博物院。族譜文獻實爲探索中華民族之家族流傳淵源，並爲研討社會變遷、歷史沿革、人文興衰等最佳之依據。惟盼故宮博物院毋束之高閣，編纂發行以供世人讀之。譜系于中華民族社會進化，人倫關係，占極重要之關係。

族譜者，古代稱之爲譜牒。於清末民初宗法社會中，依然極爲重視，每一地區，同一姓氏戶數較多之，必建宗祠，必立族譜，以示宗族之重要性也。宋代王得臣之塵史中記有姓氏族譜之言。茲錄於後：

塵史：譜牒不修也久矣。晉東進五部亂中原，衣冠流離，而致然也。夫京房之先李姓也，牛洪之先寮姓也，疏之後，乃爲束氏之後，乃爲氏。閩中人避主，審知而沈氏去水而姓尤，南中多危氏，有惡其稱者，或改爲元。如叔類甚多，況元魏據洛，彼有喜中原之姓，擇而冒之者益眾，故譜不可不知也。（卷三）

附錄

鄭樵氏族略序　自隋唐而上，官有簿狀，家有譜系。官之選舉，必由簿狀。家之婚姻，必由譜系。歷代並有圖譜局，置郎令史以掌之。仍用博通古今之儒，知撰譜事。凡百官族姓之有家狀者，則上之官爲考定詳實，藏于秘閣，副在官。若私書有濫，則糾之以官籍，官籍不及，則稽之以私書。此近古之制，以繩天下。使貴有常，尊賤有等，威者也。所以人尚譜系之學，家藏譜系之書。自五季以來，取士不問家世，婚姻不問閥閱。故其書散佚，其學不傳。三代之前。姓氏分而爲二；男子稱氏，婦人稱姓，所以別貴賤。貴者有氏，賤者有名無氏。今南方諸蠻，此道猶存。古之諸侯詛辭；多曰墜命，亡氏敗其國家以明，亡氏則奪爵失國，同可知其爲賤也。故姓可以呼爲氏，氏不可呼爲姓。姓所以別婚姻，故有同姓、異姓、庶姓之別。氏同姓不同，婚姻可通。姓同氏不同，婚姻不可通。三代之後，姓氏合而爲一，皆所以別婚姻。而以地望明，貴賤于文。女生爲姓，故姓之字多從女，如；姬、姜、嬴、姚、嬀、之類是也。所以爲婦人之稱，如；伯姬、李姬、孟姜、叔姜之類，並稱姓也。奈何司馬子長(遷)、劉知幾，謂周公爲姬旦，文王爲姬伯乎。三代之時，並無此語也。良由三代之後，姬氏合而爲一。雖子長、知幾二良史，猶昧於此。姓氏之學，最盛于唐。而因國姓無定論，林寶作元和姓纂，而自姓不知所由來。漢有鄧氏官譜，應劭有氏族篇，又有潁川太守聊氏萬姓譜，魏立九品置中正州，大中正主簿郡，中正功曹，各有簿狀，以備選舉。晉宋齊梁因之故知晉散騎侍郎賈弼、太保王弘、齊魏將軍王儉、梁北中郎諮議參軍知撰譜事。王僧儒之徒，各有百家譜。宋何承天撰姓苑與後魏河南官氏志，此二書尤爲姓氏家所宗。唐太宗命諸儒撰氏族志一百卷，柳沖撰大唐姓系錄二百卷，路淳有衣冠譜，韋述有開元譜，柳芳有永泰譜，柳璨有韻略，張九齡有韻譜，林寶有姓纂，邵思有姓解其書。雖多，概有三種：一種論地望，一種論聲，一種論字。論字者以偏傍爲主，論聲者則以四聲爲主，論地望者以貴賤爲主。……(本節錄自宋魏了翁所撰《古今考》卷一　全文共八千言，後以解釋各姓氏之淵源及分布之狀況等，略之。)

註：

王明清　字仲言，汝陰人。宋慶元間寓居嘉禾。官至泰州倅，著有揮塵三錄、玉照新志、投轄錄、清林詩話。

翟灝　字大川，後改清江，仁和人。乾隆進士，官至金華教授，性嗜讀書。著有四書考異、爾雅補郭、湖山便覽，通俗篇、無不宜詩稿。

鄭樵　字漁仲，宋代蒲田人。著有通志等書，晚年寄於夾粲山，人稱夾粲先生。

魏了翁　字華父，宋代蒲江人。慶元進士，著有鶴山集，經外雜鈔、師友雅言、古今考等。其因丁父憂，寄白鶴山，自稱白鶴先生。惟《古今考》一書，經四庫全書考證，全書共三十八卷。除卷一爲魏了翁所撰外，餘則爲元代方回續之。

王得臣　字彥輔，安陸人。嘉祐進士，官至司農少卿，著有塵史等。

【三字經】

三字經爲三字一句，兩句一聯，亦爲押韻之文。易讀易記，惟不易懂，則較百家姓爲深奧多矣，非如百家姓僅爲識字而已。三字經一書，古代讀書人稱之爲《小綱鑑》。自三皇五帝以止於民國共和（後人曾兩度增修）。除淺釋歷史外，餘則涵蓋天時地理，三綱五常，諸子百家，孝悌忠信，修身齊家，勵志篤學，五穀六畜等等。無所不包，無所不涵。雖爲兒童啓蒙讀物，即使成年人偶或讀之，受益亦非淺矣。

三字經相傳為南宋王應麟所傳，王氏撰著奇豐，計有：深寧集、玉堂類稿、掖垣類稿、詩考、詩地理考，漢書藝文志考、通鑑地理考、通鑑地理通譯、通鑑答問、困學記聞、小學紺珠、小學諷詠、玉海、詞學指南、詞學題苑，急就篇補註等等二十餘類。惟宋史及各項文獻，均未將三字經一書列為其撰著之中。然清代屈大均於其撰著廣東新語云：「三字經為宋末區適子所撰。」屈氏云：「王應麟氏民族思想濃厚，宋偏安臨安，特以漢為正統。故困學記聞中，抑魏揚蜀。而三字經中，則有『魏蜀吳，爭漢鼎』兩句。以魏為正統，似非王氏所撰，應為區氏所撰。」又清代邵晉涵，其詩中曾云：「讀得黎貞三字訓」一句。並於其詩註腳云：「三字經為南海黎貞所撰。」按：三字經考非黎氏所撰，而為黎氏所增補之。三字經中自宋至明，共八聯十六句，為黎氏增訂，應無疑問。原撰至五代：「梁唐晉，及漢周。稱五代，皆有由。」由此可證為宋代之人所撰之。自宋以後應為黎氏所增補，茲錄於后：

炎宋興　受周禪　十八傳　南北混
遼與金　皆稱帝　元滅金　絕宋室
輿圖廣　超前代　九十年　國祚廢
太祖興　國大明　號洪武　都金陵

復於民國初年章炳麟氏重行編訂，特增加明清兩代，以至民國史實，共十八聯三十六句。其乃自我炫耀而已，對滿清政權，倍加歌頌，后列「革命興」等四聯八句，復為他人所改之。章氏對民國建立，施行共和，僅一筆帶過，其云：「革命興，廢帝制，立憲法，建民國。」然對清廷則非如此矣。史實之文，應爲公正，諂諛之文，荼毒人心，自非所宜。惟其新增詞句，言詞拗澀，文字堆砌，復未協韻，佶屈聱牙，有悖兒童讀物之詣旨也（章氏增補三字經全文附錄於后，請參閱）。

太祖興　國大明　號洪武　都金陵
迨成祖　遷燕京　十六世　至崇禎
閹亂後　寇如林　李闖出　神器終
清順治　據神京　至十傳　宣統遜
革命興　意氣雄　廢帝制　效大同
舉總統　共和成　復漢土　民國興

清代陸以湉其著冷廬雜識中，認三字經爲王應麟所撰，頗有置疑。除對魏蜀吳，爭漢鼎。抑魏揚漢之外，又對六經之說，另有見解。茲錄於后：

冷廬雜識　童蒙所誦三字經，相傳爲王伯厚（應麟字）作，此流俗之說也。周公時無六經之名，不當云著六經。大小戴禮記，乃大小戴所撰，不當云註禮記。困學記聞，尊蜀而抑魏，其所敘述，蜀先魏後，亦不當云，魏蜀吳，爭漢鼎。經史之大者，疏舛若此，其他可論矣。（卷六）

按：原文「我周公，作周禮。著六官，存治禮。大小戴，註禮記。述聖言，禮樂備。」

按：六經爲「詩、書、禮、易、樂、春秋」。禮又分之爲三；曰周禮、曰儀禮、曰禮記等。周禮原之周官，漢改名周禮。係周以前官制，夏、商二代已施行之。周代沿用並予增訂，名曰周官。漢代鄭玄作注，唐代賈公彥作疏，宋代王安石另註釋之，名爲周官新義。周官是否爲周公所作，後人疑之。春秋爲孔子據魯史所作，起於魯隱公元年(周平王四十九年)，訖於魯哀公十四年(周敬王四十二年)，時周公謝世久矣。儀禮出殘闕之餘，經漢代鄭玄註，唐賈公彥疏整理後共十七卷。禮記爲漢代鄭玄註，唐代孔穎達疏，共六十三卷。三字經不論何人所撰，此點確是瑕疵，是故冷廬雜識之論非謬也。大小戴爲戴聖、戴德二人，樂經亦非戴氏二人所撰。荀悅之前漢紀將古文尙書及今文尙書等六經，一併詳予述之。茲摘錄於后：

前漢紀：……魯恭王壞孔子宅，以廣其宮。得古文尚書多十六篇，及論語孝經。武帝時，孔安國家獻之會，巫蠱事未列於學官，詩始自魯申公作古訓。燕人韓嬰爲文帝博士作詩外傳。齊人轅固生爲景帝博士，亦作詩內外傳。由是有魯韓齊之學。趙人有毛公，爲河間獻王博士，作詩傳，自謂得子夏所傳，由是爲毛詩，列於學官。禮始於魯，高堂生傳士禮十八篇，多不備。魯人徐生善爲禮容，文帝時爲禮官大夫，宣帝時爲少府。后倉最爲明禮。而沛人戴聖戴德傳其業，由是有后倉大小戴之學。其禮古經五十六篇，出於魯壁中，猶未能備，歆(劉歆)以周官十六篇爲周禮。王莽時歆奏以爲禮經，置博士。樂自漢興制氏，以知雅樂聲律，世有樂官，但紀鏗鏘鼓舞而已，不能言其義。河間獻王與毛公等，共採周官與諸子樂事者，乃爲樂記。及劉向校秘書，得古樂記二十三篇，與獻王記不同。春秋魯人穀梁赤、齊人公羊高各爲春秋作傳。景帝時，胡毋子都與董仲舒治春秋公羊，皆爲博士。瑕丘人江公治穀梁與董仲舒議春秋，不及仲舒。武帝時，遂崇立公羊，而東平嬴公受其業。昭帝時，爲諫議大夫，授魯國眭孟，孟授東海嚴彭祖，彭祖授顏安樂，由是有嚴顏之學。沛人蔡千秋，治穀梁與公羊並議帝前，帝善穀梁說，擢千秋爲諫議大夫遂立穀梁。始魯人左丘明又爲春秋作傳，漢興張蒼賈誼皆爲左氏訓，劉歆尤善左氏，平帝時，立左氏春秋。毛詩逸禮古文尚書，後復皆廢。……（卷二十五）

三字經爲宋代人氏所撰，應無疑義。其受宋代理學思想影響甚鉅，開宗明義即言：「人之初，性本善。」遵崇孟子性善學說，符合理學之意旨。考亭派理學大師朱熹訂定大學、中庸、論語、孟子爲四書，以爲「格物致知」之理論依據。次聯：性相近，習相遠。乃言係因後受家庭環境，教育影響之緣故，以致近朱者赤，近墨者黑，導至善惡殊途，與荀子性惡之說有別矣。故復歌頌孟母之賢德云：「昔孟母，擇鄰處。子不學，斷機杼。」復又推崇孟軻云：「孟子者，七篇止。講道德，說仁義。」更列於孟子之師，曾參、孔伋之先。其後乃云：「作中庸，乃孔伋。中不偏，庸不易。作大學，乃曾子。自修齊，至平治。」師徒顛倒，有悖尊師重道之禮，如何言之矣！（孔伋字子思，孔子之孫，子鯉之子，學於曾子，作中庸一書，授於孟子。曾參字子輿，受業於孔子，作大學一書授於子思。）三字經之意旨，無他也。乃爲尊儒學，攘百家，此亦爲考亭派理學之宗旨。明代焦竑（字弱侯，號澹園，江寧人。萬曆十七年狀元，官至翰林修撰。著作頗豐。）其於焦氏筆乘卷三云：「史記：載孟子受業子思之門人。不察者，遂以爲親受業於子思，非也。」

三字經係爲王氏或區氏二位何人所撰，史書辭典亦未有定論，甚難推論之。因此段於炎宋興，受周禪。兩句之先則爲五代，其云：「梁唐晉，及漢周。稱五代，皆有由。」故黎氏自此增編，應無疑慮。然王氏、區氏何人所撰於此處，亦難覓得絲跡。王氏於南宋度宗時即已謝世，後恭宗、端宗、丙宗等三位皇帝在位極短，尤以丙宗爲張世傑負之投海，宋祚遂終。區氏於辭典中，未年代記載，亦無出生謝世之言，況宋無傳。何人所撰，則難言之矣。至於魏蜀吳，爭漢鼎。抑魏揚蜀等言，豈可依此爲重要之依據，如此將成爲文字之千古懸案也。

附錄

大小戴　禮記；隋書經籍志曰：漢初河間獻王得仲尼弟子及後者所記一百三十一篇，獻之時，無傳之者。至劉向考校經籍，檢得一百三十篇，第而敘之。又得明堂陰陽記三十三篇，孔子三朝記七篇，王史記二十一篇，樂記二十三篇，凡五種合二百十四篇。戴德刪其煩，種合而記之，爲八十五篇，謂之大戴記。戴聖又刪大戴之書，爲四十六篇，謂之小戴記。馬融遂傳小戴之學，融又益月令一篇，明堂位一篇，樂記一篇，合四十九篇（錄自禮記正義）。現存禮記共六十三卷。　儀禮；殘闕之餘，漢代所傳凡有三本：一曰大戴本，一曰小戴本，一曰劉向別錄本，皆十七卷。即鄭氏所註，賈公彥所疏。謂別錄：尊卑吉凶，次第倫序。故鄭用之二戴尊卑吉凶，亂序故鄭不從也。其經文亦有二本，高堂生所撰者，謂之今文。魯恭王子孔子宅，得亡儀禮五十六篇，其字皆以篆書之，謂之古文。　周禮　孔壁出書，劉歆始改稱之。共分六篇。惟夏官已殘闕不全，冬官全闕，以考工記補之。時疑劉歆贋作，河間獻王已得其書，而證非僞也。

附錄：三字經章炳麟增本

人之初，性本善。性相近，習相遠。苟不教，性乃遷。教之道，貴以專。昔孟母，擇鄰處。子不學，斷機杼。竇燕山，有義方，教五子，名俱揚。養不教，父之過；教不嚴，師之惰。子不學，非所宜。幼不學，老何爲。玉不琢，不成器；人不學，不知義。爲人子，方少時，親師友，習禮儀。香九齡，能溫席。孝於親，所當執。融四歲，能讓梨。弟於長，宜先知。首孝悌，次見聞。知某數，識某文。一而十，十而百，百而千，千而萬。三才者，天地人。三光者，日月星。三綱者，君臣義，父子親，夫婦順。曰春夏，曰秋冬，此四時，運不窮。曰南北，曰西東，此四方，應乎中。曰水火，木金土，此五行，本乎數。十干者，甲至癸。十二支，子至亥。曰黃道，日所躔。曰赤道。當中權。赤道下，溫暖極。我中華，在東北。曰江河，曰淮濟，此四瀆，水之紀。曰岱華，嵩恆衡，此五岳，山之名。曰士農，曰工商，此四民，國之良。曰仁義，禮智信，此五常，不容紊。地所生，有草木，此植物，遍水陸。有蟲魚，有鳥獸，此動物，能飛走。稻粱菽，麥黍稷，此六穀，人所食。馬牛羊，雞犬豕，此六畜，人所飼。曰喜怒，曰哀懼，愛惡欲，七情具。青赤黃，及黑白，此五色，目所識。酸苦甘，及辛鹹，此五味，口所含。羶焦香，及腥朽，此五臭，鼻所嗅。匏土革，木石金，絲與竹，乃八音。曰平上，曰去入，此四聲，宜調協。高曾祖，父而身，身而子，子而孫。自子孫，至玄曾，乃九族，人之倫。父子恩，夫婦從；兄則友，弟則恭；長幼序，友與朋；君則敬，臣則忠。此十義，人所同。當順敘，勿違背。斬齊衰，大小功，至緦麻，五服終。禮樂射，御書數，古六藝，今不具。惟書學，人共遵。既識字，講說文。有古文，大小篆，隸草繼，不可亂。若廣學，懼其繁，但略說，能知原。凡訓蒙，須講究。詳訓詁，名句讀。爲學者，必有初。小學終，至四書。論語者，二十篇；群弟子，記善言。孟子者，七篇止；講道德，說仁義。作中庸，乃孔伋；中不偏，庸不易。作大學，乃曾子，自修齊，至平治。孝經通，四書熟。如六經，始可讀。詩書易，禮春秋，號六經，當講求。有連山，有歸藏，有周易，三易詳。有典謨，有訓誥，有誓命，書之奧。我周公，作周禮，著六經，存治體。大小戴，註禮記，述聖言，禮樂備。曰國風，曰雅頌，號四詩，當諷詠。詩既亡，春秋作，寓褒貶，別善惡。三傳者，有公羊，有左氏，有穀梁。經既明，方讀子。撮其要，記其事。五子者，有荀楊，文中子，及老莊。經子通，讀諸史，考世系，知終始。自羲農，至黃帝，號三皇，居上世。唐有虞，號二帝。相揖遜，稱盛世。夏有禹，商有湯，周文武，稱三王。夏傳子，家天下，四百載，遷夏社。湯伐夏，國號商，六百載，至紂王。周武王，始伐紂，八百載，最長久。周轍東，王綱墜，逞干戈，尚游說。始春秋，終戰國，五霸強，七雄出。嬴秦氏，始兼併，傳二世，楚漢爭。高祖興，漢業建，至孝平，王莽篡。光武興，爲東漢，四百年，終於獻。蜀魏吳，分漢鼎，號三國，迄兩晉。宋齊繼，梁陳承，爲南朝，都金陵。
北元魏，分東西，宇文周，與高齊。迨至隋，一土宇，不再傳，失統緒。唐高祖，起義師，
除隋亂，創國基。二十傳，三百載，梁滅之，國乃改。梁唐晉，及漢周，稱五代，皆有由。
炎宋興，受周禪，十八傳，南北混。遼與金，皆稱帝。元滅金，絕宋世。輿圖廣，超前代，
九十年，國祚廢。太祖興，國大明，號洪武，都金陵。迨成祖，遷燕京，十六世，至崇禎。
權閹肆，寇如林，李闖出，神器焚。清世祖，膺景命，靖四方，克大定。由康雍，歷乾嘉，
民安富，治績誇。道咸間，變亂起，始英法，擾都鄙。同光後，宣統弱，傳九帝，滿清歿。
革命興，廢帝制，立憲法，建民國。古今史，全在茲，載治亂，知興衰。史雖繁，讀有次。
史記一，漢書二。後漢三，國志四。兼證經，參通鑑。讀史者，考實錄。通古今，若親目。
口而誦，心而惟。朝於斯，夕於斯。昔仲尼，師項橐，古聖賢，尚勤學。趙中令，讀魯論，
彼既仕，學且勤。披蒲編，削竹簡，彼無書，且知勉。頭懸樑，錐刺股，彼不教，自勤苦。
如囊螢，如映雪，家雖貧，學不輟。如負薪，如掛角，身雖勞，猶苦卓。蘇老泉，二十七，
始發憤，讀書籍。彼既老，猶悔遲；爾小生，宜早思。若梁灝，八十二，對大廷，魁多士。
彼既成，眾稱異；爾小生，宜立志。瑩八歲，能詠詩；泌七歲，能賦棋。彼穎悟，人稱奇；
爾幼學，當效之。蔡文姬，能辨琴；謝道韞，能詠吟。彼女子，且聰敏；爾男子，當自警。
唐劉晏，方七歲，舉神童，作正字。彼雖幼，身已仕。有爲者，亦若是。犬守夜，雞司晨。

苟不學，曷爲人。蠶吐絲，蜂釀蜜。人不學，不如物。幼而學，壯而行。上致君，下澤民。揚名聲，顯父母。光於前，裕於後。人遺子，金滿籯；我教子，惟一經。勤有功，戲無益。戒之哉，宜勉力。

註：

王應麟　字伯淳，江蘇嘉定人。理宗淳祐年代進士，度宗時累遷禮部尚書。（撰著如上，略之。宋史卷四百三十八，列傳一百九十七）。

屈大均　初名紹隆，字翁山，又字介子，廣東番禺人。著有翁山詩略、詩外、文外、四書補註、成仁錄、廣東新語等。惟多忌諱，多削版。與陳恭尹、梁佩蘭共稱嶺南三大家。（宋史無傳）。

區適　字正叔，南宋廣東南海人。以博學多聞見稱，里人多慕之。（宋史無傳）。

邵晉涵　字與桐，浙江餘姚人。乾隆進士，累官至翰林苑學士。著有南都事略、爾雅正義、穀梁古註、韓詩內傳考、方輿金石編目、輶軒日記、江南詩文集等。

黎貞　字彥晦，明初廣東新會人。性坦蕩不羈，偶飲酒自放，自號陶生。洪武初年，因案被誣，戍遼陽十八年，著有通鑑前編目、孝經集善、理學訓蒙、西菴集、陶生集、秫坡詩稿。（明史卷二百八十五文苑傳，於王行傳後附記之）。

（區適、屈大均、邵晉涵等均摘自人名大辭典）。

陸以湉　字定圃，桐鄉人。道光進士，官累至杭州教授等職。著有冷廬雜識等。

【千字文】

千字文今之流傳本，爲六朝梁代員外散騎郎周興嗣次韻。梁書卷四十九文學列傳周興嗣傳云：「高祖以三橋舊宅爲光宅寺，敕興嗣與陸倕各製寺碑，及成俱奏，高祖用興嗣所製者。自是銅表銘柵塘碣北伐檄，次韻王羲之書千字，並使興嗣爲文。」（本傳後附註云：「周興嗣傳，次韻王羲之書千字爲文。宋史李至傳言，千字文乃梁武帝得鍾繇書破碑千餘字，命周興嗣次韻而成，今以爲王羲之，異矣。」）然若據唐代李綽所撰之尚書故實記載，則有異之矣。茲錄於后：

> 尚書故實　千字文梁周興嗣編次，而有王右軍書者，人皆不曉，其始乃梁武教諸王書，令殷鐵石於大王書中，搨一千字。不重者，每字片紙，雜碎無序。武帝召興嗣謂曰：「卿有才思，爲我韻之。」興嗣一夕編綴進上，鬢髮皆白，而賞賜甚厚。右軍孫智永禪師自臨八百本，散與人間，諸寺各留一本。永往住吳興永福寺，積年學書，禿筆頭十瓮，每瓮皆數十石。人來覓書，并請題頭者如市，所居戶限爲之穿穴。乃用鐵葉裹之，人謂爲鐵門限。後取筆頭瘞之，號爲退筆塚，自製銘誌。（全一卷）

然除尚書故實所載周韻千字文始末外，另有案鬱岡齋帖題曰：「魏太守鍾繇千字文，右軍將軍王羲之奉敕書。起四句云：『二儀日月，雲露嚴霜。夫貞婦潔，君聖臣良。』結二句與周氏同，是此書原有二本。」再宋書卷三十五・列傳三十九蕭子範傳。「……南平王（蕭偉）戶曹屬從事中郎，王愛文學士，子範偏被恩遇。嘗曰：『此宗室奇才也。』使製千字文，其辭甚美。王因命記室蔡薳註釋之。」因之，千字文版本有二，王羲之即爲首韻，周興嗣乃爲次韻。至於蕭子範所撰者，則無從考之。至於字體爲鍾繇所書抑或王羲之所書，更無從考之矣。明代張萱（字孟奇，號九岳，別號西園，博羅人。萬曆中舉於鄉，官至平越知府。）所撰疑耀有云：「（前段與尚書故實同，略之。）又有一說：武帝喜鍾繇書，而秘書省所藏鍾繇眞跡甚多。獨年久漫滅散亂，乃令周興嗣爲千字文，未知孰是。今世有鍾繇千字與周興嗣所韻者不同，乃後人僞撰也。」（卷八）清代翟顥（年籍詳前）所撰通俗編對千字文亦有註釋。茲錄於后：

通俗編　南史周興嗣傳，帝次韻王羲之書千字，使興嗣爲文，奏帝稱善。按字爲王羲之所書。而玉溪清話云，梁武帝得鍾繇破碑，愛其書，命周興嗣次韻成文。尚書故實亦云，武帝命殷鐵石於鍾王書搨千字，召周興嗣韻之，一日綴成，則其中兼有鍾繇書矣。詹和仲言，見唐刻千文儼然鍾繇筆法，不繆矣。時梁武帝亦嘗自製千文，南史沈旋傳，旋子眾仕梁，爲太子舍人，武帝製千文詩，眾爲註解是也。梁武前先有爲千字文者，齊書宗室傳；南平王稱子範奇才，使製千字文，其辭甚美，是也。（此節甚有疑竇：齊書卷三十五，列傳十六，南平王爲蕭銳傳中無蕭子範撰千字文事，而係梁南平王蕭偉所命蕭子範撰——如上言。齊書爲梁蕭子顯所撰，子範爲子顯之兄，應無差弛。）梁武帝後復有爲千字文者，舊唐書袁朗傳，朗製千文詩，當時以爲盛作，是也。又隋時秦王俊令潘徽爲萬字文，見北史徽傳。（卷二）

千字文爲四字一句之韻文，雖易讀而難解。然於啓蒙之時，與百家姓、三字經等僅須朗誦熟背而已，亦無所困難而言，故列之於三冊之最後讀之。考其原委，千字文雖爲韻文易讀，而其內涵深奧，與三字經之天文地理相差無幾。但千字文中之人文掌故奇多，罕用字亦復不少。一句一字，均有含義，往往一句須逐字解釋之。舉例而言之：「驢騾犢特」；騾者爲驢馬所產之，牝馬牡驢所生之子則體格強健，役力較驢馬皆過之。若牝驢牡馬則反是。騾無生育能力。騾之古字爲「驘」，今之印刷版皆印此「騾」，而清末民初之木刻版皆古字。而篆字譜中無此「騾」，而刊「驘」。犢者乳牛也，二年以內之牡牛爲牯。特字則又不同矣，今之國語辭典解釋爲「異樣」，舉例爲「特別、特地」等等。何爲異樣？如何特別？卻語焉不詳矣！殊不知，特者牡牛也，強壯之牡牛也。說文解釋：「朴特牛父也」。（段玉裁說文解字註卷二上）。康熙字典對此「特」字，解釋有二十餘項之多。另如「起翦頗牧」一句；爲白起（非吳起）、王翦、廉頗、李牧，以上爲戰國七雄時，秦趙兩國名將各二。餘如罕用字；邈字——杳遠也。讌字——歡宴也。（絃歌酒讌，其讌字亦可用此宴字）。其他罕用字尚爲夥矣。

後人潤飾

今書坊流傳版本，雖爲周興嗣所撰，自無疑問。然業經後人修飾，未必盡如尚書故實之云。其中最顯著掌故及地理爲唐貞觀年代之史實。己距周興嗣有百餘年之久，試略舉例分述於后：

宣威沙漠，馳譽丹青　上句爲姜恪以戰功凱旋沙漠，而封左相。下句爲善擅繪事閻立德、閻立本昆仲史實。舊唐書卷七十七列傳二十七(新唐書卷四十三)閻氏昆仲傳後段記載：閻立本，唐萬年人。

善繪圖。古今故實，太宗時，初仕主爵郎中。太宗與侍臣泛舟春苑池，見異鳥容與波上，上悅之。詔坐者賦詩，而召立本侔狀。立本俯伏池左，研吮丹粉，望坐者，羞悵流汗。歸戒其子曰：吾少讀書，文辭不減儕輩，今獨以畫見知，與斯役等，若曹愼毋習。立本於高宗時拜右相。故時人有「左相宣威沙漠，右相馳譽丹青」之嘲也。資治通鑑經記載之。茲錄於后：

唐高宗麟德二年三月，甲寅，以兼司戎太常伯姜恪同東西臺三品。恪，寶誼之子。（卷二百零一，唐紀十七。）

唐高宗總章元年十月，甲戌司戎太常伯姜恪兼檢校左相，司平太常伯閻立本守右相。

按：元代胡三省（宋寶祐進士）註云：姜寶誼從高祖起兵於太原。

按：司戎太常伯係兵部尙書。司平太常伯係工部尙書。（姜恪唐史無傳，辭典亦未記載。俞劍方先生所撰中國繪畫史第九章：唐朝之繪畫一節中，則有記之。惟其年籍不可考。）

雞田赤城　雞田：舊唐書地理志，關內道記載：「雞田於貞觀二十二年設置於靈州，原屬突厥，爲關內道靈州雞田郡。」其註釋：「以趺部置僑治回樂。」現於寧夏省靈武縣。王勃之採蓮賦云：「北戍雞田雁」等語。或云雞田郡設於開元年代，此恐有爭議，王勃爲高宗總章時人，應依舊唐書爲準，雞田設郡應早於開元之。以上略舉二事，均爲唐貞觀之史實，定爲後人潤飾無疑矣。

律呂與律召

清梁章鉅（字閎中，福建長樂人。嘉慶進士，道光年代官累至江蘇巡撫，兩江總督。著有浪跡叢談、歸田瑣記等七十餘類。）其於歸田瑣記一書之中，有論述千字文一節，律呂調陽之「呂」字爲「召」。茲錄於后：

歸田瑣記　千字文有三本，齊（應是梁代）蕭子範之作不傳，周興嗣所次。據梁書南史，皆以爲王羲之書。乃尚書故實云：『梁武帝命殷鐵石於鍾王書中搨千字，召興嗣韻之，一日綴成。』玉溪清話亦云：『梁武帝得鍾繇破碑，愛其書，命興嗣次韻成文。』所說不同。宋史李至傳亦言：是鍾繇破碑。而盛百二柚堂筆談云：『右君所書，即鍾千字文。』金壇王氏鬱岡齋帖題曰：『魏太守鍾繇千字文，右將軍王羲之奉敕，書起四句云：『二儀日月，雲露嚴霜。夫貞婦潔，君聖臣良。』結二句與周氏同。是周興嗣所次，亦有兩本不同也。（此與通俗編二書雷同）余偶爲人書千字文。「律呂調陽」，作律「召」調陽。觀者或以召字爲誤，請削易之。余曰：「召字不誤，呂字乃誤也。」宋吳坰五總志云：『隋智永禪師居長安西明寺，自七十至八十歲，寫眞草千字文八百本，人爭取之。但作律召調陽者，皆是按閏餘與律召，正是偶對，不知何時誤作呂字。』余齋藏董香光手冊，亦作呂矣。（卷六）

按：智永草書千字文應有三種版本；一爲眞蹟本，一爲關中刻本（現存西安碑林），一爲寶墨軒刻本。現書坊中多爲寶墨林刻本，則爲律召調陽，然傍註於召字下註「呂」字。楷書本未見，難作斷語也。

梁氏所述，千字文有三本，王右軍所作應爲第一韻（晉代）。南朝齊（梁）代蕭子範所著與周興嗣所著，熟是次韻，因皆爲梁武帝時人（子範爲武帝之六子）。子範之本業已散佚，無所考據。既使王右軍之撰是鍾書抑或王書，均無原本佐證，亦難有所考也。僅可作人云亦云耳。

至於「律召」一詞，梁氏云隋代智永所書一節。係依宋代錢易（字希白，臨安人。眞宗時進士，累遷朝林學士，著有青雲總錄、青雲新錄、洞徽志、南部新書等）所言。其南部新書中有此解釋。茲錄於后：

南部新書　智永禪師傳右軍父子筆法，居長安西明寺，從七十至八十十年，寫眞草千字文八百本。每了，人必爭之。但律召調陽，即其眞本也。石本是内降，貞觀年中也。俗本稱律呂調陽，誤也。蓋以草聖召字似呂字耳，以閏餘對律召是其義也。徐散騎最博古，亦誤爲「呂」字。（卷九）

關於「律召」一詞，不知所出，未能尋得資料，無法斷論。按「律呂」之釋，應作爲二。一曰樂章：古正樂律之器。黃帝時伶倫截竹爲筒，以筒之長短，分聲音之清濁，分陰陽各六律，律爲陽，呂爲陰之謂也。一曰氣象：漢書律曆志云：「律有十二，陽六爲律，陰六爲呂，律以統氣類物，呂以陽宣氣。」宋代江少虞（字虞仲，常山人。徽宗政和進士，爲天臺官，著有宋朝類飄、事實類苑等）其事實類苑對律呂解釋綦詳。茲錄於后：

事實類苑

一：漢志陰陽相生，自黃鍾始而左旋八八爲伍。八八爲伍者，謂一上生與一下生，相間如此，則自大呂以後，律數皆差，須自蕤賓再上生，方得本數，此八八爲伍之誤也。或曰律無上生呂之理，但當下生而用獨倍，二說皆通。然至清宮生大呂，清宮又當再上生如時上時下，即非自然之數，不免牽合矣。自子至巳爲陽律陽呂，自午至亥爲陰律陰呂。凡陽律陽呂皆下生，陰律陰呂皆上生。故巳方謂之律，謂之中呂，言陰陽至此而中也。至午則謂之蕤賓，陽常爲主，陰常爲賓，蕤賓者，陽至此而爲賓也。納音之法，自黃鍾相生，至於中呂而終，謂之陽紀。自蕤賓相生，至於應鍾，而終於陰紀，蓋中呂爲陰陽之中，子午爲陰陽之分也。

二：漢志言數曰太極，元氣函三，爲一極中也，元始也。行於十二辰，始動於子，參之於丑。得三又參於寅，得九又參之於卯。得二十七歷十二辰，得十七萬七千一百四十七。此陰陽合德，氣鍾於子，化生萬物者也。殊不知此乃求律呂長短，體算立成法耳。別有何義，爲史者但見其數浩博莫測，所用乃曰，此陰陽合德，化生萬物者也。……（後論及防風氏之脛骨廟事，略之。）

（以上二節於卷十九）

千字文中所言「律呂」，應指天時氣象，其云：閏餘成歲，律呂調陽。中國自秦漢以後，曆法採用月曆，以望朔爲準。大月三十日，小月二十九日。平均每月僅有二十九日又五小時餘，每年也僅有三百五十四日或三百五十五日，與回歸年（地球繞太陽一週）三百六十五日又六小時，共相差十一日又二十餘小時，故每經三年即多餘一個月。如此，則寒暑無法與月曆中二十四個節令配合之。補救之道，而以閏月而配合之。故於月曆中，三年一閏，二年再閏，十九年共有七閏，而調整回歸年之差距耳。如是若言「律召」，則與全文難以吻合。全文爲「寒來暑往，秋收冬藏。閏餘成歲，律呂調陽。雲騰致雨，露結爲霜。」依上下兩聯而讀之，應爲敘述天時氣象也。亦應是「律呂」無誤矣。至於智永禪師所書眞草千字文，是律召抑或律呂，驟難定論。於今日尚未見楷書本之字跡，而草字本中所寫之「召」字，猶如英文字母之大寫草字【S】，諺云：「草字過了格，神仙不認得。」是呂、是召，抑或是智永禪師之筆誤歟？熟未可知矣。而梁章鉅雖持此論，卻未有言出其學理，僅依智永禪師所書似眞如幻一字而定論，實有商榷之餘地也。另宋代吳曾所撰《能改齋漫錄》卷四中，記載宋代楊億言：「敕散騎員外郎周興嗣次韻」之敕字，誤也。應用此「敇」，按說文釋爲勞也，正韻釋爲誡也，與敕字通。而敕字爲令也。吳曾爲辨此字，以五百言長篇闊論之。可言古人作學之專也。亦可言閒極無聊也。

其他註記

梁氏又云：千字文共有三本，然清代同時人，陸以湉其所撰冷廬雜識云：千字文尚有他人撰之。茲錄於后：

> 冷廬雜識　宋長州侍其良器暐（侍其氏，宋人。官至左朝散大夫，知池州軍事。）作續千字文，不用周興嗣千字文中之字。　江陰葛氏剛正，又作三續千字文，亦無複字，並自注萬四千餘言。篇末云：「梁韻昔敘，暐編今錄。申浦葛叟，昭勳族胄。七略傍覽，三篇繼就。俱詮詁註，俾誨髫幼。序識卷末，聊示悠久。」昭勳句，蓋指其伯祖丞相文定公邲。理宗繪像昭勳崇德之閣，

剛正在其從孫之列，故族胄云。（按：葛邲，字楚輔，丹陽人。登進士第，累官至刑部尚書，南宋光宗紹熙年拜左丞相。）（卷二）

千字文因一千字均不雷同，世人常用於分卷編號上，科舉時代試場中，號房亦採用千字文而編號之。陸氏復於冷廬雜識中提及號房編號之事。茲錄於后：

冷廬雜識　周興嗣千字文，今科場號舍文卷及民間質庫計簿，皆以其字編次爲識取。其字無重複，且眾人習熟，易於檢覓也。雍正元年，禮部議准，鄉會試硃卷字號，將千字文不佳字樣揀去；荒、弔、伐、罪……（共揀去七十五字，略之。）又亞聖孟子名應避（按：孟軻敦素之軻），及數目四、五、六、九等字，與號數複皆勿用。余按鮑氏知不足齋叢書，以千字文編頁，改「禍因惡積爲祿因功積」。蓋亦以字之當諱而易之也。（卷七）

封建時代科舉應試，爲士子登龍之途，顧慮重重。對於號房不吉之編字，莫大忌諱。故禮部議准，特將編號視爲不吉之字樣，一律揀去不用，可言亦爲一大德政，而非修改千字文也。至於今之書坊所售部份版本，將首句天地「玄」黃改爲天地「元」黃，乃爲避諱清聖祖康熙皇帝之名諱「玄」曄之故也。書坊所售四體千字文字帖，舉凡天地元黃，而假王羲之名義者，實爲清人之墨跡，皆屬贋品，確非王氏之眞跡也。清代倪濤（字琨渠，錢溏人。布衣終生，篤志嗜學著有周易蛾術、文德翼、慵吹綠注、六藝之一等。）於其六藝之一中，對周興嗣之千字文，歷代後人所書成帖者，彙集成冊。有參考價值者。摘錄於后：

梁書言：武帝得王羲之所書千字，命周興嗣以韻文次之。今官法帖，有漢章帝所書百餘字，其言有「海鹹河淡」之類。蓋前世學者，多爲此語，不獨始於羲之也。（集古錄）

跋章草千字文云：集書家定爲漢章帝繆矣。章草言，可以通章奏耳。千字乃周興嗣取右軍帖中所有字作韻語，章帝時那得有之，疑是蕭子雲書之最得意者。（山谷集）

梁蕭子雲啓云：臣子雲奉敕，使臣寫千字文，今已上呈。（宣和書譜　法書要錄）（按：蕭子雲爲武帝九子，子範之弟。）

（以上均於卷一百六十八）

……淳化帖有漢章帝書千字文，紕繆如此，徒資嗢噱。（卷二百九十五）

六藝之一卷二百六十八，舉凡六朝以後歷代名家書法搨書，皆考證綦詳。如智永、歐陽詢、虞世南、孫過庭、米芾、鮮于樞、趙孟頫、文徵明等等百餘位。猶對智永永之法帖計十二節，論述各本，但終未提及「律呂」與「律召」二字。故梁氏之「律召」論說，令人生疑。

註釋疑問

今書坊有周興嗣所韻千字文，註解各種版本面市，其註釋各有差異，姑不論之。各家版本，均有簡略或繆誤之處，簡略已屬不當，繆誤更是不該。茲各舉二例於后：

勒碑刻銘

銘　其原註釋：「銘　是敘事文的一種；碑文的最後贊也叫銘。」按：釋言並無不當，墓誌銘亦屬銘文之一種，惟如是註釋似嫌簡略而已。應釋之爲：

一、銘　說文新附：釋爲記事。

二、銘　刻於器皿上之文。如鼎文、盤文等等。又如古代銅鏡所刻勸世文。該鏡稱之爲銘鏡。

三、銘　漢以後始刻於石，如班固之燕然山銘，張騫之劍閣銘，唐宋時代之墓誌銘等。

四、銘　喪具之一種，曰銘旌，又曰明旌。周禮春官司常：「大喪其銘旌」等。

此句，上有勒碑已言明指爲刻石。刻銘二字應釋爲刻於器皿爲佳。碑文曰石，鼎文等曰金，合稱之爲金石文。北宋趙明誠之金石錄亦此之謂也。

渠荷的歷

渠　其原註釋：「渠荷　池塘裡的荷花。如是註釋實嫌簡略之。（按：市面版本均刊此「渠」字。渠乃爲人工所鑿之水道，例：水到渠成。確應用刊此「蕖」字，乃爲芙蕖之蕖也。）應釋之爲：

一、蕖　說文解，荷也。未開曰菡萏，已發曰芙蕖。詩經陳風：「彼澤之陂，有蒲與荷。」

二、蕖　爾雅解，荷之別名。芙蕖其花曰菡萏，其實曰蓮，爲荷之總稱也。

此句，原註釋恐係依歐陽修之眞州東園記：「芙蕖芰荷之的歷，幽蘭白芷之芬芳。」而註釋之。

律呂調陽

律呂　其原註釋：「律呂　是古代測定氣候之儀器。據後漢書律曆志上記載，黃帝令伶倫製造律呂，測定氣候。　調陽　是用律呂調節陰陽，讓大家知道時序到了某一季節。」

按：律呂爲測定氣象，並非錯謬。惟黃帝令伶倫製律呂，而非測定氣候，乃爲樂律也。各中文大辭典之解釋，綜合簡錄於下：

律呂　古正樂律之器。黃帝命伶倫截竹爲筒，以筒之長短，分別音之清濁、高下，樂器之音，以此爲準則。分陰陽各六，陽爲律，呂爲陰，合稱十二律。漢書禮樂志，略謂律呂以合八音之調，作十九章之歌。　十二律者：六律爲黃鐘、大簇、姑洗、蕤賓、夷則、無射。六呂爲大呂、夾鐘、仲呂、林鐘、南呂、應鐘。（焦氏筆乘卷一　七始詠一節，對律呂之六律、五聲、八音、七始詠等解釋綦詳。稍長不錄。）至於律呂之氣象部份，本文前段已敘，恕略之。

昆池碣石

昆池　其原註釋：「昆池　即昆明池，在雲南省昆明縣，又叫滇池。」

按：昆池非爲雲南滇池，而係漢武帝伐雲南於長安所掘之昆明池。漢武故事（舊題東漢班固撰）云：「霍去病討匈奴，折蘭過居延祭天，金人於上林鑿昆明池，又起柏梁臺以處神君。神君者，長陵女子也。」資治通鑑、太平御覽及宋代王讜之唐語林均有記載。茲分錄於后：

資治通鑑：上將討昆明，以昆明有滇池方三百里，乃作昆明池以習水戰。（宋胡三省註：昆明池在長安西南，週回四十里。三輔舊事註：昆明池蓋地三百二十頃。漢武帝元狩三年，公元前一百二十年。　卷十九，漢紀十一）

太平御覽：引後漢書曰：滇郡有池，週回二百餘里，其水源深而末更狹，有似倒流，故曰滇池。（卷七百九十一，四夷部十二，南蠻七）

唐語林：昆明池者，漢武帝所置，蒲（捕）魚之利，京師賴之。中宗（唐）朝安樂公主請之帝曰：「前代以來，不以與人，此則不可。」主不悅，因役人徒別鑿，號曰定昆池。……（卷一）

附錄

千字文非如梁章鉅氏所云，共有三本。亦非如陸以湉氏之言尚有葛剛正等二本。另尚有董思翁一本。今之書坊幾不見之，已成絕響。

倪濤其六藝之一中刊載葛剛正所撰千字文之全文，並由葛氏用篆書親筆書，倪氏並自註釋之。茲錄於后：

大樸肇判，胚渾已萌。穹然昊昊，渺矣寰瀛。烏晞蒙氾，蟾透滄溟。
卯昇酉沒，望溢弦停。數參衍曆，莢秀祥蓂。緯覘躔度，晷測昏昕。
春晨漸燠，品彙咸亨。暘輝漾煖，曉霧籠晴。杏穠迷塢，絮墜漂萍。
渡瀨篙槳，村壟犁耕。翅翻蛺蝶，舌囀鸝鶊。驕驄紺幰，雕俎瑤觥。
倏逾袢溽，又覺炎蒸。嶂嵐滃靄，霹靂轟霆。藕菰淺沼，藤蔓幽扃。
睡便蘄簟，奕戰楸枰。茶甌祛渴，蔗漿析酲。辮熏炷鴨，倦臥憎蠅。

柄司鵫蓐，候居庚辛。
蕣螢喧急，螢燐晶熒。
揭杓乍北，沍冷尤凝。
蝗銷種類，獅塑猙獰。
屠蘇遞酌，椒頌爰獻。
蹴鞠逞技，鞦韆慵伴。
腹曬郝隆，窗窺曼倩。
醪濁須賒，帽欹俗戀。
股肱翊舜，億兆戴堯。
鄰欽召畢，揆總蕭曹。
峻聳黑豸，掀颺阜鵰。
龐郎雖媿，詼諧復啁。
舳艫旗幟，鐸鐲鞞鐃。
祖遜誓楫，費禕贈刀。
漕董輸輓，倉供煮摘。
伋覿併潤，恂仍借一。

闌干遍倚，爽榭堪凭。
玲瓏簾箔，繚繞閨屏。
朔飆驟冽，亂霰先零。
釀斟醽醁，顆剝柑橙。
燈毬煥燦，鬢蛾斜顫。
酬滴湘累，符揮午篆。
穿鍼貫紝，擘釵遺鈿。
莩灰驗籥，繡紋添線。
咨詢讜議，遴選耆耄。
諫伸戇汲，誦洋鄭僑。
勇抨貪佞，整肅班僚。
油幕督護，烽塵亟消。
弓橐箁鏃，鎧擐犀鮫。
賁擁輅麾，渙頒綸綍。
茗鹺秭稟，梯航深舶。
倅貳觶篁，春彰緹軾。

坡前樵笛，磯畔漁罾。
胡笳按拍，琵琶搊箏。
岸橋低壓，冰壑棱層。
爐烘炭熾，氈軟茵憑。
袚禊泛卮，禁煙熄爨。
綵縷爭繫，碧筒酣宴。
櫨梨飣座，茱萸把玩。
臘蜡報嗇，鄉儺譁抃。
詎專鬩閱，抑采芻蕘。
綾衾璫珥，扈寺螭坳。
趣裝艤棹，捧檄代庖。
濬船鷁艦，霍騎嫖姚。
臏涓譎詐，靖勷雄驍。
綰印紆綬，搢紳影紱。
謠沸衿襦，恩霑縈戟。
龐統展驥，庚嵩墮幘。

貧歎范甑，屨稀偃室。
鏌鋣淬劉，璵璠呈瑞。
函丈模楷，膠庠課試。
晏嬰脫驂，蔡邕倒屣。
返還鉛澒，補寘肌髓。
緇縫稻衲，膝迸蘆芽。
酥娘拂妓，衛質吳娃。
香縭郁麝，鬟髻堆鴉。
淮澠藪麓，巴陜岑巒。
源浚畎澮，財蓄邦賦。
副笄六珈，蒽珩琚瑀。
沐猴謔弄，旅獒譯贄。
蚯蚓飲泉，螳螂攘臂。
椐檉榆栗，榛苓櫟樾。
肺腑姻婭，鸞凰伉儷。
胥徒沽販，倡伶奴婢。

簿惜棲鸞，尉俄識鴞。
旨顯筌蹄，孵攄鞶悅。
梓里奪魁，楓廷賜第。
閬苑崢嶸，崙峰屹峙。
圃馭斑麟，浪遨朱鯉。
瞿曇支許，梵竺遮那。
靚妝窈窕，嬌態婆娑。
疆恢畿甸，勢壯江山。
岷峨崒屼，溱洧瀰漫。
包匭菁茅，縞纁枲紵。
簫籟塤篪，鐘鏞簨簴。
魴鱮鱅鰱，鯽鰣鯖鱅。
鶯雛尚小，雉媒穩戲。
叢篁瀟灑，栟櫚瑣碎。
甯詑舅甥，玠誇翁婿。
穎禾滯穗，艱鮮播穀。

聚爾眾彥，全材宏偉。
咀膽加勤，蟠胸蓄銳。
歐詹聯榜，郤詵擢桂。
侶逢期羨，齡延彭薊。
鷲崖佛像，院塔僧伽。
淨鉼笻笠，齋缽袈裟。
愁眉蹙柳，醉眼涵波。
崤雝酇亳，郟鄏邯鄲。
滹沱澌凍，淇奧漪瀾。
橘柚篠簜，琅玕箘簬。
僖坰驒駱，穆廄騄駬。
槎鏈縮項，塗龜曳尾。
芍陂蘅渚，莎堤莪沚。
酴醾遶架，莓苔依砌。
璞筮蓍爻，扁醫砭劑。
薙芟稂莠，菑畬穜稑。

釧羹膾炙，腒鱐肴蔌。　顳諳菘韭，薛嫌苜蓿。　屐紩菖蕨，鬡攢茉莉。
砌綻苔蘇，屋牘糗飼。　鐺備奇饌，廚供雜味。　嫁娶婚送，媵孺稍鑷。
梁韻昔敘，瑋編今錄。　申浦葛叟，昭勳族胄。　七略旁覽，三篇繼就。
俱詮詁注，俾誨瞽幼。　序識卷末，聊示悠久。

（卷一百九十二、一百九十三）。

葛剛正氏之千字文爲葛氏親筆篆書，刊於倪濤氏之六藝之一書中。並非完整，僅有九百六十字。中文大辭典千字文一條中，亦刊之。而兩版句數順序之先後，略有不同。上錄係依四庫全書文淵閣版錄之，因其篆字譯註，不無踳駁。其「帽欹郤戀與郤詵擢桂」二句中，皆有「郤」字，顯然與千字文中千字不同之規格有悖之。查帽欹郤戀之「郤」字，應爲「俗」字，其篆字書爲左谷右人，楷書之俗字爲左人右谷，然篆字左右相反，本常有之，不足爲怪，（如「穌」字，篆字可左魚右禾，亦可左禾右魚，楷書亦偶或寫爲左禾右魚。「孫」字於鐘鼎文中之子孫永寶，子與系二字或左或右，皆無規定。不勝枚舉，詳六書通。）應譯爲俗字。郤詵擢桂之郤字，則爲左谷右邑，自爲郤字無誤矣。如此方不致有二字雷同之。（中文大辭典中亦刊爲二「郤」字。）另尚有「崙峰屹峙」之崙字，譯爲「崑」字，崑崙山此二字意義可通，然應忠於原文。譯爲崙字爲妥。巴「陜」岑巒之陜字，則譯爲「峽」，其篆書部首爲阜字，自應譯爲陜爲當。俱詮詁「注」，譯爲「訓」。陸以湉氏之冷廬雜識已爲之修正也。此篇千字文中，古怪冷僻之字奇多，讀之，則可認識古字。惟少數古字，電腦中未有之，特改爲常用字，特此註之。請參考中文大辭典廣千字文條，致歉，並祈博者而爲考正之。

註：「屐絨菖蕨，髮攢茉莉。砌綻苔蘇，屋膹糗飼。鐺備奇饌，廚供雜味。嫁娶婚送，賸孺稍飆。」等八句依中文大辭典補正之。「序識卷末，聊示悠久。」依冷廬雜識（卷二）補正之。

中文大辭典並刊【易千字文】一篇，茲錄於后：

洪荒之始，杳乎邈焉。陰陽機斡，寔分地天。宇宙倣立，環逐璣璇。
晝夜早晚，日月昃圓。盈虧世故，因果夙緣。皇帝王霸，禪續用棉。
歷漢而唐，更嗣以傳。惟我聖明，承命萬年。戎羌諸夏，威惠推宣。
改過存誡，察理索玄。八表奄有，百郡亦從。象魏甲令，治敕群工。
勸良誅罪，刑惡賞功。名弗浮實，慶祜攸同。率土來朝，垂拱廣庭。
遐邇引領，老少傾誠。闕陛宮殿，鱗次在京。府州赤縣，列市張兵。
丙吉受相，趙武建卿。達衿纓組，居欲肥輕。國賴英俊，婦竭倣貞。
牋牒具稿，簡紙書經。德重盡性，學必踐形。湯盤浴垢，發劍刻銘。
懼息讒誚，約致欣寧。克舉五石，靡辨壹丁。脩尺短寸，資殊所能。
都邑可據，巖谷合登。昆池空洞，洛水平澄。崑玉眞白，厥草染青。
羽屬解語，微物轉丸。膳宰鹹淡，歲移暑寒。皤溪晦呂，首止盟桓。
驚秋維鳩，唱旦者雞。騾恆驤步，猶最多疑。西施佳貌，毛女仙姿。

念孤官舍，辭讚色絲。
生父與母，當極內思。
床眠假寐，飯飧飫飢。
務本省己，持滿退謙。
忠上匪躬，孝親下氣。
頗翦聲馳，李杜詠麗。
虛集星宿，宅寓垣牆。
結髮舊情，甘困糟糠。
適骸維薄，奉嫡烝嘗。
攝任政訓，後義絜方。
楹綵樓觀，讌潔杯觴。
徘徊自得，殷盛煒煌。
沙場顛沛，紫塞恐惶。
積毀封樂，甚譽烹阿。
食餘薑芥，服厭綺羅。
陪輦近幸，嘉猷面陳。

黃裳正體，絳帳對師。
溫清祭祀，永慕男兒。
兩儀造化，動植飛潛。
扶弱罔堅，被竟何恃。
恭慎敬兄，惻隱懷弟。
道濟長城，端木美器。
鑑磨朗曜，禽想騰翔。
妾謝歡好，巾衣侍傍。
聿求才職，密勿廊廟。
秉鈞黜陟，翠戶華堂。
席設羔酒，筵肆蘭房。
曦暉易去，紈扇入涼。
蓋茲悲悅，孰非亡羊。
主愛嚬笑，家規睦和。
蒙恬筆妙。左慈釣神。
比說伊尹，號稱行馨。

秦遼閏位，虞禹營時。
伯叔姑戚，且通給綏。
乃為定制，節操恥廉。
貴賤尊卑，夫豈不異。
射御成禮，曰謂游藝。
千足耳目，遵距敢忘。
云亭四顧，九迴切腸。
是願無二，優養隨常。
使臣牧佐，冠弁寵光。
既作丹轂，累被金章。
糧載輜駕，橐帶籃箱。
田橫坐覆，韓信煩傷。
虢殆晉壁，籍駭楚歌。
力難超海，口會懸河。
匡衡抗疏，豫讓漆身。
君右納史，階東接賓。

事矯寡弊，慮妍篤倫。渠荷雅景，園莽束薪。詩指驢背，志飽菜根。

益聞交友，仁勉出門。皋陶執法，孟軻知言。墨流斬等，盜捕判伐。

其及即若，並隸於律。競利嘯聚，遣將驅滅。淵別渭涇，邛巨碑碣。

業委績紡，啓量問答。露獨抽條，霜尋落葉。川皆冥漠，樹茂起凋。

殘枝分布，林翳飄颻。獸處散伏，鵾運逍遙。勒駒逸曠，振鳥凌霄。

黎庶疲頓，鉅野寂寥。誰劭康乂，仕效賢勞。矢躍投的，笙吹調音。

魚聽奏瑟，民阜鼓琴。精新絃曲，珠履并臨。再拜稽顙，瞻仰特深。

俯要審幾，外每敦直。謹似福基，安貽禍賊。詳論祐聆，耽讀取則。

陋宜戚悚，愚摩箴策。熱巧火雲，夕照素魄。眺遠弔古，人俠離俗。

犢歸南畝，稼穡初熟。黍稷穫收，見助鞠育。農守貢稅，士縻爵祿。

珍侈路車，連映銀燭。畏途增感，升沈榮辱。閒談嵇阮，善寫斯鍾。

默靜軍辟，莊嚴釋容。畫圖岱岫，寶藏岳宗。槐柰棠筍，枇杷梧桐。

冬辰催逼，鬱莫如松。高岡鳴鳳，雲雨興龍。大哉孔子，富也周公。

竟充墳典，心翫中庸。習此往跡，千字文終。

此篇「易千字文」，辭典未刊撰著人，頗憾。此篇僅可謂將周韻千字文，重行組合而已，了無新意，似爲下駟之品。組合詞句，有嫌俚俗，非出於博者手筆。試舉例而言之：如周韻之「稽顙再拜」

僅改為「再拜稽顙」，如此顛倒詞語，三尺之童亦可為之矣。再如周韻之「日月盈昃」改為「日月昃圓」僅一字之差耳。三如「枇杷晚翠，梧桐早凋」，改之為「枇杷梧桐」，孰不知周韻二句，非指樹木實指節令而言，枇杷成熟較晚，必至端陽時節，其色始黃，遠比桃、李、杏等為遲，故言晚翠。溫帶寒帶地區落葉喬木，時至寒露霜降，始為落葉，而梧桐則於立秋之時，即已落葉之。況立秋後之節令為處暑，尚有末伏，氣候炎熱如故，方曰早凋。單言枇杷梧桐等植物，有嫌簡陋。所改之詞句，其文藻遠遜矣。四如「瞻仰特深」，特字於此，並無殊義可言，周韻之「驢騾犢特」，言牛及馬也。犢者乳牛，特者雄壯之牡牛，故未如周韻有其涵義深矣。五如「孝親下氣」，論語學而及為政篇中，孔子對孝親之義，教誨綦詳：「事父母能竭其力、無違、父母唯其疾之憂、色難」等等。任何詞句皆可撰之，卻獨用「下氣」二字，低聲下氣，有嫌俚俗之。此乃套用周韻中「孝當竭力，忠則盡命。」而撰成「忠上匪躬，孝親下氣。」其用詞涵意以及對仗，皆不如周韻。另有雷同之字有二，一為俶；「宇宙俶立與婦竭俶貞」。一為千；「千足耳目與千字文終」。此應非撰者之謬，恐歷次謄寫或刊印之誤耳。惟無他本可供校勘，其誤則難予勘正之。

中華書局於民國二十五年出版千字文楷書字帖一本，書者高雲塍（署印為高建標），後註「丙子春日轉錄董思翁千字文」。（是年即為丙子年，高氏年籍無所考。）

按：明代董其昌氏，（字元宰，號思白，松江華亭人。舉萬曆進士，著有畫禪室隨筆、容臺文集）。思翁是否尊稱董其昌氏，不可考。此篇是否董氏所撰，亦不可考。惟據代葉廷琯氏所著《鷗波漁話》

中云，有關董思翁事蹟有二，茲錄於后：

一、董思翁論書示子帖，其云：『思翁有示其子祖源論書語，三千八百餘言。……明年，賈復至松江，偶過府署前，見肩輿而入者，人曰董宗伯也。……』（卷一）

二、董思翁畫冊題記，其云：『程序伯攜示思翁對題畫冊十幀作于崇禎壬申癸酉間在官京師時，亦間有歸里後作者。……後署「其昌」二字。』（卷六）董氏明末人，萬曆年間進士，後即崇禎，年代吻合。賈至松江見董宗伯，則與董氏籍貫松江相同。且後又註「其昌」二字。

此篇千字文似應是董其昌氏所撰，是否爲其所撰，有俟博者證之。

註：葉廷琯氏，字調生，又字諸生，吳縣人。志高情雅，終身不仕，年七十猶劬學不輟，同治初舉孝廉方正不就。其著有吹網錄及鷗波漁話等，其于吹網錄中序，作於咸豐九年，鷗波漁話無序。茲將董思翁撰千字文錄於后：

天覆地載，曦照月臨。　烏飛魚躍，海岱高深。　流分涇渭，火屬丙丁。
魄殊虧盛，閏積虛盈。　列宿煒煌，璇轉璣衡。　河圖啓運，洛書效靈。
大道弗晦，微言爲經。　從心孔學，廣愛墨情。　軻推性善，莊好達生。
異端是別，嘉訓勿輕。　的亡當戒，安慮宜澄。　洞審遼邈，愼聆杳冥。
冬溫暑清，夜寐早興。　見聞恐陋，禍福相因。　克己罔假，篤念維親。
仁在乎熟，知續以新。　退藏於密，任率其眞。　唐虞受禪，禹湯嫡傳。
稷也勸稼，執法庭堅。　夏貢殷助，舍萬稅千。　條制詳具，樂器鈞宣。

文府東壁，武將纓弁。威聲最振，約束甚嚴。上慕往蹟，逸民惠連。
衣冠優孟，逍遙漆園。詩伯杜老，草聖張顛。佳筆駭俗，鉅論驚筵。
形骸殆適，中懷增恬。閒階靜立，紙帳且眠。糟床餘酒，陶琴無弦。
黍離弔故，芥投恃緣。西施色都，虢國貌妍。髮玄可鑑，目麗疑仙。
口讀箴典，手寫綵牋。藝習丸矢，巧幹機圓。笙歌鳳律，寶劍龍淵。
瑟音潛聽，字畫近瞻。蘭馨百畝，璧美藍田。王者建極，賢哉莫京。
淹有宇內，南面儀刑。常勞日昃，時敬盤銘。履豫必謹，持滿惟平。
基命貴竞，根本難傾。招來俊乂，左右陪卿。廟堂交泰，漢野攸寧。
累貽慶永，鞠育意誠。父慈兒孝，夫良婦貞。弟恭兄友，尊使卑承。
靡絜非矩，居拱如辰。黎庶悅睦，遠邇歡欣。頓顙伏罪，稽首稱臣。
省惡自改，綏動欲蒸。豈云過量，敢曰矜能。巖傳困陟，皤呂晚仕。
甘羅少發，終軍夙成。牧羊塞外，射簡孤城。李斯作隸，廉頗主兵。
史策表譽，碑碣讚名。後昆接嗣，枝牒綿宗。旦封阜宅，尹感桐宮。
漢起沛邑，始翦古公。白耳並霸，薄伐羌戎。朝聚市集，川納渠通。
斬捕俠盜，姑遺愚蒙。俶存乃志，劭守厥躬。謙焉若谷，和而不同。
語說倫要，問答朗洪。陳力勉仕，委身致功。素餐寔恥，拜爵賞庸。

畏寵讓祿，慼辱歸農。
既得猶赦，養默足容。
霜林紫染，露莽青浮。
枇杷黃映，柰實翠收。
二疏辭闕，八士造周。
年歲幾更，夕陽催逼。
象環規寸，組帶修尺。
黜彼翫物，敦茲正直。
歷世鍾英，抗姿超特。
驅車弊止，布令叛釋。
星嶽定位，多才奉職。
五官并重，四體孰康。
獨唱寡對，懼垢易裳。
墳鬱邛下，岡據谿傍。
章華競楚，阿房侈秦。
馳逐輦轂，誅獲獸禽。

操移匪石，節茂等松。
亭池垂釣，皋岫曠遊。
引觴曲水，長嘯登樓。
徘徊淑景，鼓吹皇猷。
仰觀兩曜，俯察九州。
木凋再榮，氣竭幸息。
舊户飄颻，短垣寥寂。
踐盟祗信，祭祀祜吉。
鯤化駒翔，匡濟遐及。
號政我母，治扶弱植。
女工資紡，男業務穡。
家譏肆設，巨盃耽嘗。
切磨崑玉，涼步槐棠。
晉魏韓趙，攝處壹方。
絲紈被御，賤妾侍輦。
宰犢給膳，烹羔會賓。

沈鱗思隱，矯羽摩空。
荒雞鳴晝，群雁橫秋。
梧葉寒落，竹筍初抽。
果辨理妙，誰舉德輶。
宙合似寓，散眺何求。
譏誚悚惶，毀傷惻戚。
謝事嵇叔，悲途阮籍。
義路遵行，禮門出入。
指顧解紛，談笑滅賊。
丹陛盡忠，赤縣奏績。
食土之毛，皆忘帝則。
懸帷綺結，秉燭暉光。
驤駕縻勒，疲騾服箱。
利甲諸郡，師領沙場。
迴廊翳雨，絳殿凌雲。
坐賴稿席，營刻桓楹。

腸厭肥潔，囊富金銀。　調鹹與淡，去糠取精。　菜佐充飫，糧比珠珍。
飯隨饑飽，薑益神明。　煩熱即扇，每俗用巾。　索想驢背，尋詠牆陰。
雅願騰霄，次亦荷薪。　蓋此君子，所謂伊人。

此篇千字文未若上篇受周韻拘泥之嚴，文詞用字雖無鏗鏘之聲，亦少泥古之態。然其間亦有瑕疵，難言瑜璧。如「李斯作隸」，隸書非李斯作，李斯小篆，程邈隸書。與史實顯有不符，易貽禍學子。又如「頓顙伏罪，稽首稱臣」。依詞句解釋，並無不妥，惟將「稽顙」二字強行拆開，有違原意，實非妥善。顙者：玉篇注，額也。儀禮士喪禮云，主人哭拜稽顙。稽顙者：禮記檀弓（上）云：「拜而后稽顙，頹乎其順也。稽顙而後拜，頎乎其至也。三年之喪，吾從其至也。」是故訃聞中泣血稽顙之謂也。俗語謂之「叩響頭」。然較上篇將周韻之稽桑再拜，而改之爲再拜稽顙爲佳矣。再如「父慈兒孝，夫良婦貞」。二句用詞則爲牽強。應是上慈下孝，並非嚴父者，祖何不可爲之。婦貞未必夫良，遇人不淑又何謂之矣。此乃遷就周韻，未能跳出之巢臼也。本文不似董其昌所撰，苟若爲董氏所撰，或受周韻侷限，未得展其文藻才華，實乃一大憾事也。此篇無他本可校，錯謬無可考之。

另清代朱駿聲所撰「說文通訓定聲」中，並附撰「聲母千字文」一篇，泰半爲古字，不獨難予識之矣。且部份字體於康熙字典中，竟未刊之，不識取自何方，其註云：「許氏說文解字有正篆、有重文，凡萬五百一十六。名形聲居十九，其象形、指事、會意三書爲聲母，才十之一。今略依條理，午次其母，倣梁周興嗣體，集爲四言，侖曰聲母千字文。」

瞽母千字文

一人首出，爲天下君。
臣倉覽筆，畫日圖雲。
粵予小子，弇西冢昏。
兼勹九帀，眾共北辰。
父母妻妾，仲季弟罤。
配匹壺閑，刀匕執爨。
乂安區夏，建牧設官。
贊燮皆系，悉戒容姦。
奭望鬲尹，岳皋棄离。
吳墎畢原，苗裔弗絕。
六爻位立，四奥象并。
丘索煩冤，斷自二典。
夾盜匿主，于今能辨。
黃竹早逸，白水未全。
疋亡史繼，字表袞戊。

登三咸五，千世同文。
周才孔思，启辟户門。
幸熏先悳，敢步後塵。
雷雨解申，歲月開寅。
師友以外，品庶緜圂。
箕帚橐埽，㕞巾臼盥。
冢宰丞相，廷尉平反。
爪衡內牖，退食委蛇。
定功肩勞，肱呂夾弼。
皇彝丹冊，呫若杲晶。
僎頻履視，比顯升冥。
明居歸禾，暴秦毀椒。
舄巢般武，素王手刪。
專家叟討，齊旅及㫃。
左冣叡窔，赤高差劣。

医古伏氏，隶乎公孫。
罕肰詹仰，夐莫與侖。
大員規合，臭气壹壼。
不息則久，是用生民。
士農工族，各敬司存。
東西畺里，州邑山川。
爵榮簪褭，坐異班聯。
卸菑綏患，亟苟忘罷。
封圭報庸，侯男黼黻。
易教至普，元亨利貞。
坤順離麗，艮奠兌寧。
禹胤囧牙，晉頤羼竄。
昜沙句沓，羅競辭懸。
毛尤雋卓，濬如淵泉。
楚申享善，宋戊畀兵。

旻向秉直，晏嬰省刑。禮志曲臺，彪齒充庫。葬祭冠婚，室几鼎俎。

肅哆告虔，承篚叟黍。帶褏裘弁，豆豋豊罤。厄舟上仰，壺鼻右頻。

馭逐禽鑾，臬取尺午。凡此法萬，采髟蓋寡。樂象革鼓，石磬弦琴。

吹角引羽，徹幽頃心。后夔昔命，毋虐罔垩。賁孚瓦缶，末契亦音。

戛戟矛盾，朱干彤弓。奴殺華刃，口舌興戎。示兆抑危，揣器則凶。

止戈无咎，爭鬥辱躬。叚田力嗇，く巜匀疇。垌林原衍，麻朮來牟。

甾困米稟，臼舀舂舀。香宁鬱鬯，色別酎酋。巫覡祝宗，占叶卜筭。

犮祟暴虺，龜長筮短。垂矢般斲，炎艸妃繭。誘射昌衛，知醫俞扁。

烏曹作博，兒燎弄丸。奔奏奴卒，須眉丈夫。舍嶶計巨，審終愼初。

義豐率道，信嚢乘車。憲貧辥粟，由豢從軍。回仁克己，參孝守耳。

厗耑本業，再弋多聞。屮卉叢莽，丂乇中屯。娩絲玉女，土鹵少辛。

中馗綿馬，黑丑蒢令。仙鷹飤薦，蜀鼠甘堇。庖曾朿扇，束具芻焚。

攀華妥朵，芟丰加斤。韭蒜瓜蓏，可付夕飡。哲匠攸需，構採谷木。

牛棘猒桑，析畾斬壑。氏氐亞叉，卑斯禿業。芈支分卩，果實算枚。

舃兮要粟，鹵尒叟某。夭喬彝阜，飛走盈方。禺夔虎兕，豚希莧羊。

爪鼠突戾，侵弱敗弜。見兔求犬，尋鹿得獐。桀尨吠堯，旅赦會京。

獸非毚寇，烏或朋鳴。意而燕乙，吉了商庚。另寒盍旦，旋目交青。
翟衣雈佩，雀炙梟羹。鷙甚隼爽，乃對鴽鶩。鵻竦疊鬒，亼噪弄亢。
隹翏孔霍，矗曳連行。戚犇穴丙，科斗尾丁。雙甬業舄，甜美亙曹。
冬囡尚井，春陟負冰。耿黽介具，蟲魚之間。蚩眔蚀豸，子孓僄肙。
薑束函毒，蠅乳亂楙。浮延入耳，伊威婦番。染罪貶罰，隍兀羈囚。
屍困折足，閉臥獄牢。冗罾幻竟，去脊處肥。乍看赫曄，奄爯劫灰。
筋骨血肉，悳疢就衰。老彭宦隱，芝顥前幾。八徵兩集，化閏廿改。
卯冒酉孰，壬森巳災。戾孕慧孛，朏丂朔旬。帝戊帥政，癸乙說因。
郵塵戍役，畜制夷羌。僉款塞侖，企我國光。十百龘備，寸火且熒。
埶從幼習，必也正名。休乖亥豕，又柬贏贏。秀惠其質，益保瘢眞。
屋漏恆畏，笑貌勿佞。畐祿喜慶，永流𣅀昆。

本篇聲母千字文，古字頗多，識字有益，實用則否，且今朝對音韻學，僅爲聊備而已矣。朱氏編訂本篇，亦可言之，故弄玄虛耳。其中甚多皆可以常用字而爲之，何須以古字書之歟？如「乍」爲「保」之古字，以此保字有何不可，而故用乍字歟？另「舍𢼸計巨」之「𢼸」，乃爲此「微」字，康熙字典中並無此「𢼸」字，豈非自作玄虛耳！此「𣅀」字康熙字典中亦無，即不識其義，復又不能發其音，編此類古字，誠不知其原意何在歟！再如包字而以古「勹」字，而庖字則用包字，此可斷言，不是風騷，而是無聊。實無此必要耳！

（本節古字甚多，能改爲常用字者，業已改之矣。）

菩薩蠻・憶秦娥難言李白所創

【概說】

唐代詩人李白，蜚聲古今詩壇，享譽千餘年，號稱詩仙。其所作樂府詩章，猶如寒夜繁星，數不勝數。其流傳奇廣，與杜甫並稱李杜（又稱大李杜，別於晚唐李商隱及杜牧之小李杜）。然今之各詞譜中，存有長短句兩闋。其詞牌名之爲〈菩薩蠻〉及〈憶秦娥〉。兩闋是否爲李白所作，抑或贗品，歷代學者之考證，難計其數。衆說紛紜，莫衷一是，時至今日，仍未能有具體之結論矣。追朔菩薩蠻等兩闋之原委，亦應先予瞭解李白之身世，其身世與兩闋同樣成謎，使後人惑而不解之矣。

李白之生平：李白，號太白，其母生太白，夢太白金星入懷，乃名白，字太白，享年爲六十二歲。其生年已不可考，歿於唐肅宗寶應元年（公元七百六十二年）。據此推算在世之時，爲公元七〇一——七六二年。其英資奇特，生性豪邁，喜縱橫術，擊劍任俠，輕財好施。天寶初年，至京師長安，賀知章見其文，歎爲謫仙。薦於玄宗，任之翰林。因嗜酒長醉，掾草蠻書，著高力士脫靴，力士恥之，摘其所撰清平調詩句（可憐飛燕倚新妝），以激怒楊貴妃。故後玄宗欲官太白時，皆爲貴妃所阻。太白自此頹靡放蕩，浪跡江湖。後至江州，爲永王璘幕賓。安史亂後，永王璘起兵，兵敗，太白當誅，爲郭子儀力保，郭以解官贖之。太白方免死罪，被長放夜郎（今貴州安順）。時年大旱及新立太子，肅宗赦免天下，乃還，經江漢而至采石，於李陽冰處（安徽當塗），未幾而謝世。代宗立，以左拾遺召，時太白已歿。有關高力士啣恨脫靴之事以及進讒楊妃之飛燕故事，唐代李肇之唐國史補、宋代吳曾之能改齋漫錄中，〈飛燕在昭陽〉一節，特以記之。另宋代樂史於太白別集序中亦言之。茲分錄於后：

唐國史補　李白在翰林多沈飲，玄宗令撰樂辭，醉不可待。以水沃之，白稍能動，索筆一揮十數章，文不加點。後對御引足，令高力士脫靴，上命小閹排出之。（卷上）

能改齋漫錄　西漢趙飛燕既立爲皇后，後寵少衰，而弟絕幸爲昭儀。居昭陽。蓋飛燕本傳云：「唐李太白宮詞云：『宮中誰第一，飛燕在昭陽。』夫昭陽昭儀所居也，非謂飛燕耳。」其後見唐王叡之松窗錄云：禁中呼木芍藥爲牡丹，命李白爲新辭，有「漢宮誰第一，飛燕倚新妝」之語。乃知昭陽之本，世所傳者誤也。然此一聯，據楊妃外傳，高力士摘之，以譖李白。（卷三）

按：唐代尚書膳部員外郎劉全白撰太白碣記云：「……天寶初，玄宗辟翰林待詔，因爲和蕃書，并上宣唐鴻猷一篇，上重之，欲以綸誥之任，委之。」

李翰林別集序云：「……高力士終以脫靴爲深恥。異日太眞妃重吟前辭(可憐飛燕倚新妝)，力士曰：始以妃子怨李白深入骨髓，何翻拳拳如是耶！太眞妃因驚曰：何翰林學士能辱人如斯！以飛指妃子，賤之甚矣。太眞妃頗深然之。」（樂史相同，不錄）

李白之籍貫：舊唐書云：「李白，字太白，山東人。有逸才，志氣宏放，飄然有起世之心。……」新唐書云：「李白，字太白，興聖皇帝九世孫。隋末以罪置徙西域，神龍（唐武后年號，公元七零五年）初遁還，客巴西。……」人名大辭典解：「唐蜀之昌明（今四川油江縣附近）人，字太白，生於青蓮鄉，青蓮居士。……」以上皆係史書，所云各是，孰可爲準，撲朔迷離也。

元稹撰杜工部（甫）墓誌詔中亦提及太白爲山東人，此論缺乏具體佐證，難予採信。惟宋代錢易之南部新書，則言太白爲山東人，依父赴任。再言太白四川人，後世從此說者，頗多。明代楊愼所撰《丹鉛續錄》中，論及太白爲四川彰明縣青蓮鄉人，以及太白家世等。茲分錄於后：

舊唐書　……父爲任城尉，因家焉，少與魯中諸生孔巢父、韓沔、裴政、張叔明、陶沔等隱於徂徠山，酣歌縱酒，號竹溪六逸。……（卷一百九十列傳一百四十下）

南部新書　李白山東人，父任城尉，因家焉，少與魯郡。諸生隱徂徠山，號竹溪六逸。天寶中遊會稽，與吳筠隱剡中，筠徵赴闕，薦之於朝，與筠均待詔翰林。俗稱蜀人非也，今任城令廳石記，白之詞也，尚存焉。（卷一）

丹鉛續錄　李白生於彰明縣之青蓮鄉。其詩云：「青蓮居士謫仙人。」讀書於匡山，匡山亦在彰明縣。杜工部寄李白詩，所謂：「匡山讀書處，頭白好歸來。」晏元獻公類要引此詩，今人不知乃改匡爲匡廬山。且太白在廬山，亦是寓居，何得言歸來乎！又考太白全集，如悲清秋賦云：「余以鳥道計於故鄉兮，不知去荊吳之幾千。」上安州裴長史書云：「見鄉人相如，大誇雲夢之事，楚有七澤，遂來觀焉。」淮南臥病寄蜀中趙徵君蕤云：「國門遙天外，鄉路遠山隔。朝憶相如臺，夜夢子雲宅。」觀此則太白爲蜀人無疑矣。作史者稱隴西人，蓋如王之太原，張之清河，善乎。劉知幾曰：「作史者，爲人立傳，其地皆取舊號，施之於今。爲王氏傳，云瑯琊臨沂人。爲李氏傳，隴西成紀人，欲求實錄，不亦難乎。且人無定所，因地而化。……（卷三）

丹鉛續錄　李太白上裴長史書自敘云：「白家本金陵，世爲古姓，沮渠蒙遜之難，奔流寓家，少見江漢。見鄉人相如，大誇雲夢之事。楚有七澤，遂來觀矣。」又與逸人，東巖子隱於岷山之陽，巢居數年，不跡城市。廣漢太守聞而異之，因舉二人有道，並不起案。此則唐書謂白爲隴西人，唐之宗室，謬焉！唐之先豈有金陵之籍哉？少長江漢，蜀之彰明，以相如爲鄉人，隱居於岷山，舉有道於廣漢，爲蜀人無疑。（卷三）

丹鉛續錄卷三之中，楊慎所撰兩節言之；太白確爲西蜀彰明人無疑（楊慎之譚苑醍醐亦云之，字句略有不同。）並復於同卷〈李白墓誌〉一節，引用范傳正所撰李白墓誌，其云：「……劉全白有李翰林墓碣記，云：太白廣漢人，性倜儻，知縱橫術。善賦詩，才調逸邁。……全白指太白爲廣漢人。

蓋唐世彰明縣屬廣漢郡，故獨舉郡爲稱耳。』（按：彰明縣於唐世稱昌明縣，宋改彰明縣，清改龍安縣。廣漢郡爲漢置，晉徙廣漢郡於今四川遂寧縣東北。）

宋代吳曾所撰能改齋漫錄，對李白籍貫爲廣漢郡彰明縣之說，卻不苟同，另引證太白非爲蜀人也。茲錄於后：

能改齋漫錄　曾子固（鞏）作李白詩集序云：『白，蜀郡人，初隱岷山。又云：舊史稱白山東人，爲翰林待詔，皆不合於白之自序，蓋史誤也。』余按杜子美有蘇端薛復筵簡，薛華醉歌云：近來海內爲長句，汝與山東李白好。乃知舊史以白爲山東人，不爲無據也。范傳正所作李白碑，以白其先隴西成紀人。涼武昭王九代之孫，隋末流離，神龍初潛返廣漢，因僑爲郡人。由此觀之，則白非爲蜀人也。（卷二）

吳曾以引曾鞏所撰李白詩集序爲證，而否定太白即非四川人，亦非山東人，更非金陵人，而係隴西成紀人。若以太白上韓荊州書云：「白隴西布衣，流落楚漢。」又以贈張鎬書云：「本家隴西人，先爲漢邊將。」等言，據此太白應爲隴西成紀人，應無疑問矣。然太白從叔李陽冰（字少溫，趙郡人。乾元間爲縉陽令，後遷當塗令。）其所撰草堂集序，則言太白爲隴西成紀人。而范傳正撰太白新墓誌銘中，除提及太白爲隴西成紀人。復言及其父於神龍之時，潛回廣漢等。茲將二人撰序摘錄於后：

草堂集序（李陽冰撰）　李白，字太白，隴西成紀人。梁武昭王暠九世孫，蟬聯珪組，世爲顯著。中葉非罪，謫居條支，易姓爲名。然自窮蟬至舜，五世爲庶，累世不大曜，亦可歎焉。神龍之初，逃歸于蜀。復指李樹而生伯陽。驚姜之夕，長庚入夢，故生而名白，以太白字之，世稱太白之精得之矣。……

李白新墓碑序（范傳正撰）……公名白，字太白，其先隴西成紀人。絕嗣之家，難求譜諜。公之孫女，搜於箱篋中，得公之亡子伯禽手疏十數行，紙壞字缺。不能詳備，約而計之，涼武昭王九代孫也。隋末多難，一房被竄于碎葉，流離散落，隱易姓名。故自國朝已來，漏於屬籍。神龍初潛還廣漢，因僑爲郡人。父客以逋其邑，遂以客爲名。高臥雲林，不求祿仕。先府君指天枝以復姓，先夫人夢長庚而告祥。名之與字，咸所取象。……（按：范傳正爲太白好友范倫之子。）

范氏已敘明隋末多難，太白一房流竄至碎葉城（今中亞吉爾吉斯國內）。至於其父于神龍何年潛還，則未敘明（神龍雖爲武后年號，中宗復辟後仍沿用之。）。太白經推算爲公元七〇一年出生，神龍元年爲公元七〇五年，其父不論於神龍何年返回，太白業已出世，自無疑問。以上各論，太白不論其爲；隴西成紀人，或四川廣漢郡彰明縣人，其以青蓮居士爲雅號，當與彰明縣青蓮鄉定有關連，則不可否認之。因之，太白返回中原，寓居廣漢既爲事實。然雖非其出生地，言其爲廣漢彰明人，並無不妥矣。至於隴西成紀人，似有玄虛，今已另行考證之。

近人楊憲益氏所撰《零墨新箋》，其中〈李白與菩薩蠻〉一篇云：「李白，我們也知道原是氐族人。李白先世流徙嶲州，就是唐初松外蠻分部。後由青海南入西康，再東徙巴西。生於昌明（即彰明縣），即今西康鹽源縣。由鹽源南至雲南大姚，爲唐代中國與南詔間的交通大道。姚州有菩薩洞，菩薩蠻的樂調流入中國當然經過鹽源，李白出生地。」然楊氏於一九八三年，重行整理零墨新箋時，於序文中否定此段文字，其云：「考證李白先世源出西南邊疆，顯然是錯誤的。以前有詹瑛先生考證，李白的先世來自碎葉了。」近人張維翰氏（監察委員暨副院長）於其撰《萢湢類稿》下集之〈李白之性格思想及其詩〉一篇中，特作詳確考證。共分兩項。茲錄於后：

一、太白先世，曾因犯罪被放逐到遙遠塞外。唐書地理志云：「西域羈縻州有條支都督府，以柯達羅支國伏寶瑟瑑城置領州九，隸安西都護府。」此爲唐龍朔元年所置隋時已有條支地名。又同書云：「焉耆都督府貞觀十八年，滅焉耆，置碎葉城。北有碎葉水。」所謂「條支、碎葉」均屬中亞細亞之地。碎葉河即今之楚河（今之吉爾吉斯國）太白先世放逐之遠，完全是異域了。據南宋薛仲邕所編《太白年譜》：太白生於長安元年，是在異域出生；至神龍元年爲五歲，始隨父母潛返回國。太白既誼於異域，其犯罪之家族，復作長期遷播流徙生活，此與太白放浪不羈性格之養成，關係至鉅。

二、涼武昭王李暠爲漢飛將軍李廣之後，暠子曰歆，歆子曰重耳，重耳子曰熙，熙子曰天賜，天賜子曰虎，虎子曰昺，昺子曰淵，即代隋而有天下之唐高祖。太白爲暠九世孫，自與唐室同血統，而太白一支卻衰落如此。

按：李白與唐高祖之家世，係依新唐書所錄。舊唐書未記太白爲涼昭武王之後。李白之出生及謝世年代，係據唐代李華所作墓誌而推算之。舊唐書、新唐書、李陽冰之草堂集序及范傳正之新墓碑，均未記載太白出生謝世年代。李華於太白墓誌云：「年六十有二，不偶賦臨終歌而卒，悲夫。」

太白出生爲武后長安元年，亦是大足元年。時年武后年七十九，當年正月改元大足，十月改元長安，依此推斷太白應於十月以後出生。

太白年譜除宋代薛仲邕編輯外，清代王琦亦復編之，近人安旗亦再編之，內容所差無幾。

依古今各項書籍論說，太白因其祖先獲罪而放逐西域之地，應屬事實。李陽冰云：「蟬聯珪組，世爲顯著。中葉非罪，謫居條支。……神龍之始，逃歸于蜀。」范傳正云「隋末多難，一房被竄于碎葉。流離散落，隱易姓名。故國朝以來，漏於屬籍。神龍初，潛還廣漢方因僑爲郡，父客以逋其邑，遂以客爲名。高臥雲林，不求祿仕。」新唐書李白本傳云：「神龍初，遁還客巴西。」薛氏編太白年譜云：「出生異域，至神龍元年五歲，始隨父母潛逃歸國。」王氏編太白年譜云：「至武后時，子孫始還內地，于蜀之綿州家焉。因逋其邑，遂以客爲名，即太白父也。」綜上所論：「潛歸、逃歸、遁歸、被竄、謫居」等字眼，不無疑竇，令後世弗解之矣。何案放逐？何年放逐？何地放逐？不論正史稗史對放逐、潛歸之眞相，隻字未提，諱莫如深，因此對太白先祖家世等，而釀成一團謎霧也。

詩詞欣賞一書，於三李詞集首篇，南宮博所撰《李太白的身世》，對太白身世探索甚詳。其籍貫等與上述載涵相符（僅碎葉河一節未論），然對放逐及潛歸事項，所爲幾點論述，頗堪玩味，亦應正視之。茲摘錄於后：

隴西姓李的，亦即涼武昭王的一支，其後裔眞正分佈情形，很難查考。唐高祖自稱爲涼武昭王之後，實乃是借以自重的。據陳寅恪先生的考據，李淵的祖先爲趙郡李氏，並非隴西李氏，涼武昭王的後裔。其次唐代士人極勢利，看郡望極重。……當時姓李的，大多自稱系出隴西。……

……再者唐玄宗於天寶元年下詔，將涼武昭王後裔編入屬籍，隸宗正寺。而李白於天寶二年入長安，距玄宗下詔僅一年，但李白名字並未列入，由此可見他自稱世系是靠不住的。

自晉末五胡亂華起，中國的西北部，血統相當紊亂。大唐李氏皇族，即非純粹的中國人。舊說唐太宗虬髯，鬚可掛角弓；又言太宗深睛。自形貌觀之，自可能爲混血兒。至於李白的形狀，「眸子炯然，哆如餓虎」（魏萬語），這也是混血兒。

……李太白曾用蕃文寫過一封信（答蠻書），這也說明李白至少通一種外國文字。我們既知李白五歲到四川廣漢，倘李白家屬中沒有外人，他絕少能通外國文。……教他蕃文就應該是他的母親或者祖母了。又或是他父親兼通漢蕃之學。

李白離蜀之後，幾乎不再提起他的家人。他作過懷念故鄉（四川）的詩篇，但是極少懷念他的家人。他自出川之後，就一直不曾回去過，那是爲甚麼？……由此觀之，李白的家，一定有難言之隱。……由於這條線索，懷疑他出自初唐建成或元吉這一系脈。

唐太宗弒兄奪位，建成本是太子，爲世民所弒。元吉封齊王，同時遇害。世民殘害兄弟之後，又迫父親傳位給自己，歷史上英明唐太宗，便是這付面目。建成與元吉被害後，後裔可能流落一二支在西北邊境。因爲唐高祖李淵，雖然失去實權，但庇護一二個孫輩逃走的力量，還是有的。他對世民的殘害兄弟，自然不會滿意，因而庇護建成或元吉的孩子脫離，自亦情之必有。

李白的不應進士考試，其原因或亦在此。因爲應進士考試是要陳明三代的，自然他懷抱大志，不屑依尋常方式求全進，亦是他不參與進士考試的原因。

南宮博對太白身世之探索及推論，不無道理。資治通鑑卷一百八十三，隋紀七，恭帝元年（公元六一七年）李淵舉兵於太原、西河、雁門等地，此皆趙之舊地也。又唐代門第郡望奇重，寒士即是滿腹經綸，才華出衆，亦難有直干青雲之日。則必先將文稿及詩稿，投入豪門貴爵，名曰「溫卷」，苟受豪門貴爵提攜，方有直干青雲之日也。

至於唐代血統而言，是胡是漢，遽難定論。依太宗貌相而言，似非漢人。高祖李淵之母爲獨孤氏，高祖之妻紇豆陵氏（竇氏），太宗之妻長孫氏，均爲胡人。雖舊唐書高祖本紀稱之隴西狄通人，新唐書稱隴西成紀人，資治通鑑亦言爲隴西成紀人，皆未必可靠。況自言爲老子李耳後裔，實可令人墜入五里霧中，此乃勢利與門第作崇也。

南宮博其所言及太白作爲一事，頗有商榷之餘。太白行徑，實爲怪誕不經。范傳正碑序：其父以逋爲邑，以客爲名，高臥雲林，不求祿仕。如是，則爲隱逸之士，其父名客，應是化名。潛還之舉，乃爲歸根，頗不欲太白步入仕途，埋名隱姓，世世代代，定籍彰明，惟太白不甘雌伏，仍求宦祿，而顚沛終生。宋代沈作喆之寓簡言及太白少年讀書之事。茲錄於后：

寓簡　李太白云：「予小時大人令誦子虛賦，私心慕之。及長，南遊雲夢，覽七澤之壯觀。酒隱安陸者十餘年。夫人教其子，必先之以詩禮，所以防閑其邪心，使之可以言，可以立，動遵於法訓，乃可責以成人之事耳。」白方幼稚，而其父首誨以靡麗放曠之詞。然則白之狂逸不羈，蓋亦庭訓之所致也。（卷四）

太白之父，非欲以靡麗放曠之詞而訓之，乃欲太白亦可循其父「高臥雲林，不求祿全」。因其潛還，有其難言之隱，惟恐再遭殺身之禍也。又太白上安州裴長史書云：「曩昔游維揚，不逾一年，散金三十餘萬。……」如此其父李客於西域之時，必爲富賈，故可潛還中原。太白自出川後，將家產巨資揮霍盡淨，無顏再予歸鄉，返回四川，此不無可能。然依太白各類文字，從未提及家人，則不解矣。再太白之才華，理應受進士明經之試，然應試者必先陳祖先三代，由此觀之，太白對其先人，確有難言之隱也，故不敢應試矣。南宮博所論：太白或爲建成元吉之後，實有可能。按：秦王世民於高祖武德九年六月乃起玄武門之變，是年庚申（公元六二六年），太子建成、齊王元吉當場殉命，高祖失勢，即立秦王世民爲太子。八月秦王即登基爲太宗，改元貞觀。是年建成年三十八歲，除長子太原王承宇早卒，以下次子安陸王承道，河東王承德，武安王承訓，汝南王承明，鉅鹿王承義等。元吉是年二十四歲，其子梁郡王承業，漁陽王承鸞，普安王承獎，江夏王承義，義陽王承度等均坐誅（舊唐書卷六十四、新唐書卷七十九、資治通鑑卷一百九十一、唐紀七皆有記之）。高祖雖已喪失實權，豈忍坐看太宗如此兇暴骨肉相殘。而庇護建成或元吉之後輩逃離長安，流亡西域，尚有可爲，非不可能。使其孫輩，長流異域。苟且性命，亦屬人之常情耶！設此即爲太白之先人耶！太白之先人逃至碎葉城落籍，定必隻身，其與當女子通婚，數傳而至太白。故魏萬語：太白形貌，「眸子炯然，哆如餓虎」。太白則有混血之可能也。況太白深通波斯文矣。至於玄宗於天寶元年編纂涼武昭王之屬籍時，未將太白一支編入。當時太白並未在長安，或一時疏忽，亦未可知。苟若太白確是建成或元吉之後裔，彼此心照不宣，爲最高意境，不然是否自揭太宗之惡。再者太白在朝，亦爲不妥矣。以上僅爲揣測而已，並非歷史之考據也。

俗傳太白因「攬月落水」而謝世，未知其據。舊唐書、新唐書等對其謝世僅一筆帶過。或言刊於唐代王保定之唐摭言、宋代洪邁之容齋五筆中載之，經檢閱數次未見有如此之云。族叔李陽冰作草堂集序中云：「陽冰試絃歌於當塗，心非所好。公遐不棄我，扁舟而相歡。臨當掛冠，公又疾亟。草稿萬卷，手集未修，枕上授簡，俾余爲序。」苟依此言，太白謝世於床第，非「攬月落水」死於非命。至於唐代李華所撰墓誌銘僅云：「年六十有二不偶賦，臨終歌而卒。」其餘魏顥、樂史、范傳正、劉全白、裴敬等或序或墓誌等皆語焉不詳。容齋隨筆卷三：〈李太白〉一節中，亦摘錄草堂集序所記。至次容齋五筆所載：爲太白失策而罹於永王璘之禍。云：「……李太白，天下士也，特以墮永王亂中，爲終身累。」（卷三　蕭穎士風節）而非言及「攬月落水」之事也。宋代胡仔之苕溪漁隱叢話後集，言及太白亦爲病故，並言及白妻爲許氏。其云：「……許氏者，高宗時宰相圉師之家也，以女妻白，因留雲夢者三年。（太白身世雷同部份，略之）……」茲將太白繫永王璘及其病故一節錄於后：

苕溪漁隱叢話：……天寶十四載，安祿山反，明年明皇在蜀，永王璘節度東南，白時臥廬山，璘迫致之。璘軍敗丹陽，白奔至宿松，坐繫潯陽獄。宣撫大使崔渙與御史中丞宋若思，驗治白以爲罪薄宜貸，而若思軍赴河南，遂釋白囚。使謀其軍事。上書肅宗，薦白才可用，不報，是時白年五十有七矣。以璘事長流夜郎，遂泛洞庭上峽江，至巫山。以赦得釋。憩岳陽江夏，久之復如潯陽，過金陵，徘徊歷陽、宣城二郡。其族人陽冰爲當徒令，白過之，以病卒，年六十有四，是時寶應元年也。其始終所更涉如此，此白之詩書自序，可考者也。（後集卷四）

附註：清代王琦之太白全集補注云：太白籍貫之金陵或係金城之誤，而金城則爲西域，於今之甘肅蘭州之西。

【菩薩蠻與憶秦娥】

詞之之崛起：詞本爲詩之餘也。名之爲宋詞，乃別於唐詩習慣用語之故，而並非起源于宋也。詞與詩則有相當連貫性，乃源於古樂府之長短句。古詩；原限四言或六言，然句數不拘。絕句或律詩，則限五言或七言，而句數亦有定數。況詩本不可唱，樂府則可唱之。（如詩經既爲古代民謠。故每首之句數或每句之字數，均未限定之）樂府于民間或教坊久唱刻板之曲調千百年，人心思變，遂萌厭舊喜新之感。樂府；歌、行、引、曲、吟、辭、調等等，漸被長短句之詞取而代之。詞之興起亦經歷漫長歲月育孕而成，並非一蹶而起。苟以書籍記載，詞於六朝隋唐即有小令芻形，如詞譜刊載之詞，王建之調笑令（唐代大曆進士）、白居易之長相思（唐代貞元進士）。此皆中唐時代作品。隋末唐初或爲散佚，甚少見之。玄宗開元時，倉曹參軍崔令欽撰《教坊記》一書，雖刊印曲名表，計有三百二十五闋，卻未刊印曲譜，頗憾！然刊載六朝各代時，詞之掌故，因之足可證明詞起源之時代。所刊「蘭陵王、踏謠娘、烏夜啼、安公子、春鶯囀」等五曲，蘭陵王等曲年代記載不詳確。至於烏夜啼、安公子二闋之由來，記載頗詳。茲將烏夜啼、安公子二曲摘錄於后：

烏夜啼　元嘉（南朝宋文帝年號）二十八年，彭城義康有罪，放逐。行次潯陽；江州刺史義季，留連飲宴，歷旬不去。帝聞而怒，皆囚之。……衡陽家人扣二王囚院曰：「昨夜烏夜啼，官當有赦。」少頃，使至，二王得釋，故有此曲，亦入琴操。

安公子　隋大業末，煬帝將幸揚州，樂人王令言以年老，不去，其子從焉。其子在家彈琵琶，令言驚問：此曲何名？其子曰：內裡新翻曲子，名安公子。令言流涕悲愴，謂其子曰：爾不須扈從，大駕必不回！子問其故，令言曰：此曲宮聲往而不返，宮爲君，吾是以知之。（以上刊於曲調本事章）

烏夜啼一曲。南朝宋時即已有之，詞牌刊于教坊記曲名表第五十六曲，安公子於隋代亦有之。詞牌於曲名表中刊于三百十六曲，未刊詞體，宮調、辭句、字數均不詳。碧雞漫志引理道要訣云：「唐時安公子在篌角，宋已不傳。唐經安史之亂及五代兵燹之禍，失傳之詞曲，夥矣！豈止安公子一曲。然詞之興起，非唐非宋，於隋即已盛行矣。」實亦非隋代，於南北朝時即已有之，南朝宋之烏夜啼，北朝齊之蘭陵王、踏謠娘等。或言烏夜啼一闋于南朝時，即已有之，太白亦作有烏夜啼一曲；非爲詞也。太白所作乃爲樂府，宮調、辭句、字數迥然不同。茲錄於后：

烏夜啼　黃雲城邊烏欲棲，歸飛啞啞枝上啼。機中織錦秦川女，碧紗如煙隔窗語。停梭悵然憶遠人，獨宿孤房淚如雨。（樂府。太白全集卷三　未註宮調）

烏夜啼　昨夜風兼雨，簾幃颯颯秋聲。燭殘斷漏頻倚枕，起坐不能平。　世事漫隨流水，算來一面浮生。醉鄉路穩宜頻到，此外不堪行。（詞。御製詞譜卷六　南唐後主李煜作　南呂宮又入大石調）

【菩薩蠻發現及其疑點】

菩薩蠻

平林漠漠煙如織。寒山一帶傷心碧。暝色入高樓。有人樓上愁。　玉階空佇立。宿鳥歸飛急。何處是歸程。長亭連短亭。

菩薩蠻本爲盛唐風行之舞曲，天寶年間即已有之。曲名表刊于第八十四曲。若言此闋爲太白所撰，缺乏史料記載。僅憑稗史或筆記中數十字之記載，信以爲眞，似嫌草率。菩薩蠻最先見於北宋初年孫光憲之北夢瑣言，以及熙寧年間釋文瑩之湘山野錄二書。茲分錄於后：

北夢瑣言　……宣宗愛唱菩薩蠻詞，令狐相國（綯）假（溫庭筠）其新撰進之，戒勿泄。而遽言於人，由是疏之。……（卷四　溫李齊名條內，係指溫庭筠。）

湘山野錄（本文錄原詞同上，略之）此人不知何人寫在鼎州滄水驛樓，復不知何人所撰。魏道輔泰見而愛之後至長沙，得古集於子宣（布）內翰家，乃知李白所作。（卷上）（按：此人不知何人一句：「人」應爲「詞」字，四庫全書謄寫爲人字，恐係筆誤。應是此「詞」不知何人寫在鼎州滄水驛樓。）

自唐末以後，咸定此闋菩薩蠻爲李白所作。然其疑竇重重，不難瞭解。即近人詞學大師唐圭璋氏，於其《詞學論叢》第二章考證，堅決論定爲太白所作（容於本文後節詳述），卻未提及確切證據。凡事論事，此闋若爲太白所撰，應有立論根據，令人折服。試問？北夢瑣言僅言及溫庭筠代撰菩薩蠻一詞，然未將該菩薩蠻一詞全闋載明，何可驟然認定溫庭筠冒太白之名而贗作之，有嫌武斷，況溫某代撰之菩薩蠻，亦未見刊其他書籍之中。溫是否有代爲贗作，亦屬未定之數，僅信孫光憲之一言，而驟言論定，似有非妥也。孫光憲亦未於他項文籍載明此詞，更未言明此闋即爲太白之名〈菩薩蠻〉，何能確係溫某所贗撰之。諸多疑竇，未見解答之，亦未能解答之。

再論湘山野錄：本節雖將此闋全文照錄之（鳥字寫「雁」字，恐是筆誤或爲版本不同），全文照錄，涉入主題。特將其中幾項疑竇，逐次論之。

先論本闋發現者：魏泰；魏泰何許人也？人名大辭典記載：『魏泰，字道輔，襄陽人。嘗於試院中因上請紛爭，毆主文幾死。爲人無行，工文章。著有臨漢隱居集、東軒筆錄。』東軒筆錄經四庫全書考證，於其提要云：『東軒筆錄：宋魏泰撰，泰字道輔，襄陽人，曾布之婦弟也。……（試院之事，略之）。其場屋不得志，喜僞作他人著書。如志怪集、括異志、倦遊錄盡假武人張師正之名。又不能自抑，作東軒筆錄用私喜怒誣衊前人。最後作碧雲騢，假作梅堯臣毀及范仲淹。晁公武讀書志：稱其元祐中，少時所聞成此書，是非多不可信。……』如是依魏泰所言，是否可信，則難言也。更難信之。

次論本闋紀錄者：釋文瑩；人名大辭典記載：『僧，字道溫，錢塘人。工詩，喜藏書，尤留心當世務。著有湘山野錄、玉壺野史、玉壺詩話等。』四庫全書僅云：湘山野錄成於熙寧中，多記北宋雜事，作於荊州之金鑾寺，故以湘山爲名。然文瑩於玉壺野史中存有自序，尾記「書成於元豐戊午八月十日餘杭沙門文瑩湘山草堂序」。

復論本闋關係人：曾布：宋史有傳(卷四百七十一，列傳二百三十)。爲曾鞏之弟，兄弟同年登科。隨王安石施行熙豐新法，與呂惠卿不協，出知饒州，復知潭州……(人名大辭典未註明轉潭州一節)。

按：宋設潭州長沙郡。

綜論：魏泰人品四庫全書業已評定，其所言所行，是否可信，無需衡量，豈可驟然信以爲眞。其與文瑩，又爲曾布之妻弟，同爲熙寧時代之人，固無疑慮。惟何時去鼎州滄水驛樓？又何時至潭州長沙？均語焉不詳。再：不知何人所寫，不知何人所撰，業已敘明，無庸研議。惟寫於何處，題壁抑或書箋(宋代以前文人皆有題壁之習)，均未言明。苟若題之於壁，不知何時？題之於箋，如何保存？魏泰於曾布家得何古集，又未言明，實嫌含混。釋文瑩又如何知悉？是否魏泰親自告之？或自他處而知之？且魏泰之東軒筆錄共十五集中均未論此事，於卷四、卷十中均論及曾布，猶於卷十中論及知饒州一節，更未言及菩薩蠻或太白等事，因之釋文瑩之言，大有疑問矣！

【憶秦娥發現及其疑點】

憶秦娥

簫聲咽。秦娥夢斷秦樓月。秦樓月。年年柳色，灞陵傷別。　樂遊原上清秋節。咸陽古道音塵絕。音塵絕。西風殘照，漢家陵闕。

憶秦娥一闋，最先記載於邵博之聞見後錄卷十九，於此之前，其他任何書籍均未見之矣。聞見後錄除將原詞照錄外，所記過程，極爲簡單，僅三十五字而已。茲錄於后：

聞見後錄（本文錄原詞同上，略之）。李太白詞也。予嘗餞客咸陽寶釵樓上，漢諸陵在晚照中，有歌此詞者，一坐悽然而罷。（卷十九）

邵博：（宋史無傳，據唐圭璋氏所編全宋詞之年籍考證）博字公濟，邵雍之孫，邵伯溫之子。紹興八年賜同進士出身，除秘書省校書郎。九年，知果州又知眉州。紹興二十八年卒。邵博出生年不詳，高宗南渡年號爲建炎，共四年改元紹興。邵博於紹興八年賜同進士時，南渡已十二年，約估於三十歲賜同進士，則出生時應於徽宗政和初年。試問？邵博年未十八，（況欽宗靖康兩年之前金人已亂）如何至咸陽寶釵酒樓歟？其父邵伯溫列傳有云：曾與范祖禹至咸陽，應是哲宗元祐年間之事，徽宗時章惇、蔡京當朝，范祖禹已流放在外，卒於梅州。（邵伯溫列傳載於宋史卷四百三十三，列傳一百九十三。）如是邵博年未弱冠既至咸陽酒樓冶遊，與其祖邵雍理學門風有悖之，令人難予置信焉。邵博賜同進士後出知果州、眉州，此兩州均於四川省境內（果州：宋果州南充郡，今四川南充縣北。眉州：宋眉州通義郡，今四川眉山縣）。時北方已爲金人所據，南宋僅偏侷江左一隅，邵博又何能至咸陽酒樓。此節邵博年齡雖係假定，與實際相距應無幾，何能有餞客之情事，實難使人深信之矣！

邵博即使至咸陽寶釵樓，而聞此詞，又何知爲憶秦娥？又何知爲太白所作，皆含混不清，短短三十五字，既可定此千古懸疑文案歟？況自聞見後錄之前，未見任何書籍文字記載之。此節記載是否贋作，可信乎？孰不可信乎？再言之，教坊記曲名表中，共錄三百四十三闋。卻未錄有〈憶秦娥〉一曲詞牌之句歟？

詞之初期，均以小令爲主，如一葉落、如夢令、憶江南等等，如此中調頗少。是故後世之人對此兩闋均表存疑，咸論非出于太白手筆。清代徐釚所撰《詞苑叢談》辨證云：「菩薩蠻與憶秦娥爲最古之詞，非出於太白也。」又云：「予謂太白當時，直以風雅自任，即近體七言律詩，鄙不屑爲，寧肯事此。且二詞雖工麗，而氣衰颯，於太白超然之致，不啻穹壤。藉令眞出於青蓮，必不作如此之語耳！絕類溫方城之輩，蓋晚唐嫁名於李白也。」（卷十）徐氏辨證實乃引用五代孫光憲之北夢瑣言之〈溫李齊名〉一節而論定之。本文前節已述，孫氏所言，未註明全詞原文，豈可驟然論定兩詞雷同，同爲一闋矣，有待博者再予考證之。北夢瑣言雖于同節中云：「宣宗微行，溫不識龍顏而冒犯之，謫爲方城尉，故名溫方城。」此段亦不足證實此闋菩薩蠻，即認定爲溫庭筠贋作之矣。宋神宗元豐三年（公元一〇八〇年），毛漸（字正仲，江山人。英宗治平進士）校訂《李太白全集》時，並未將此兩闋〈菩薩蠻〉、〈憶秦娥〉列入集中。且毛漸、曾布、魏泰、釋文瑩均同爲熙豐年間之人，何未考證列入全集之中，以致更啓後世之人疑竇耳。李白長於樂府，蜀道難、行路難、長相思、將進酒等。此類樂府皆不規則之長短句。並不可言太白亦即長予詞，畢竟樂府與詞之宮調有所不同，然於太白全集中確刊有樂府，卻未有一闋詞。故未得切實佐證確認非自太白手筆之先，不可遽言爲太白所撰，亦不可驟然即言爲溫庭筠嫁太白之名而撰之。他人亦可有嫁名之可能也。是否有贗撰〈菩薩蠻〉一闋，未見原文，何可斷然論定，即使溫某有贗作菩薩蠻之舉，亦何能確認爲此闋歟？北夢瑣言之記載極爲簡略，僅寥寥數句，不著邊際，故弄玄虛，足使後人陷於五里霧中，難予深入研討之。

【何謂菩薩蠻】

菩薩蠻　菩薩蠻列爲詞牌之名，就字面而言，應出自西域。「菩薩」二字，唐時稱美女爲菩薩，菩薩蠻亦稱之爲女蠻。首見於唐代蘇鶚之杜陽雜編，南部新書（撰者同前）亦有記之。茲分錄於后：

杜陽雜編　大中初（唐宣宗年號公元八四七年）女蠻國貢雙龍犀，有二龍鱗鬣爪角悉備明霞錦。云：鍊水香痲以爲之是也。光耀芬馥著人，五色相間，而美麗於中國之錦。其國髻金冠，瓔珞被體，故謂之菩薩蠻。當時倡優遂製菩薩蠻曲，文士亦往往聲其詞。更有女王國貢龍油綾、魚油綾，文彩尤異，皆入水不濡濕。云：龍油、魚油故也。優者亦作女王國曲，音調宛暢，傳於

樂部。（卷下）

南部新書　大中初，女蠻國入貢奉，其國人危髻金冠，瓔珞被體，故謂之菩薩蠻。當時倡優遂製菩薩蠻曲，文士亦往往聲其詞也。（卷五）

另唐音癸籤中亦記之，略同。白香詞譜第一闋即刊此詞。題考除引用杜陽雜編及北夢瑣言之記載外，並又云：「唐時俗稱美女為菩薩，菩薩蠻亦稱女蠻。當時教坊，譜作曲詞，遂為詞名。後楊升庵（名愼，字用修，號升庵。本文前節已錄之）。改蠻為鬘，失其本矣。詞譜作者署名李白，未言所據。或因菩薩蠻三字源出西域，太白深通西域文化，使後人咸認出自太白手筆，並深信不疑。然菩薩二字，未必專為西域之用語。唐代中原頗為流行之，中唐各地亦廣泛使用之。此二字與菩薩蠻一闋恐為風馬牛歟？明代楊愼復於其撰之丹鉛總錄中，對菩薩二字為詳盡解釋。另宋代朱彧之萍州可談亦略記之。茲分錄於后：

丹鉛總錄　菩薩鬘：唐詞有菩薩蠻，不知其義。按小說開元中，南詔入貢，危髻金冠，瓔珞被體，故號菩薩鬘。因以製曲，佛經戒律云：「香油塗身，華鬘被首，是也。」白樂天蠻子朝詩曰：「花鬘抖擻龍蛇動，」是其證也。今曲鬘作蠻，非也。（卷二十）

萍州可談　樂府有菩薩蠻，不知何物。在廣中見呼蕃婦為菩薩，方識之。（卷二）

菩薩蠻稱之為女蠻，菩薩為婦女，亦為當年之習慣稱呼耳。至於蠻字，亦無特殊之意義。開元時女伶謝阿蠻，善舞凌波曲，出入宮中及諸姨宅，妃子待之甚厚……（明皇雜錄）。又如白居易有二妾：

一曰樊素，善歌。一曰小蠻，善舞。故言：櫻桃樊素口，楊柳小蠻腰（古今詩話）。蠻字亦僅爲女伶等之暱稱而已，非如所言之玄虛也。

若依丹鉛總錄及萍州可談之說，於中唐以後，中原及邊陲各地皆有菩薩蠻之稱呼矣。既爲西域或邊陲之蕃語，衆所週知，豈可謂僅太白識之蠻語耳。太白不獨擅長古樂府，且慣用長短句，此乃不爭之事也。如將進酒一首；首兩句即非七言，結尾四句「五花馬，千金裘，呼兒將出換美酒，與爾同銷萬古愁。」又如夜坐吟一首；結尾六句云：「歌有聲，妾有情，情聲合，兩無違。一語不入意，從君萬曲梁塵飛。」再如長相思一首，亦復如是。三言、五言七言均不等，其風格與詞中之長短句又頗相似，故令後人連想菩薩蠻一闋焉。至於菩薩蠻一闋之曲詞，與所有其他詞曲之曲調，風格迥異。兩句一韻，平仄互換，兩仄兩平。是各曲詞中罕見之之曲調，除河傳、釵頭鳳（擷芳詞）少數幾首外，皆一韻到底，尚未見連續換韻，即使河傳等，同一闋各換一次耳。菩薩蠻一闋，誠不知何人所創，太白寫古樂府，因有此癖性。如久離別、箜篌謠等等均爲連續換韻，然樂府與詞之風格，畢竟不同，且宮調更爲過異，然終令後世之人生疑之。

【諸家之論說】

菩薩蠻爲唐代舞曲，應無疑慮。本屬中呂宮，宋史樂志亦列入中呂宮，正音譜註爲正宮。詞牌又名「重疊金」（溫庭筠撰本闋，小山重疊金明滅）、又名子夜歌（南唐後主所作，欽定詞譜定名爲子夜歌）。又名菩薩鬘（韓滮詞）。皆謂源自西域，開元年間頗爲盛行。

近人楊憲益所著《零墨新箋》，對此闋論述綦詳，確認此闋不獨出於太白手筆，即其樂譜亦自西域引入中國。於〈李白與菩薩蠻〉一篇之結論，肯定謂之，菩薩蠻、憶秦娥乃至清平樂皆爲太白作品無誤也。

零墨新箋　根據上面的考證，菩薩蠻是古代緬甸方面的樂調，由雲南傳入中國。著名的菩薩蠻詞：「平林漠漠煙如織」是李白的作品。因爲李白是氐人，生於昌明，所以幼時受到西南音樂的影響。在開元年間，李白流落荆楚，路過鼎州滄水驛樓，登樓遠望，忽思故鄉，遂以故鄉舊調，作爲此詞。憶秦娥和清平樂也是李白利用故鄉俗曲寫成，不過寫成當在菩薩蠻後。約當李白去京都長安前後，唐代西北及西南邊疆音樂對中國音樂有極大影響。如巴渝竹枝詞、拓枝舞、涼州曲等均是。

楊氏復言：太白對南朝齊詩人謝朓極爲景慕，菩薩蠻一闋，是依謝朓〈臨高臺〉一詩托化而出。謝朓臨高臺詩云：「千里常思歸，登高瞻綺翼：才見孤鳥還，未辨遠山極。四面動清風，朝夜起寒色；誰知倦遊者，嗟此故鄉憶。」這首詩中之「孤鳥與寒色」，即是菩薩蠻中之「宿鳥與寒山」。謝另有詩云：「遠樹曖阡阡，生煙紛漠漠。」也是「平林漠漠煙如織」等……對此闋八句加以銓註，最後更肯定「有人樓上愁」一句，既是在驛道上，當然是指驛樓。此與湘山野錄所云：鼎州滄水驛樓一事相符。楊氏如此堅決認定菩薩蠻一闋，確係出自太白手筆，自信其立論，他人卻難予置評之。楊氏復論：

李白之憶秦娥應是氏人流行樂調。此「秦」字可以看出，因秦隴本是氐族故土。故憶秦娥一闋，應為李白所撰，不容疑議。其立論實依湘山野錄及聞見後錄論定之。

然太白景慕謝朓則是事實。其每於詩或樂府中，皆有景慕謝之詞句，如於黃鶴樓〈送儲邕之武昌〉一首云：「諾謂楚人重，詩傳謝朓清。」又如宣州謝朓樓餞別詩云：「蓬萊文章建安骨，中間小謝又清發」等等。苟若以太白景慕謝朓之故，而依此推論此闋菩薩蠻確定為太白所撰，其理論似嫌薄弱。況楊對其所證太白之出生地，業已自行否定。故對其所持理論，應有存疑之。

近人夏承燾對此兩闋則認定為太白所撰，不應疑議。其所持理論，仍依北夢瑣言及杜陽雜編為據。其於全唐五代詞序云之。近人唐圭璋於詞學論叢卷二考證中亦云之。茲茲摘錄於后：

全唐五代詞序　……試以李白的名作〈菩薩蠻〉（平林漠漠）為例，持異議者多據蘇鶚《杜陽雜編》提到：「大中（唐宣宗年號）初女蠻國入貢，危髻金冠，纓絡被體，號菩薩蠻隊，遂製此曲。當時倡優李可及作菩薩蠻隊舞，文士往往聲其詞。」以為事在李白身後，白不得預為塡詞，遂斷為後人偽作。然而〈菩薩蠻〉曲已具列於崔令欽之《教坊記》曲名表中。崔為開元、天寶間人，與李白同時，其所見已如此。另敦煌卷子中，現存菩薩蠻曲有十餘首，據其年代可考者，亦在大中之前。菩薩蠻詞已見尊前集，北宋而下如《湘山野錄》、《古風集》，並言之鑿鑿，班班可考。次如李白之〈憶秦娥〉，議者亦每以其超出了當時的發展水準，不類初期之作，而表懷疑。這也是囿於文人詞苑而未能深入考究的片面看法。其實雜言體的曲子詞，早已活躍於民間，敦煌曲詞在這方面提供了最有力的證據。李白不過是較早向民間學習而開文人塡詞風氣的一人而已，這裡並不存在超越發展階段的問題。李白的憶秦娥已載於邵博《聞見後錄》。李之儀的《姑溪居士文集》卷四十五有〈憶秦娥〉詞，題下明註(用太白韻)四字。邵、李北宋間人，即主此說。黃昇之《唐宋諸賢絕妙詞選》所錄尚在於後。因此，我覺得在沒有新的確證出現以前，是不應輕易否定李白之著作權的。……

詞學論叢　李之儀和李白〈憶秦娥〉。唐崔令欽記盛唐歌曲作《教坊記》，其中有菩薩蠻一調。夫有其調即可能有其詞，敦煌詞中多有菩薩蠻亦可爲證，其中所有菩薩蠻未必俱在晚唐。尊前集載有李白菩薩蠻（平林漠漠煙如織）一首，邵氏聞見後錄載有李白憶秦娥（簫聲咽）一首。北宋李之儀又和李白一首憶秦娥：「清溪咽，風月洗出山頭月。山頭月。迎得雲歸，還送雲別。不知今是何時節？凌歊望斷音塵絕。音塵絕。帆來帆去，天際雙闕。」是北宋流傳李白此二首詞，已甚普遍，並無異議。南宋黃昇選李白此二首，以爲百代詞曲之祖，當得其實。至明胡應麟始據晚唐小說杜陽雜編，以爲菩薩蠻調，晚唐始有，李白不可能作菩薩蠻。明胡震亨又以爲憶秦娥出於唐文宗宮人憶秦郎。余竊怪近人論李白詞，何以不信盛唐曲目之教坊記，反信晚唐之杜陽雜編？又怪近論李白詞，何以不信兩宋人之選錄，反信明人之臆說。（卷二　考證）

清代徐釚之詞苑叢談謂：今詩餘除〈望江南〉外，以菩薩蠻、憶秦娥二詞爲最古。然此言未必盡然，教坊記所記五代之蘭陵王等五闋，又如何解釋，況教坊記曲名表中並未刊列憶秦娥一闋歟？其確認係最古老之詞，似嫌草率。然徐氏對此二闋是否出自太白手筆，業表懷疑（本文前節已言之）。明代顧起綸云：「唐人作長短句，乃古樂府之濫觴也。李白首倡憶秦娥，悽惋流麗，頗臻其妙，爲千古詞家之祖（花庵詞選跋語）」。清代王國維於人間詞話云：「憶秦娥一闋，太白純以氣象勝。『西風殘照，漢家陵闕』。寥寥八字，遂關千古登臨之口。」清代陳廷焯氏之白雨齋詞話云：「太白之菩薩蠻、憶秦娥兩闋，神在箇中，音流絃外，可以言是詞中鼻祖。」（卷五）又云：「唐代詞人，自以飛卿（溫庭筠）爲冠，太白菩薩蠻、憶秦娥兩闋自是高調，未臻無上妙諦。」（卷一）清代姚華之菉猗室話云：「李太白有草堂集：載憶秦娥、菩薩蠻二詞，爲千古詞家鼻祖。」太白曾著有草堂集，其從叔李陽冰爲其作序，惟今已佚傳，則難言之。（卷一）明代胡應麟對此兩闋，則表異議。其於少室山房筆叢云：「菩薩蠻之名，當起於晚唐，世按杜陽雜編云（同前文，略之）。南部新書亦載此事，則太白之世，唐尚未有斯題，何得預製其曲耶！」又云：「又北夢瑣言云（同前文，略之）。按大中即宣宗年號，此曲新播，故人君喜歌之。余屢疑近飛卿，至是釋然，自信具隻眼也。」（卷二十五）近人胡適博士亦否定兩闋爲太白所撰之，然未言及立論及根據，僅一語帶過，難作研議討論之。

【兩詞真偽之探討】

綜論以上各家之論，不論是認定兩闋爲太白所撰，抑或否定，均有矛盾，難予後人苟同。首言菩薩蠻一闋，不論源於北夢瑣言抑或杜陽雜編，舉凡驟言此闋菩薩蠻爲太白所撰，或非太白所撰。試問？

此二書中有無言明爲太白所撰，更未載明〈平林漠漠煙如織〉一闋之原文，何知此闋即爲彼闋。千餘年來之爭論，是否一大笑話？故先需查明二書所指之原文如何？方可討論之。北夢瑣言中如此記載，「令狐相國假其新撰密進之，戒勿泄。」研討字面原義，應是令狐相國將溫庭筠之撰，充爲己撰。如此溫庭筠亦即是捉刀人也，此闋菩薩蠻與太白則是風馬牛耳！近人劉載福所撰歷代大詞家之溫庭筠篇中云：「皇帝喜歡唱菩薩蠻，令狐綯請溫庭筠代自己作二十闋，囑溫勿洩其秘。……」劉氏亦主此說，苟言溫庭筠所撰之菩薩蠻，即假太白之名爲〈平林漠漠〉一闋，未見證據，又太牽強。若據湘山野錄言之，因其刊載原文，爭論則可也。而以北夢瑣言或杜陽雜編而爭論之，不論是與否，皆爲笑譚矣。北夢瑣言與杜陽雜編中之原文，未能確定之先，所有論述，皆爲徒托空言，治絲益棼矣。苟以年代考之（以公元論算爲捷），太白在世爲公元七零一年至七六二年。溫庭筠爲公元八一二年至八六六年。孫光憲生卒年代均不可考（生於五代周末，卒於宋初），約公元九六八年。（以上年代皆抄錄於張璋、黃畬合編之全唐五代詞。）如是：太白與溫庭筠相距百餘年，溫庭筠與孫光憲相距又百餘年，兩百餘年前之事，何人能知悉如此之詳，不生疑亦得生疑之矣。即使能將北夢瑣言及杜陽雜編二書中，菩薩蠻原文考證與〈平林漠漠煙如織〉一闋無訛，又如何證明爲太白所撰，抑或爲溫庭筠所贋撰之。驟然一語而定「是、非」雖非草率，亦是武斷歟？而成千古笑譚耶！

再言湘山野錄，撰著人爲釋文瑩。文瑩宋史無傳，人名大辭典僅記寥寥數語，除言其爲錢塘人外，生卒年代均不詳。據四庫全書對湘山野錄提要中之考證云：「熙寧中多記宋雜事。」又云：「文瑩及識蘇舜欽挽至歐陽修處。」依此推斷年代，歐陽修在世爲公元一〇〇七年至一〇七二年。蘇舜欽爲公元一〇〇八年至一〇四八年。（以上年代抄錄唐圭璋之全宋詞。）以此推算文瑩在世年代，應在公元一〇四八年左右，如此相距太白有二百八十餘年，相距溫庭筠有一百八十餘年。然湘山野錄（以下稱野錄）與年代無足輕重，文中言明「此不知何人寫在鼎州滄水驛樓，復不知何人所撰」。此闋非文瑩所見，乃文瑩所聞。耳聞不如眼見，可信程度則稍差矣。野錄言明爲魏泰所見，魏泰爲贋作他人文字之高手。聲名狼籍（魏撰東軒筆錄之四庫全書提要記載），其言可信乎？孰不可信乎？文瑩時在荊州金鑾寺（四庫全書考證），魏泰有無至荊州文瑩處，文瑩於何處知悉此舉，均語焉不詳。魏泰於長沙曾布家《得古集》，得何古集？又諱莫如深。曾布（鞏）昆仲於仁宗嘉祐二年同年進士及第，熙寧年間隨王安石創制新法，名噪一時，既有刊載此闋之古集，何不公諸於世，公諸於汴京。而於長沙告予魏泰，再轉知文瑩，而由文瑩再公之於世，魏泰既知此闋，何未記於東軒筆錄，反勞文瑩之手記於湘山野錄，如此反覆，誠令人不解之矣。

再論；野錄所記，魏泰於鼎州滄水驛樓見此闋何處，未予言明。書箋抑或粉壁，亦未言明。唐宣宗在位爲公元八四七年至八五九年，苟若以溫庭筠贋作之，至宋神宗熙寧元年（公元一〇六八年），已兩百餘年。若太白自書之（公元七六二年以前），則有三百餘年。試問？兩三百年之久，可否能予完整無缺，而供魏泰閱覽，實不無可疑之點耶！若記之於書箋，有無破損霉爛蟲蛀，何人保存？如何保存？若題之於粉壁，有無污穢剝落修飾，何人維護？如何維護？皆是疑竇，然不可不爲之慮矣！若爲後人所留，自無署名，因野錄已予記明「不知何人所寫」。苟言得古集即知太白所作，似嫌荒謬，恐成千古一大笑譚也！如此輕言武斷，非獨不堪苟信湘山野錄之記載，而係對魏泰人品深疑之故也。

憶秦娥一闋，爲南宋邵博之聞見後錄卷十九所載，邵博家世本文前段已述。其父邵伯溫即爲贋作文字之祖師，其假蘇洵之名。贋撰〈辨姦論〉一文，業經清代李紱（康熙進士）、蔡上翔(嘉慶進士)辨證其僞，其父若此，其子若何？不言而喻矣。不可僅憑聞見後錄之一句「李太白詞也」。即可深信不疑，未免兒戲（疑點本文前段已述，不贅）。況教坊記曲名表中並未列有〈憶秦娥〉一闋之名。如此憶秦娥一闋，應在太白之後而創之，苟認此言，不以爲過。夏、唐二位特以李之儀之憶秦娥一闋引用太白韻，而證聞見後錄之憶秦娥一闋，即爲太白所作。其立論恐有疑議，未必可以立足。試就唐氏所編《全宋詞》所刊載李之儀及邵博二人履歷及年代，比對之，自不難見其矛盾之處，則可瞭解贋作眞相矣！

北宋神宗元豐元年爲公元一〇七八年，南宋高宗紹興元年爲公元一一三一年，前後相距五十三年之久。紹興元年邵博尚未步入仕途，何至咸陽寶釵酒樓之有，高宗南渡後爲建炎，四年方改紹興。李之儀於北宋徽宗政和年間，年則已八十之高齡，耄耋老翁李之儀，反向黃髮乳齒之邵博所撰聞見後錄中採憶秦娥之韻而再和之，令人難予置信焉？邵博撰著聞見後錄，歷代版本，均未註明年代。一般常理推斷，應於賜進士之後。如此已亦於紹興八年之後矣。政和七年（一一一七）至紹興八年（一一三八），相距又二十一年，政和年間邵博是否業已出世，尚屬疑問，邵博祖父邵雍生於眞宗大中祥符三年（一〇一一），卒於熙寧十年（一〇七七年），在世六十六歲。其父邵伯溫生於仁宗嘉祐二年（一〇五七），卒於高宗紹興四年（一一三四），在世七十八歲。李之儀年歲將與其祖邵雍彷彿，唐氏之論述，令人費解焉。（全宋詞編輯未有分卷，依撰著人出生之先後而編之，李之儀於前，而邵博於後，唐氏何未注意此點歟？）或爲唐氏之詞學論叢撰著發表在先，（因其彙集歷年著述而成），全宋詞一書編輯在後，而產生此瑕疵，何不知耶？（以上各人年歲，皆依唐氏所編全宋詞抄錄之。）

至於李之儀之姑溪集所刊憶秦娥一闋，和〈簫聲咽〉一闋之韻，言和「太白之韻」，其疑點所在。似是；若非於聞見後錄之先，即已有〈簫聲咽〉一闋外。否則李之儀之〈清溪咽〉一闋，同爲後人贋作，而刊入姑溪集之中，以僞證〈簫聲咽〉一闋確爲太白所撰無疑，此舉非不可能也。邵博之父邵伯溫曾有此舉，將其假蘇洵之名，贋作之辨姦論刊蘇洵之老泉集中，即是一例。有例在先，邵博何嘗不可效尤，以證實其聞見無誤也。李之儀爲元豐年代進士，毛漸於元豐三年校編李太白全集時，何未將此二闋編入全集之中，豈非一大疑問歟？如是；〈簫聲咽〉一闋苟若後人贋作，則以邵博嫌疑最大。除「家學淵源」外，亦爲詞界高手。全宋詞轉刊邵博所撰〈念奴嬌〉一闋，並註明轉載《梅苑卷一》，以資取信。其詞不獨意境甚高，且風格與〈簫聲咽〉頗爲神似。茲錄於后：

念奴嬌　天然瀟灑，盡人間、無物堪齊標格。只與姮娥爲伴侶，方顯一家顏色。好是多清，一年一度，首作東君客。竹籬茅舍，典刑別是清白。　惆悵玉杵無憑，藍橋人去，空鎖神仙宅。今日天涯憑馬上，忽見輕盈冰魄。恰似當年，溫柔鄉裡，曉看新妝額。臨風三嗅，挽條不忍空摘。

假上詞觀之，邵博嫌疑頗大，此闋與〈簫聲咽〉一闋，皆爲入聲韻。是否爲其贋作，以俟今後博者證之。至於姚華之菉猗室曲話所云，此二詞刊於太白之草堂集中。然草堂集其從叔李陽冰爲之作序，毛漸編李白全集時，卻將序文編全集卷一之首篇，何獨未將此二闋編入全集之中，不無疑竇。釋文瑩之湘山野錄及邵博之聞見後錄兩文，亦未提及草堂集一書，宋人未言，而清人言之矣，怪哉！

至於菩薩蠻（平林漠漠）一闋，如係後人贋作。非如《北夢瑣言》所言，爲溫庭筠所贋作。〈平林漠漠〉一闋氣概萬千，非溫詞浮華豔麗可比之。再北夢瑣言並未將原詞刊出，雖有藏頭露尾之態，何致如此。北夢瑣言撰者孫光憲亦未必有贋作之舉，並未記載本闋原文，豈可驟認定。孫光憲更爲詞界名家，御製詞譜中未數錄刊幾何。而後人所疑溫庭筠贋作，亦難予認定矣，如此魏泰應可疑之，魏泰之嫌，則較可信。魏泰本爲贋作他人文字之楚翹，亦爲詞界高手。全宋詞中刊其撰如意令、好事近、水晶簾等三闋（僅刊詞牌之名，未刊全文）。此節亦待今後博者證之。茲特將四庫全書對東軒筆錄之提要摘錄於后：

東軒筆錄提要 ……王銍跋范仲尹墓誌，稱其場屋不得志，喜僞作他人著書。如志怪集、括異志、倦遊錄盡假武人張師正。又不能自抑，作東軒筆錄用私喜怒誣衊前人。最後作碧雲騢，假作梅堯臣毀及范仲淹、晁公武讀書志。稱其元祐中記少時所聞成此書，是非多不可信。……

【教坊記之菩薩蠻釋義】

教坊記爲盛唐時之崔令欽所撰，於各類文獻中鮮有記載之，即或有之，亦不甚詳確。據四庫全書提要云：「唐崔令欽撰，是書，唐書藝文志著錄，……所記多開元中猥雜之事，故陳振孫譏其鄙俗。然其後記一篇，諄諄於聲色亡國，……乃知令欽此書本以示戒，非以示勸。唐志列之於經部樂類，固爲失當。然其風旨，有足可取。雖謂曲終奏雅，亦無不可，不但所列曲調三百二十五名，足爲詞家考證也。」

崔令欽之生平，新唐書藝文志樂類刊有教坊記，但無傳。據任半塘氏之箋訂云：「全唐文三九六：『令欽，開元著作佐郎。歷左吾衛，倉曹參軍。肅宗朝遷倉部郎中。』並錄教坊序，教坊後序。」按：崔氏於安史之亂，流落江淮，肅宗時回朝而撰教坊記。依其自序云：「開元中，余爲左金吾，倉曹武官十二三是坊中人。每請祿俸，每加訪問，盡爲余說之。今中原有事，漂寓江表，追思舊遊，不可復得；粗有所識，復即疏之，作教坊記。」

教坊記雖僅兩千餘字，乃爲概說雜事。尤對曲名表中之各曲牌，僅列表而已，未作解釋。任氏箋訂時特對各曲逐條解釋之，菩薩蠻一曲，列於曲名表中第八十四曲，解釋綦詳。玆錄於后：

教坊記箋訂　碧雞漫志五已考。其始義有四種解釋：

甲：杜陽雜編與南部新書說，以爲宣宗時，女蠻國入貢之人作菩薩裝，乃有此名。此說僅與後來懿宗朝李可久所作菩薩蠻隊舞之情形相合，於他方面不能概括。

乙：日人中村久四郎說：認三字爲阿刺伯語内回教徒之音，並有「木速蠻、鋪速滿、普速完、鋪逑蠻」諸異譯。此宋、元時事，與唐無涉。盛唐間，回教尚未大行。

丙：近人楊憲益說：三字乃「驃苴蠻或符詔蠻」之異譯。其調乃古緬甸樂，開元間傳入中國，李白有辭。此說可取。（此說楊氏已自行否定，本文前段已述。）

丁：唐許棠之奇男子傳，及太平廣記一六六之「吳保安」條引紀聞，皆述天寶十二載，郭仲翔從南詔之菩薩洞逃歸，足證唐之菩薩蠻曲屬於佛教，不屬回教，已可以斷。

菩薩蠻一闋，教坊記箋訂僅對題義詳盡解釋。至於〈平林漠漠〉一闋，是否爲太白所撰，隻字未提。此二闋言爲太白所撰者，古今不知幾何人也。認非爲太白所撰，明代胡應麟、清代徐釚、近代胡適博士等等。其是與否，均未言及剴切理論，徒託空言而已。尤以胡適博士僅一言否定之，既未言及理論，又未道及證據，令人遺憾。

【附　錄】

溫庭筠生平

溫庭筠　本名岐，一名庭雲，後改庭筠，字飛卿。因曾任方城尉（今湖北），世又稱溫方城。并州人（今太原）約生於唐憲宗元和七年（公元八一二年），卒於懿宗咸通十一年（八七〇年）。其才名雖出衆然行跡不檢，故累試不第。徐商鎮襄陽，隨赴任，公務每每相左，不久離去。如北夢瑣言：

令狐綯爲淮南節度使，駐揚州乃往就之。令狐入相，宣宗喜唱菩薩蠻命其撰，戒勿洩反洩之。令狐大怒，以其有才無德，遂予鄙視，而疏遠之。復偶因南華經譏諷令狐，後再試又墨。轉恨令狐未予照拂，乃云：「因知此恨人多積，悔讀南華第一篇。」其行徑荒唐，又無口德。乃致浪跡江淮，落拓不堪。轉倚表親姚勗，姚重其才名，厚予資助。得資後即予冶遊，囊中金盡，再至姚處，姚於盛怒之餘，以竹笞之。因於庭中受竹笞之辱，乃改名庭筠，以爲示戒，劣行終難改之矣。（按：筠者，竹之膚也。即竹之青皮。）年六十餘仍於長安，落泊不堪而卒。生前著有《握蘭、金荃》等集，均已散佚。現存於尊前集及花間集內尚有六十餘闋，菩薩蠻計有十四闋。溫之詩詞纖麗多巧，黛綠殷紅，脂粉積習甚濃。雖不言花間之鼻祖，列爲創始者之一，不以爲過也。茲并錄溫詞之菩薩蠻兩闋於后：

小山重疊金明滅，鬢雲欲度香腮雪。懶起畫蛾眉，弄妝梳洗遲。照花前後鏡，花面交相映。新帖繡羅襦，雙雙金鷓鴣。

牡丹花謝鶯聲歇，綠楊滿院中庭月。相憶夢難成，背窗燈半明。翠鈿金壓臉，寂寞香閨掩。人遠淚闌干，燕飛春又殘。

北夢瑣言 卷四 溫李齊名

溫庭雲 字飛卿，或云作筠宇，舊名岐。與李商隱齊名，號曰溫李。才思豔麗，工於小賦。每入試押，官韻作賦，凡八叉手而八韻成。多爲鄰鋪假手，號曰：救數人也。而士行有缺，縉紳薄之。李義山謂曰：「近得一聯句云：『遠比趙公三十六年宰輔』。未得偶句。」溫曰：「何不云：『近同郭令二十四考中書」」。宣宗嘗賦詩；上句有「金步搖」未能對，遣未第進士對之。庭雲乃以「玉條脫」續之，宣宗賞焉。又藥名有白頭翁，溫以蒼耳子爲對，他皆此類也。宣宗愛唱菩薩蠻詞，令狐相國假其新撰密進之，戒勿泄。而遽言於人，由是疏之。溫亦有言云：「中書堂內坐將軍」，譏相國無學也。宣皇好微行，遇於逆旅，溫不識龍顏，傲然而詰之曰：公非司馬長史之流。帝曰：非也。又謂曰：得非大參簿尉之類，帝曰：非也。謫爲方城縣尉，其制詞曰：「孔門以德行爲先，文章爲末。爾既德行無取，文章何以補焉。徒負不羈之才，罕有適時之用」。云云。竟流落而死也。杜豳公自西川除淮海，溫庭雲詣韋曲，杜氏林亭留詩云：「卓氏壚前金線柳，隋家堤畔錦帆風。貪爲兩地行霖雨，不見池蓮照水紅。」豳公聞之，遺絹一千疋。吳興沈徽云：溫舅曾於江淮爲親表，檟楚由是改名焉。庭雲又每歲舉場，多借舉人爲其假手。沈詢侍郎知舉，別施鋪席授庭雲，不與諸公鄰比，翌日簾前謂庭雲曰：「向來策名者，皆以文賦託於學士，今歲場中，並無假託學士勉旃。因遣之，由是不得意也。

釋：檟楚　檟者，木名，山楸也。又爲舊時私塾之戒尺也，檟楚者，管戒體罰也。

註：

蘇鶚：頲族人。字德祥，唐光啓進士。著有杜陽雜編、鋪陳縟豔、特小說家言、蘇氏演義等。

李肇：唐元和時爲翰林學士，坐薦柏耆，自中書舍人左遷將作少監。著有翰並志、唐國史補等。

孫光憲：字孟文，貴平人。五代周臣，後歸宋太祖，累官檢校秘書監。著作頗豐，僅存北夢瑣言、遺文瑣語二書，可供考證。

吳曾：字虎臣，宋崇仁人。高宗時獻所著書得官，累遷工部郎中，出知嚴州。著有能改齋漫錄。

樂史：字子正，宋宜黃人。太宗時上書言事，擢著作佐郎，出知陵州。著有仙洞集、廣卓異記、太平寰宇記共四百餘卷，考據尤精。

沈作喆：字明遠，號寓山，湖州人。紹興進士，淳化年間以左舉議郎爲江西漕司幹官。以詩忤漕帥魏道弼被劾，乃失官歸里。著有寓林集、寓簡等。

錢易：字希白，宋臨安人。眞宗朝舉進士，累翰林學士。著有青雲總錄、青雲新錄洞微志、南部新書等。

李之儀：字端叔，滄州無棣人。登進士。蘇軾帥中山，辟掌機宜文字。後爲樞密院編修官，通判原州。元符中，監內香藥庫。徽宗朝，提舉河東常平。坐草范仁遺表，編管太平州。政和三年（一一一三），除名停勒。政和七年（一一一七）終朝請大夫。年八十餘。有姑溪居士文集。按：人名大辭典記載李爲元豐進士。

邵博：字公濟，邵雍之孫，邵伯溫之子。紹興八年（一一三八）賜同進士出身，除祕書省校書郎。九年（一一三九），知果州，又知眉州。二十八年（一一五八）卒。

胡應麟：字元瑞，蘭谿人。萬曆中舉於鄉，久試不第，依附王世貞而得名。著有少室山房類稿、筆叢等。

胡震亨：字孝轅，海鹽人。萬曆舉人，官至兵部員外郎，著有唐音癸籤、赤城山人稿、海鹽圖經等。

楊愼：字用修，號升菴，新都人。年二十四，登正德廷試第一。忤世宗下獄削籍，遣戍雲南永昌衛，卒年七十二，著作極豐。

按：元豐爲北宋神宗年號，元符爲哲宗年號，政和爲徽宗年號，紹興爲南宋高宗年號。

何謂隷書・何謂八分

【概說】

許愼說文解字序：「秦燒滅經書，滌除舊典。大發吏卒興役戍，官獄職務繁，初有隷書，以趣約易，而古文由此絕矣。自爾秦書有八體；一曰大篆、二曰小篆、三曰刻符、四曰蟲書、五曰摹印、六曰署書、七曰殳書、八曰隷書。漢書藝文志云：是時始造隷書矣。起於官役多事，苟趨省施易之徒隷也。」

吾國文字遠自上古以降，其恆具獨特之風格。自象形文字創作之始，終爲保有獨立個體之四方字形。非若埃及遠古創作之象形文字，由個體字形演進銳變而成字母之拼音文字。致令泰西各國率而從之，未言民族，未分國界，其文字皆依字母拼音而產生。字體則無變化，文字僅賴字母組合之多寡及前後次序而已，從而字體及字形，僅字母拼成而橫書之，從而再未有巨幅變更矣。

吾國文字則不然，自殷周有文字(甲骨文)記載爲始，數千年來，文字終保有四方字形之個體字，於四方字形規格中，因循時代變遷及事物需求，逐步將字體形態有規律演進之。字體形態演進過程，除政治因素滲入外，其影響演進緣由，多爲實務需求而予以演進。主觀而言之：格於政治制度之變遷，書寫記事效率之捷便等。客觀而言之：用於書寫文字之用具及材料，迭經發明及改進。如以簡牘而爲絹紙，毛筆發明改良。然吾國文字不論歷次如何演進，由繁而簡或由難而易，以及新字之創始，則終究保有獨立個體之四方字體，故稱爲「漢字」。復又發展成爲藝術之素材――書法，此乃泰西文字所不及之也。

【漢字】

漢字創作時期極早，於殷周之先，普遍已有文字應用之記載，如詩經、尙書等等。惟現存史實僅爲零星片斷而已，難予具體深入研究。然自殷商甲骨文於安陽發現後，文字雖有具體規格，未得一致。殷周所遺留鐘鼎等銅器之金文，亦復如是，各有字體。其因銅器之鑄造，非如甲骨之雕刻，字形已有顯著演進，此類文字則名爲「金文」，統稱「篆字」。（西漢成帝時，魯恭王壞孔壁，所得古文尙書等書，文字名爲「古文奇字」。）由於金文過於雜亂，周宣王時經太史籀對各類金文，作有條理之規畫整理，統一字體，史稱「籀文」，亦名大篆。乃爲周代之官定文字。春秋五霸，戰國七雄，未必聽命於周，使用籀文。各國有其文字，乃致各家亦有其文字（公元一九六五年于山西省澮河北岸臺地侯馬村，出土戰國時晉陽趙家宗盟之玉石片，趙鞅所主持之盟詞文字，與籀文殊不相符。內中甚夥文字，六書通等篆字書籍均罕見之。）迨秦兼併六國，一統天下。政權雖爲統一，事務因之遽增。文字未能一致，號令則爲不便。文書往返，無法立即表達；政令需求，無法克竟全功。困難叢生，自應解決；統一文字，勢在必行。遂令李斯，負責整理製訂新體文字，名之「小篆」。小篆既成秦代官方之法定文字，刻之於石：瑯琊刻石、會稽刻石、泰山刻石等等；鑄之於器：秦權、秦量及兵器等等。以足宣達秦代官方文字之法定性，不容稍改。官定文字，非勒即刻，字體極爲工整規律。除此，小篆字形尚有變化；刻符用之於小篆、榜文書之於署書、繆篆刻之於摹印、蟲書繡之於旗幡、殳書鑄之於兵器，規定則極爲詳確嚴格，不容混淆。以上諸類文字，若用之於官方文牘或民間書契，又極爲不便之。文牘書簡之材料，本爲木牘或竹簡，致以絹帛等，則少用之。此等物品，皆難適用於工整規矩小篆之刻畫與書寫。如是即不便利，復又浪費時間，乃成事倍功半耳。況秦代以法家治國，首重律令。律令之夥，汗牛充棟。尤以獄訟事件繁瑣，官吏文書，成編累牘，求便捷及約簡之利，廢時曠日之小篆，自被摒棄。簡捷、利便、草率之字體起而代之，勢所不免。小篆字體再予簡化，草篆或簡筆字則自然形成之。（此時蒙恬所改良之毛筆業經面世。）因之，新生字體亦即形成問世；即名「隸書」。隸書於初期之時，亦可言之爲草篆。而爲秦代官定之文牘字體也。故清代孫承澤之硯山齋雜記云：「秦之隸書乃篆之捷也，」（卷一）按：此節之註腳記明爲轉錄於《鈍吟雜錄》。

附記：本節有關大篆、小篆等文字資料，參考唐代封演之封氏聞見記卷二，文字一節。）

按：硯山齋雜記轉錄於鈍吟雜錄，此書爲清初馮班所撰，馮班字定遠，號鈍吟，江蘇常熟人。生性憨直，排行爲二，時稱二癡。辭典未註其在世年代。惟其兄馮舒之記載中，其於清順治初，構怨於邑令瞿四達，指所著懷舊集爲謗訕，而曲殺之。因此可證孫承澤先於馮班，故硯山齋雜記非爲孫承澤所撰也。

【何謂隸書】

隸書者　秦代官吏或官隸所使用之文字也。隸者：係爲秦代因罪繫獄而服勞役之罪犯，及因罪其妻孥沒入於官者，或當時六國之戰俘，統稱之爲奴隸。公元一九七八年于大陸湖北省雲夢縣睡虎地所發現古墓，墓中出土之竹簡，所記載秦代法令史籍文物甚夥。於秦律十八種之中：規定有隸臣、隸妾、小隸臣、小隸妾（奴隸本人及其妻、子、女）等稱謂。並規定發給隸臣等月俸之數額，及對小隸臣、小隸妾等規定其服役之年歲。（註一）

隸書又名「左書」（按：左即佐也），爲佐理官吏辦理公文書牘之文字也。隸書之創始者，史稱爲奴隸程邈所創，故名之爲「隸書」。程邈爲秦下邽人（或言下杜），原爲衙吏，開罪於始皇，幽禁于雲陽獄十年。獄中作小篆，少者增益，多者損減。方者使圓，圓者使方。奏之始皇，始皇善之。釋出，以爲御史，定書，故曰：程邈所作乃隸書也（此節摘錄於衛恆四體書勢）。

衛氏之言，未必可靠。程邈因罪繫獄于雲陽獄爲吏時，或任謄錄文書事務，特將小篆作有規範之整理也。其特點乃將六國文字鎔合於新創字體之中，又因繫獄爲隸，故名「隸書」，實非程邈初創之。

酈道元之水經註舉證言之，秦統一六國之先，已有隸字發現之情事矣。歷代之稗史亦多有記載。茲分錄於后：

水經注　山東臨淄人發古冢，得銅棺，前和外隱起爲隸字云：「齊太公六代孫胡公之棺。惟三字是古，餘同今書，故知隸書非始於秦氏也。」

唐代之封演　封氏聞見記云：「（引水經注部份略之）。隸書非始於秦氏，按此隸書在春秋之前，但諸國或用或不用。程邈觀其省易，有便於時，故修改而獻，非其創也。漢興多因秦制，通行隸書。……」（卷二）

五代丘光庭之兼明書云：「……即隸書興於周代明矣。當時未全行，猶與古文相參。自秦程邈以來，乃廢古文，全行隸體。故程邈擅其名，非創造也。」（卷一）

宋代朱翌之猗覺寮雜記云：「隸書古今皆云，程邈變篆爲之。水經注：王次仲變蒼頡舊文爲今隸書，始皇以次仲所易字，簡便於事，三召不至。次仲履眞懷道，窮術數之美。則變隸不自程隸始，自王次仲始也。……（後錄水經注如前。略之。）」（卷下）

宋代高承之事物紀原卷四，明代張萱之疑耀卷六等亦有記載，內容大致雷同。清代趙翼之陔餘叢考亦有類似記載，皆引用水經注之「胡公棺」一節，及書斷所云而論之。（卷十九　隸書不始於程邈。）足證隸書非爲程邈所創（宋代以後皆有抄襲剽竊之習慣，且不避雷同，均略之）。由此可證，隸書乃經篆書簡化而成，已爲不爭之事矣。而今雲夢縣睡虎地秦墓竹簡出土後，特從攝影放大圖片觀之；竹簡所書隸字，係以毛筆蘸之色汁書於竹簡之上，清晰可見，字跡爲極不工整之小篆形態。粗細不均，間隔不勻，大小不一，橫直不等。然字跡卻易辨認，書寫更爲捷便。如此，封氏聞見記所云：「程邈觀其省易有便於時。」實不繆矣！諺語有云：「百聞不如一見，書籍不如圖畫。」經觀此圖片後，對秦代隸書之眞貌，得能多層瞭解認識之。此類文字字形，似篆非篆，似隸非隸。若言爲隸書，應名之「秦隸」或「古隸」爲當，屬初創隸書。苟與現今隸書字帖之字體比對，則顯然不同。再以公元一九五三年，大陸湖南省長沙，馬王堆漢墓出土之《老子帛書》相對照，則又有顯著不同矣。帛書圖片所顯示字體，具有規律。筆畫均勻，大小一致，間隔相等，橫直成行。苟若名之，則應名爲「漢隸」。因其波磔尚未形成，與今日之隸書字帖相比對，則又有不同矣。秦始皇統一時爲公元前二百二十一年，馬王堆墓主，經大陸學者考證爲長沙國丞相「利蒼」，歿於西漢呂后二年，時爲公元一百八十六年，時經四百餘年之久，隸字進化，自不待言矣。

（按：墓中之老子帛書共有小篆及隸書各一卷。）（公元年代據原錄之。）

按：始皇於二十六年統一天下，歿於三十七年。二世三年，孺子嬰一年。漢高祖劉邦自秦二世四年稱帝爲元年，在位共十二年，惠帝在位七年，後爲呂后篡位。前後僅數十年之久，而按原書資料記載公元年代，竟有數百年之久，謬矣！自秦至漢，各書對公元年代註記，參差不齊。本篇公元年代據各書錄之，特此註明。

隸書自漢以降，多言爲程邈所創，今人難究其非。歷代各家皆有論說，玆分錄於后：

東漢蔡邕之聖皇論云：「程邈刪古立隸。」

南齊王僧虔之能書人名云：「秦獄吏程邈善大篆，得罪繫雲陽獄，增減大篆，去其繁複。始皇善之，出爲御史，名其書爲隸書。」

後魏江式之論書表云：「隸書者，始皇使下邽人程邈，附於小篆所作也。」

唐顏師古之漢書註云：「篆書謂小篆也。蓋秦始皇使程邈所作也。隸書亦程邈所獻，主使徒吏從其簡也。」

唐張懷瓘之書斷云：「按隸書者，下邽人程邈所作也。邈字元岑，始爲縣吏，得罪始皇，幽繫雲陽獄中，覃思十年，益小篆方圓爲隸書三千字，奏之。始皇善之。用爲御史，以奏事多，篆字難成，乃用隸字，以隸佐書，故曰隸書。」（太平廣記卷二百零六亦轉錄之。）

宋葉廷珪之海錄雜事云：「程邈幽繫雲陽獄中，覃思十年，益小篆方圓三千字，奏之。始皇用爲御史以爲隸人佐書，故曰隸書。」

宋高承之事物紀原云：「……或曰秦程邈變篆作隸。李瀚云：邈字元岑，始皇用爲獄吏。得罪，雲陽獄中幽囚十年，改篆爲隸，今楷字是也。……」（齊太公六代孫孫胡公之棺一節同前，略之。）

明張萱之疑耀云：「隸有古隸有今隸，今之楷書即今隸也。世言隸創於王次仲，又言創於程邈，皆秦世人也。（胡公棺等略之。）

釋：覃思：深思也。孔安國尚書序：研精覃思。後漢書何休傳：乃作春秋，公羊解詁，覃思不窺門十有七年。

【何謂八分】

明代張萱之疑耀云：「……李陽冰曰：『王次仲始作八分，以當時八分少波勢。乃增之。因其字方，八分遂以爲名。』蕭子良曰：『漢靈帝時，上谷亦有王次仲，與秦時王次仲同名，亦常作八分書。鍾元常（繇）謂之章程書，此八分書，所由始也。』蔡文姬曰：『割程邈八分取二分，割李斯小篆二分取八分，故名八分。』則與陽冰字方之說又異。漢石經者，蔡邕所書，即八分也。元常善八分，有隼尾波。今泰山銘即此體，是古之隸，與八分有波勢無波勢非兩法也。程迥曰：『東漢以來，碑刻皆用八分書，如程邈書是也。』歐陽集古錄跋：則以隸與八分爲一。趙明誠金石錄又云：隸者今之楷書，亦曰眞書，是八分也。隸也楷也似皆一體也。」（卷三）

宋代高承之事物紀原卷四中，亦記有此節，稍爲簡略，未如其詳，疑耀或引事物紀原而潤飾之。事物紀原尚記一節而疑耀未予採納，其云：……鍾繇善隸書，始有楷法，鶴頭偃波二書。繇又善八分，有隼尾行書，亦繇作，謂之行押。……

疑耀之論，足以使人墜入五里霧中。隸書即非秦代王次仲所創，亦非程邈所創，乃爲綜合六國文字而整合之。今所見隸書，乃爲秦代所留之字跡耳。至於程邈所整合隸書之眞跡，未得一見，何可驟下論斷。近人顧實於民國十三年所撰《中國文字學》第二章第七節云：「……程邈之字不可睹，可睹者；秦權量詔版文，猶以篆體而兼古隸而已。」近年大陸挖掘睡虎地秦墓，所得竹簡，其中隸字均為古隸，從圖片觀察，其書寫之隸字，實小篆而草書之，雖未得一睹程邈之眞跡，應所差無幾矣。因竹簡所書之字，非鑄非刻乃以手書之。足可一識秦隸之眞面貌也。而漢代王次仲所創八分之眞跡，亦未得一睹，其眞面目是耶非耶，僅是臆測而已。是故世人高論隸書與八分字體之各項情事，豈不成爲「瞎子摸象耳」？皆不得言及切體，僅可作爲理論摸索探討而已矣！張懷瓘之書斷云：「八分已減小篆之半，隸又減八分之半。」如是與蔡文姬所云：割八分取二分，割二分取八分之說，又有異歟？書斷又云：「八分取篆之捷，隸亦取八分之捷。」如是；隸書與八分孰先孰後，如何割取，如何減半。小篆、隸書、八分則混淆不清，難予定論耶！疑耀則云：「鍾繇善八分（魏末晉初人），有隼尾波，依此爲證。因有波磔之勢者，則可謂之八分也。如此依書斷及疑耀等言論，程邈、王次仲、鍾繇三位等字體，則更無法定位其先後歟？（按：鍾繇字體依現存字帖而論，有眞字及楷書兩大類。眞字者即今謂之魏碑，魏碑字體亦有波磔也。）清代包世臣之藝舟雙楫第二冊書一之章內，則言之綦詳。茲錄於后：

藝舟雙楫：秦程邈作隸書，漢謂之今文。蓋省篆之環曲，以爲易直。世所傳秦漢金石，凡筆近篆而體近眞者，皆隸書也。及中郎（蔡邕）變隸而作八分，八背也。言其勢，左右分佈相背然也。魏晉以來，皆傳中郎之法，又以八分入隸，始成今眞書之形。是以六朝至唐，皆以眞書爲隸，自唐人誤以八爲數字，及宋遂并混分隸之句。……（論大篆、小篆至隸書部分，略之）。

眞又約分勢而歸於遒麗，相承之故，端的可尋。故隸眞雖爲一體，而論結字，則隸爲分源，論用筆則分眞字本也。

包氏對八分之闡釋，已有新論。夫「八」者，非數字也，而係相背也，八者亦作別也。夫「別」字於段玉裁之說文解字中：別字不列於刀部，而列於「八」部。古別字爲「𠔁」，此爲波磔之勢撇與捺分開之形也。如此解釋名之爲八分，或嫌籠統含糊，若名之爲「背分或別分」，則較爲適當矣。後漢書儒林傳云：「熹平四年，靈帝乃詔諸儒，正定五經，刻之於碑。爲古文、篆、隸三體書法，以相參檢。樹之學門，使天下咸取則也。」而今五經三體之碑已殘，殘碑仍留於世。以其影本觀之，隸書部分，均分波磔之勢，且有蠶頭雁尾之態（註二）此足以假設爲東漢後兩百年，蔡邕等書法家特將古隸予以美化之。撇成波，捺爲磔，橫則蠶頭雁尾（又稱鳳尾，俗稱捺腳）。將此波磔書成有「別或分」之勢，故名之爲「八分」也。公元一九七三年湖南馬王堆漢墓出土多項簡牘文書，不獨老子帛書一卷（註三），其簡牘文字上，已略顯波磔及蠶頭雁尾之勢，故可證不妄矣。另有八分字體書寫較急，墨蹟中現有露白之態，謂之飛白（俗稱破鋒）。歷代學者對八分及飛白論說頗多，茲分摘錄於后：

唐代李綽之尙書故實云：「八分書起於漢時王次仲，次仲有道，詔徵聘，於車中化大鳥飛去，墜三翮於地……」（此論恐有謬誤，所指王次仲係爲秦人，而非漢人，其有欠言明。據人名大辭典註釋：……王次仲乃變篆籀之體爲隸書。始皇既定天下，徵之不至。復召之，次仲化爲大鳥，振翅而飛，墜三翮。況蕭子良且已言明王次仲秦時漢時各有一人，已錄於本節前段。）

（僅一卷）

尚書故實又云：「飛白書，始於蔡邕在鴻門見匠人施堊帚，遂創意焉。梁蕭子雲能之。武帝曰：『蔡邕飛而不白，羲之白而不飛，飛白之間，在斟酌耳。……』」

宋代張邦基之墨莊漫錄云：「東漢魏晉皆以八分題宮殿榜。蔡邕作飛白是八分耳，是以古云飛白是八分之輕者，衛恆作散隸是用飛白筆作隸字也。故又云：散隸，飛白，金石刻。東漢魏晉皆用八分惟小，小鉛刻之陰，或刻隸字也。……」（卷十）

明代周祈之名義考云：「八分飛白二書，皆蔡邕作也。法書苑蔡文姬曰：『臣父割隸字八分取二分，割李篆字二分取八分，故名之八分。其爲體篆多而隸少，所謂漢隸者也。』或云：上谷王次仲所作。又曰：勢如八字。又曰：蔡邕於八體之後，又分此法，皆非也。書斷：蔡邕待詔鴻都門下，見役人以堊帚成字，心悅焉，歸而爲飛白之書。創法於八分，窮微於小篆。王僧虔云：飛白，八分之輕者是飛白，即八分篆。但微不滿，施之宮殿題署者也。歸田錄（歐陽修撰）仁宗好飛白，以輕畫象物形，而點最難工，此與蔡邕飛白異。梁武帝謂蔡邕飛而不白，王羲之白而不飛，亦是謬談。」（卷七）

孫承澤之硯山齋雜記云：「秦之隸書乃篆之捷也。與今之正書不同，然非分書也。隸書本如此，後漸變爲今正書耳。歐公以此似今八分，遂呼漢八分書爲隸，既知其不同，且疑薛尚功摹之失體誤也。今人作正書是鍾王法，然鍾王古字亦多，與今不同。世傳六朝唐初碑上字分隸相雜，疑當時正書如此。至唐中葉以後，始變如今法，後人純學鍾王也。」（卷一）（本節爲轉錄鈍詠雜錄。至於撰著人或爲佚名，非爲孫承澤也。前段已述。）

清代馮班之鈍吟雜錄云：「秦人隸書，今不知者，以爲篆。漢人分書多剝蝕，唐人多完好。……漢人八分勝唐人，不待智者而知也。……」（卷四）

按：宋代高承之事物紀原、葉廷珪之海錄雜事、明代張萱之疑耀，部分類似，部分前文已摘錄，略之。歐陽修之歸田錄僅言及飛白一項，與本文無特殊關聯，不錄。）

【隸書演進】

《秦隸》

秦隸　隸書與八分本屬一體，隸書原爲涵蓋八分，八分未可概括隸書。兩者原無區分，僅爲經過時代之演進而已。藝舟雙楫所云：「隸爲分之源」，因之豈容強行分類，隸書乃爲此種字體之總稱也。若以時代演進而言；依階段而可謂之；秦隸（古隸），漢隸（今隸）及八分三個時段（眞書不可列於隸書之列）。古今以來，歷代學者，對隸書與八分之論說，甚少搔到癢處。主要原因，秦隸與漢隸之眞蹟留於後世者，實鮮少蹤跡，猶以秦隸，幾無影息。秦代刻石，多爲官定文字——小篆。未有隸書，隸書者乃爲隸人所用之佐書也。非官方法定文字，僅列爲佐理文書之簡筆文字，不視爲官方之榜署文字耳。兼明書所云：「隸書當時並未流行，一般記載，多與古文相參」。依現今出土資料而觀之，可斷言曰：隸書於當時，正如今日文稿草擬時，偶或夾雜簡筆字或草書等字體在內，亦非爲官方公文書所許可也。因此歷代學者未得一睹秦代古隸之眞蹟，而隔靴搔癢之矣。以致其論說，則似是而非，混淆不清焉。即如隸書與八分，孰先孰後，竟衆說紛紜，終未釐清之。誠是愈論愈玄，治絲益棼也。將置後人於霧中觀花，不知其所云究竟矣！清代劉熙載所撰藝概之書概中，對隸書與八分所作之解釋，較爲詳晰。茲錄於后：

藝概：

隸書與八分之先後同異，辨而愈晦，其失皆坐狹隸而寬分。夫隸體有古於八分者，故秦權上字爲隸；有不及八分之古者，故鍾、王正書（眞書）亦爲隸。蓋隸其通名，而八分統矣。稱錘可謂之鐵，鐵不可謂之稱錘。從事隸與八分者，盍先審此！

八分書「分」字，有分數之分，如書苑所引蔡文姬論八分之言是也。有分別之分，如說文之解「八」字是也。自來論八分者，不能外此二意。

書苑引蔡文姬言：「割程隸字八分取二分，割李篆字二分取八分。」此蓋以「分」作數字解也。然信如割取之說，雖八分隸二分篆，其體猶古於他隸，況篆八隸二，不儼然篆矣乎？是可知言之不出於文姬矣！

凡隸體中皆暗包篆體，欲以分數論分者，當問程隸是幾分書。雖程隸世已無傳，然以漢隸逆推之，當必不如閣帖中所謂程邈書直是正書也。（卷五　書概）

夫劉氏所云，隸書與八分本不可分，惟因其時代演進而變化之。八分實屬隸書之，考其原委所在，乃為後人未能一睹古隸之眞貌也。再據顧實所云：「程邈隸書不可睹，可睹者秦權量詔榜文，猶以篆體兼古隸而已。夫秦既如此，漢宜更有變遷。」顧氏所言，極為正確也。今存秦二世之詔版(署書)，似篆非篆，似隸非隸猶似甲骨文之刻畫而已(註四)。再如秦代承安宮鼎文所鑄之首句：『承安宮銅鼎，容一升，重四十斤。』其所鑄字樣。「承安宮銅鼎」五字為小篆，「容一升」等以後則為隸書。亦可言為小篆之行書，其橫豎筆畫猶如刀劃，並無波磔之勢矣。或言鑄造銅器，字體難有波磔可言，然亦可確認為秦初之古隸尚無波磔是也(同註四)。故南唐徐諧之說文繫傳云：「程邈隸書，即今之隸書，而無點畫俯仰之勢，故曰古隸。」藝概又云：「由大篆而小篆，由小篆而隸，皆是寖趨捷便，獨隸之八分不然。……」秦隸於二世時之署文觀之，實為篆體之捷便書寫而已也。小篆原為圓筆而長形，隸書則方筆而扁形，筆畫去繁而簡，古樸自然，其原因不外求取書寫之捷便也。然秦篆至今仍存於世甚夥，蓋秦隸卻因其佐書之故，甚少留於後世，苟非近年睡虎地秦墓竹簡出土，則永不得一睹秦隸之眞面目，惟竹簡翻印書籍，迄未普及於世，亦屬憾事耶！

秦代政治非如史書記載所言，暴戾殘橫，其以法家學術治國。商鞅、李斯均係法家楚翹，治理國事不亞於西周或春秋時代。朝廷政務必依據律令，舉凡施政必記之於簡牘，故亦必須訴求於文字之捷便也。然其文化及文字留於後世者，並不多見？考其原因，不外有三：一為秦末時期，首有陳勝吳廣赤眉之禍，兵燹災難多年，各地文物史實，散佚殆盡。二為秦代亡後，六國遺民因亡國之恨，復怨秦之苛政，特將公文書牘，自行毀棄。三爲楚霸王項羽攻入咸陽後，而將阿房宮付之一炬。正如杜牧之阿房宮賦所云：「戍卒叫，函谷舉。楚人一炬，可憐焦土。」阿房宮被焚，其損失何其鉅哉！苟以宮中文物，誠難予估計之？有關典籍簡牘，化爲灰燼。中華一代珍貴文物寶藏，燬之一旦，令人痛心。項羽罪孽深重，垓下自刎，尚有餘辜矣。後世之人，遭此三劫，遂不得一睹秦隸之眞面貌也。哀哉！痛哉！

今幸賴於雲夢澤睡虎地，發現秦吏古墓，挖出稀世寶藏——秦代竹簡。刊載秦代文牘、史書、律令等，保存秦隸字體極爲完整。內含：「編年記、南郡太守騰文書、秦律十八種、效律、秦律雜鈔、法律問答、治獄程式、爲吏之道及日記兩種」，共計十大類。竹簡全部計一千一百五十五支，殘片計八十支（惜未統計字數），略經算之；每支約四十餘字，則應有四萬五千字有餘矣。特依《編年記》一篇之推算，應爲秦王政三十年所記（公元前二百七十七年），其中尚可推至秦昭王四十五年之史實等（公元前三百六十二年）。竹簡文字係用深色液汁所書，（因年久色變，何種色汁，已不可考。）因此不獨可窺秦隸之眞實面目，且更證實秦隸非程邈所始創，秦人係將六國文字加以彙集整理而成之。竹簡發現非獨對文字極大貢獻，既使秦代史實及法律之研究莫大之裨益，並附帶證明當時文房用具已有卓越之進步。（清代趙翼之陔餘叢考卷十九所云：毛筆非爲蒙恬所發明，此論亦被證實矣。）

公元一九六五年，山西省澮河以北臺地之侯馬村所出土之侯馬盟書，據鑑定爲戰國時代，趙簡子（鞅）之宗族盟書（公元前四百九十七年）。盟書以紅漆書於玉佩或石圭上，已非蝌蚪文，其中筆畫較少之字；如「于、平、石、司、行、是」等字體，雖為篆書，業已接近隸體雛形之意味耳（註五）。其時書寫工具，雖非毛筆，恐係竹筆。字跡娟小，筆畫纖細，亦欠工整。而與睡虎地秦墓竹簡之隸書，其字體與書寫工具有相連關係，雖字體不均，間隔不勻，大小不一，然字體渾厚，與毛筆有關，乃成秦隸，亦即所稱之古隸也。

咸陽秦始皇墓發現兵馬俑，其兵俑及馬俑之塑體上，皆發現刻有文字。考其原因，塑作俑者，均為當時奴隸或六國戰俘，為繳驗成品時之證明，特於兵俑或馬俑上，製作者刻其姓名或符號，以資識別。其中一具兵俑塑體上，刻有「咸陽午」三字，除咸字之「戈部」保有小篆字形外，餘均似若楷書（註六）。此亦應列為古隸之始也。

《漢隸》

秦隸以後，應是漢隸（今隸），而非八分。則于西漢時代，秦亡漢興，漢祚承秦代政治文教遺風，一時無法擺脫而賡續之。漢書藝文志云：『蕭何草律亦著，其法曰：太史試學童，能諷九千字以上，乃得為史。又以六體試之，古文奇字、籀篆、小篆、隸書、繆書、蟲書。皆所以通，知古文奇字、摹印、章書、幡信也。』由此可知，漢立國之初，文字仍沿用周秦文字矣。另：宋太宗淳化三年所集淳化閣秘帖，第五卷有程邈所書，與正書無異。米芾鑑定為僞蹟。以及秦觀之法帖通釋云：「今漢碑有者皆隸字，程邈此帖皆是小楷，豈可遂信秦人書。」（註七）苟依秦觀之言，足證漢代官方文書皆為使用隸字。睡虎地秦墓竹簡，公元一九七六年本於出版說明中，有一句文詞值得注意：「秦律是漢代九章律的基礎」（一九七八年版本亦同）。然又一九七八年本中敘明：『其法律問答一篇，諸項法律規定，均直接影響漢代官制，漢代百官表及鹽鐵論均參用之。』是故；漢祚初興，百廢待舉，於書牘文字方面，仍沿用秦代隸字，自不待言。至於官箴律令等諸項，雖經逐步改進，然文字一項改革，則非一朝一夕可爲之，沿用隸字乃爲不爭之事實耳。

漢自高祖登基後（約公元前二百五十六年——前一百九十五年），至宣帝五鳳二年（公元前五十一年）刻石中止。共有百餘年之久，未留石刻文字。因此；此段期間隸書字體，未見記載，遂成空白。其間雖有發現武帝元鼎時之元磚，傍有鑄字亦係匠人所作，字形笨拙，字體模糊，難辨眞貌(同註四)。西漢承平盛世，獨缺文字遺存，實令人費解之。宣帝五鳳二年魯孝王刻石，現存於曲阜孔廟。有拓本問世。其字蹟爲「五鳳二年，魯三十四年六月四日成」。此乃爲係修建廟宇之基座記載紀念之用。字形古樸，筆畫整齊，然無波磔之勢及蠶頭雁尾之形，惟一特點，其中二年字之垂豎甚長也(同註四)，已較秦墓出土竹簡上之隸書，工整多矣。明顯證實漢代百餘年間，隸書已有長足之進步矣。另；魯靈光殿址亦有刻石一方，傳於靈光殿北側陛階之基石，係西漢魯恭王建殿時所遺留之。然未見其字蹟拓本，字形如何，不敢妄言。新莽天鳳三年，萊子侯刻石，字體未若五鳳二年魯孝王刻石，具有隸字規範，頗似秦權秦量之字體，橫直成行，中規中矩更具有古隸之風範(同註四)。惟此段期間，於書牘方面，撇捺已略具波磔之勢。如「天漢三年十月木簡」共三十四字（公元前九十八年），「大始三年閏月木簡」共二十六字（公元前九十四年），「五鳳元年十二月乙卯朔木簡」共十字（公元前五十二年）。以上木簡之字體，已初顯波磔之勢，橫畫方面，尚未有蠶頭雁尾之態（以上皆爲摹本）。另；褒忠斜道刻石，爲東漢明帝永平六年（公元六十三年），摩崖石刻，字蹟挺秀規律，然無波磔之勢。或爲石工所刻，卻有其「瘦硬通神」，獨樹一幟之風格也。後至順帝漢安二年（公元一百四十三年）之景平碑，而已演進成八分字體，既有波磔之勢，更帶蠶頭雁尾之態，惟具篆體之味耳（註八）。由此可知，自漢隸演進至八分，亦歷經二百年之時日耶！

公元一九七二年湖南長沙馬王堆漢墓之發現，經考證出土三座古墓，係西漢初年軑侯家族之墓穴，軑侯歿於呂后二年（公元前一百八十七年）。其妻歿於文帝之時，相距約十年之久。出土文物極夥；包括簡牘、官印、圖畫、服飾、漆器、玉器、銅器等等。最爲珍貴者，應屬簡牘縑帛所留之書籍文牘文字記載。除供史實參考外，確保有西漢初年之文字字蹟，實爲稀世寶藏。最爲珍品者，內存老子帛書兩部；一部字體爲小篆（編號甲本），一部字體爲隸書（編號乙本）（同註三）。老子帛書雖爲小篆，其字體接近隸書。與秦墓竹簡字體頗相似，含有草篆之意味，已即如初期之隸書。其以毛筆書寫，並無波磔等筆畫。乙本帛書與其餘簡牘，如戰國策、縱橫家書等，字蹟排列極爲工整，書寫工力並不亞於後世，惟字體尚存留小篆之形態。十六經一篇全爲隸字書寫，較乙本帛書字體己有改進，字蹟活潑秀麗，頗似西漢晚年文牘字體相彷彿耳。雖無波磔之勢，然豎橫尾端明顯加重，稍有撩腳之跡象矣。猶以紀錄「明童車馬」三塊木牘，字蹟簡捷，所書數字，已近乎楷書字體。至於陰陽十一脈及記載陪葬物品之竹簡等，則爲工整之篆書（註九）。此皆西漢初年呂后及文帝時之遺物。如此，乙本帛書字體，應列爲漢隸(今隸)謂之。此類隸書及西漢宣帝時木牘等，均可謂之隸書中期代之字體，則較爲妥善也。

公元一九七二年，山東臨沂銀雀山一號漢墓，出土竹簡千九百餘枚。中有孫武兵法、孫臏兵法、六韜、尉繚子等書籍。猶以孫臏兵法失傳，約兩千餘年之久，不獨於學術界之一大瑰寶，對隸書字體亦爲莫大供獻也。據遼寧大學教授張震澤所撰《孫臏兵法校理》云：「兵法之文，約爲孫臏弟子所述(其間似亦有孫臏自著)，已爲學術界所公認；然竹簡之繕寫果當何時，意見尙未一致。以爲墓葬時在漢武，竹簡之繕寫當在高帝時，簡書本身可證。……則簡之寫成必在高帝在位十餘年中，以與湖北雲夢睡虎地始皇時秦簡比較，相去纔二十餘年耳。假如說秦簡在我國古文字，由篆到隸之發展史上，補一空白。則此初漢簡是繼秦之後又一發展。」(按：高帝爲高祖劉邦，約公元前二四七年)。孫臏兵法竹簡所書文字，似篆又似隸，介乎二者之間。以其摹本觀之；字蹟則較睡虎地秦墓竹簡之字體，方整規矩多矣。與馬王堆漢墓之老子帛書中隸字頗爲彷彿之。(註十)

宣和書譜對隸書敘論，多採古人之論說，了無新意，未必盡然。茲錄於后：

宣和書譜　隸書敘論：秦併六國一天下，以愚黔首，自我作古，往往非昔而是今。故以李斯變大篆，以程邈作隸文種種。有不勝言者，然而或足以垂法而利民，宜後世有取焉。此隸所由作初，邈以罪繫雲陽獄，覃思十年，變篆爲隸得三千字，一日上之。始皇稱善，釋其罪而用爲御史。當時此書雖行，獨施於隸佐，故名曰隸。又以赴急速官府刑獄間用之。餘尚用篆，天下始用隸字之初也。然而後人發臨淄塚，得齊太公六世孫胡公之棺，棺之上有文，隱起字同今隸。按胡公先始皇時已四百有餘年，何爲已有隸法，豈是書元與篆隸相生，特未行於時耶！若邈者，既知此體，乃自一家法而上於秦，特以解雲陽之難耳？不然胡公之棺有是哉！其後；漢有蔡邕，魏有鍾繇。得其遺法筆意，飛動點畫間，一一成形。斷碑墨本，幾滿天下。歷千餘年精神，如在學者仰之，如景星鳳凰，爭先見之爲快，是豈可多得？然斯道高古非世俗通行之書，以故闕然不講久矣。唐開元年時，主慨然知隸字不傳，無以矜式後學。乃詔作字統四十卷，專明隸書。於是人間得以應其求。如韓擇木之徒是矣。然則學之興廢，繫其時哉。（轉錄六藝之一卷一百七十二）

《八分》

八分應屬於隸書之後期字體。於東漢兩百年之間，八分字體發展極爲迅速，桓帝靈帝之時則爲八分全盛之黃金時代。桓帝建和二年（公元一四八年），石門頌刻於陝西褒城縣北之石門。乙瑛碑爲桓帝永興二年（公元一五四年）此碑之八分字體業已成熟矣。另尙有禮器碑成於桓帝永壽二年（公元一五六年）。靈帝時有史晨碑、夏承碑、郙閣碑、張遷碑，神道碑等等。猶以靈帝熹平四年，召集諸儒正訂五經。由蔡邕、馬日磾等位書成三體字碑，稱之爲《熹平石經》。八分字體至此時可言登峰造極，鼎盛春秋矣。東漢兩百餘年，所留石刻極夥，字體均爲八分，是故八分字體多傳之於後世矣。後世之人所見碑帖皆爲八分，故以八分即爲隸書，孰爲隸書？孰爲八分？涇渭永難區別歟？蓋因睡虎地秦墓竹簡及馬王堆漢墓簡牘均未出土以前，秦隸與漢隸皆未得一睹之，所睹者，惟東漢所留之八分也。以致隸書與八分無所區分之。如疑耀所云：「……古之隸書與八分有波勢、無波勢微異，非兩法也。」（卷三）餘如《名義考》、《海錄雜事》等書，雖對隸書與八分有所釋義，然皆未能切體，似是而非之。皆因未得一睹秦隸、漢隸，而僅爲臆測耳！又如藝概云。茲錄於后：

藝概

開通褒斜道石刻，隸之古也；祀三公山碑篆之變也。延光殘碑、夏承碑、吳天發神讖碑差可附於八分篆二分隸之說，然必以此等爲八分，則八分少矣。或曰：鴻都石經乃爲八分體也。以參合篆體爲八分，此後人亢而上之之言也。以有波勢爲八分覺於始制八分情事差近。小篆，秦篆也；八分，漢隸也。秦無小篆之名，漢無八分之名，名之者皆後人也。後人以籀篆爲大，故小秦隸；以正書爲隸，故八分漢隸耳。

未有正書以前，八分但名爲隸；既有正書以後，隸不得不名八分。所以別於今隸也。……

（卷五　書概）

藝概之言，未必全然，因其未得一睹秦隸漢隸之眞面目也。篆、隸、分三項故未能區別於精確，就大體而言，清代之識別已較唐宋時人所論爲強矣。依其言；隸書與八分之名，雖爲後人所命之，何人所命？命名之理安在？未予交代清楚，歷代學者亦未予交代，使後人則難知其究竟矣！然八分確實別於隸書，經東漢兩百餘年之演進其字體形態端正而美化，是爲秦隸、漢隸所不及耳。清代倪濤所撰

《六藝之一》，蒐集隸書與八分石刻，計有三百零九碑，較歐陽之集古錄，趙明誠金石錄等均有過之。惟對隸書與八分之區別何在？未予解釋，頗爲憾事！至於八分之淵源，前人衆說紛紜，無一定論。或言係王次仲所創，或言爲蔡邕所始，復尚有其他論說不一，徒令後人無所適從。晉書衛恆傳，四體書勢云：「秦既用篆，奏事繁多，篆字難成，即令隸人佐書，曰隸字。」倪濤雖未闡釋隸書與八分，將前代之論說，詳予扎之，並略加引註。茲錄於后：

四體書勢者：古文、篆、隸、草也。其曰：『秦令隸人佐書曰隸字。漢因用之，則知漢亦名隸也。序能隸之人，則有王次仲、師宜官、梁鵠、邯鄲淳、毛弘、左子邑俱是漢人，則知漢人所能者，亦惟隸也』。又曰：『今八分皆弘之法也。八分而曰今，則知漢以前不名八分矣。今八分而皆弘法，則知八分即隸法矣。八分之名見史者如此。』又其勢曰：『奮筆輕舉，離而不絕，纖波濃點，錯落其間，詳其體象八分，與隸有異勢乎。王應麟玉海乃謂：自唐以前，皆謂楷字爲隸，譏歐陽公集古錄，誤以八分爲隸目，漢刻石爲漢隸，博學如應麟而不能無失，乃知議古者之難也。

王愔文字志云：『王次仲於建中初，以隸草作楷法，字方八分，言有楷模，其說最爲可據。愔魏平北將軍王乂之子也，其去漢猶近。』故李陽冰亦承用其說。字方八分者，字體本方，而八分之謂，其皆似八字，勢有偃波。說文訓介字云：『從大而八分之，八分二字當作是解釋之。』

金壺記云：『王次仲以隸法局促，遂引而伸之，爲八字之分，故號八分也。』

王愔又云：「王次仲始以古書，方廣少波勢，以隸草作八分楷法，隸與八分有波勢及無波勢微異，非兩體也。漢世則統稱爲隸，八分之名亦後人名之耳，漢安得復有隸書乎。考之；前漢用秦隸，今有五鳳二年刻石在於曲阜孔廟中，與隸續所載，建平郫縣碑字皆無波勢，何君閣道碑立於建武中元二年，路君闕立於永平八年，隸釋謂其字法，方勁兼用篆體。自建初以後，有王稚子闕立於元興元年，發筆皆長隸釋謂之八分。」

按：建武中元爲東漢光武帝年號，中元爲建武之別稱。永平爲明帝年號。建初爲章帝年號。元興爲和帝年號。

洪邁隸續序云：「自篆捷於漢，而隸變於魏，八分於晉宋隋唐之間。以分視隸，猶康瓠之與周鼎也。而唐人篤好之。漢法益亡，其言似是而實非，晉宋隋唐之間，名隸爲八分，非造爲八分也。」（以上轉錄六藝之一卷二百三十九）

宣和書譜　八分敍論：爲八分之說者多矣。一曰東漢上谷王次仲以隸字改爲楷法，又以楷法變爲八分，此舉蔡希綜之說也。一曰去隸字八分取二分，去小篆二分取八分，故謂之八分，此蔡琰述父中郎邕之語也。前世之善書類，能言其書矣。然而自漢以來，至于唐千百載間。金石遺文之所載，特存篆隸行草，所謂八分者何有，至唐則八分書，始盛其典刑。蓋類隸而變方廣作波勢，不古不嚴，豈在唐始有之耶！杜甫作八分歌稱；李潮、韓擇木、蔡有鄰是，皆唐之諸子，而今所傳者，又皆唐字，則希綜、蔡琰之論安在哉？蓋古之名稱，與今或異今，所謂正書，則古所謂隸書也。今所謂隸書，則古所謂八分。至唐則猶有隸書中，別爲八分以名之。然則之所謂八分者，非古之所謂八分也。今御府所藏八分者，四人：曰張彥遠、曰貝冷該、曰于僧翰、曰釋靈該，是四子俱唐人，則知今之八分出于唐明矣。不得不辨，以詔後世云。（轉錄於六藝之一卷一百七十二）

倪氏對隸書及八分演進沿革之註釋，尙爲詳盡。惟因於時於清代，未得一睹近年出土之簡牘等，僅爲彙集前人之論說而編纂之，少有新意。宣和書譜對隸書及八分之敘論，亦復如是。按所指王次仲應是漢人也。不論王次仲抑或程邈等，並非創造隸字或八分，充其量僅爲改良而已。宣和書譜敘述隸書，於程邈之先四百年，胡公之棺已發現隸字，苟若爲程邈獻予始皇，僅可言其覃思十年而加整理之，非其創作也。至於王次仲創作八分，實不足以爲信，係後世揣測及附會而已，此乃不爭之事實也。有關無波勢者爲隸書，有波勢者爲八分。依今發現之簡牘及歷代之碑帖比照之，秦墓竹簡，漢墓簡牘帛書則未有波磔之勢，東漢以後之碑帖方見之。此項理論有事實根據，足資認定矣。故隸書與八分之區別乃爲時代之演進耳。清代以前論敘。而因當年缺乏具體古代資料佐證，未睹眞蹟之故，而非前人著述之謬也。

依西漢宣帝五鳳年代之各類簡牘，字體已漸具有波磔之勢，與五鳳二年魯恭王刻石略有不同，此爲書寫與刻石之技巧進步也。書寫用品與刻石工具改進之關係，故所呈波磔之勢也。自新莽至東漢末年，幾將達三百年之久，八分字體遂逐漸育孕而成，是不可否認之事實也。況此三百年間文房四寶更有大幅改進，蔡侯紙已於東漢和帝時問世，書寫文字則較竹簡木牘爲之便利矣。如景平碑爲順帝漢安二年（公元一四三年）樹立，碑文已具波磔之勢，四四方方，端端正正，公諸於世矣。由此觀之，八分字體確較隸書美感多矣。然彫刻工具與技巧之進步，亦爲必然之事實，匠人之技巧與辛勞，是不容磨滅之。

隸字歷經三百年歲月之洗練，無數學儒及官吏之研習，進而形成工整完美無瑕之八分字體。實較古隸今隸甚至篆書，都有突出之美感。然雖較隸書美化有餘，卻無隸書便捷之利，蠶頭雁尾，左波右磔，反未可供實務之用，以致循例步入篆書之後塵，轉而變成古今書法之另一奇葩哉。故藝概有云：「由大篆而小篆，由小篆而隸，皆是寖趨簡捷，獨隸之於八分不然。」故而八分漸由眞書而遞代之。何謂隸，何謂八分，其區別之處，若僅依波磔之勢，蠶頭雁尾之形而論之，似嫌欠當。隸字初創之時，乃求便捷，可言之爲小篆草書而已，因其字體便捷實用，進而改良成爲規矩整齊之今隸，復經美化而形成八分，僅爲字形演進變化之過程而已耶！波磔及蠶頭雁尾等，亦係爲書寫演進之做作耳。是故難予對隸字與八分之區別，作嚴格解釋，隸書與八分名詞，應統爲隸書，皆爲後世命名之不當，而徒生滋擾耳。苟若再據清代包世臣之藝舟雙楫所言：「八分者，背字之謂也。」則猶如導入八卦陣中，更難釋疑之，亦無法瞭解八分眞貌所在，實無需刻意作此區別也。

清代康有爲之廣藝舟雙楫卷二，其所述隸書與八分各節，前人均已論述之，如「胡公棺」，蔡邕之「書體分割」，王應麟之「楷隸不分」等等，均見於前人劄記之中，未見新穎論說，不予錄之。反是倪濤之六藝之一撰有「隸字心訣」一訣，並自註釋之，特將八分字體形態解釋清楚。如此則可深悉何謂八分也。茲錄於后：

隸字心訣（卷二百三十八）

一：枯老古拙（枯中有硬，老中有健，古中有奇，拙中有巧。按：筆畫需堅硬古樸。）

二：如龜如鱉（形如龜鱉。按：字形扁平。）

三：蠶頭雁尾（起筆如蠶頭，住筆如雁尾。）

四：斬丁截鐵（轉折間剛勁如此形，轉折時住筆需剛勁有力。）

五：雁不雙飛（不宜兩畫並成雁尾。按：兩橫畫切忌皆捺雁尾。）

六：蠶不並設（不宜二蠶頭並出。按：兩橫畫應有長短，不可並齊。）

七：重濁輕清（輕必宜清，重必宜濁。按：短畫需巧而神，長畫則需渾厚并笨拙。）

八：忌俗點畫（點畫要古雅而忌俗薄。按：點畫戒用楷書或行書筆法。）

以上所述八分書法心訣，特將八分形態敘述綦詳，與古隸（篆字草寫）有顯著不同之，令後人一覽便知矣。包世臣之藝舟雙楫第二冊，論書一之中，亦論及八分字體，撰七絕一首，道出八分之淵源，故與倪氏之隸書心訣，奇葩異卉，各見其長，然仍以前人所言爲據。有欠新意也。茲附錄於后：

程邈原因李篆生，蔡分展足始縱橫。
更依分勢成今隸，不辨眞源漫證盟。

【研討】

隸書之淵源：隸字於戰國時代，皆已有之。各國各有其文字，因此各國自有篆字捷便之書寫方式，或其用與不用耳。秦滅六國，一統天下，各國文字，自不適用，焚書坑儒，乃焚六國之書，坑六國之儒，實乃求其發布政令之捷便，統一文字乃其必經之步驟耳。然爲使政令之迅速傳達，遂有草篆之形成，佐之以隸人，故稱之爲隸書，又稱佐書也。自秦至漢，歷經兵燹（本文前段已述），所有眞蹟，毀之殆盡，以使後人未得一面之緣。隨之，臆測杜撰，不絕於書籍稗史矣！隸書並非程邈所創，果眞若是覃思十年，亦僅將六國文字，以秦國文字系統整理而成，名之隸書。此言是否事實，亦未必可靠，因欠缺具體之佐證，實更無法考證之。故對程邈創作隸書抑或整理隸書，均應存疑方可也。凡事豈可一蹴而成，文字亦復如是，乃隨歲月逐步演進之。然程邈似對隸字有其建樹，難言毫無瓜葛，雖無眞蹟之直接證據，而經歷代學者言之鑿鑿，豈可一筆勾銷之。至於「胡公棺」上之字蹟，是隸字抑或草篆，是否有此字蹟，亦應存疑之。古代未有攝影技術，又未有拓本留於後世，僅憑酈道元之水經註一言，而定乾坤，似欠周詳。至於稗史之言，不足以信，假其而臆測爲眞象，如此人云亦云，豈不荒謬歟？

秦人王次仲始創隸字之說，更難令人置信。史無可考，傳無所記。未留眞蹟，又無拓本，何信之有乎？猶以始皇見其隸字而詔之，拒詔化作大鳥飛去一節，荒誕不經（唐人李綽之尙書故實等類稗史，均有記之）。如此論說，頗似承受魏晉時代神怪小說之遺風，更雜有唐人傳奇小說之意味，而竟然記載於文學或史料之辭典中。如此稗史，令人啼笑皆非；如此荒謬，令人嗤之以鼻。史書不當，足可遺禍後代子孫耶！隸字是否爲王次仲所創，未見眞蹟或拓本傳流後世，豈可僅據前人筆記稗史之傳說，信以爲眞。況撰寫此類筆記稗史撰著之人，皆爲唐宋時代，甚至明清。其與秦人王次仲相距有千年之久，可信程度，不言而喻矣！至於割八分及割二分之說，亦復如是。（宋人俞德鄰之佩韋齋輯聞卷一內，亦如此之云耳。）千古文章，相互抄襲。以訛傳訛，積非成是，誠遺害子孫也！

八分之創始：漢祚初興，百廢待舉。承襲秦代政治體制，學術文化，自不待言。因之；更難一朝唾棄小篆隸書，另起爐灶，重行獨創新體文字而實施之。勢必沿用隸字，此乃必然之事也。漢代四百餘年之間，文字確實幾番改革創新，如東漢章帝時之章草，史游急就章、張芝芝白帖。雖爲草書，仍近乎隸字。亦可言爲隸字之草也。然官方文牘，以及民間書契仍須予工整之隸書，而書寫之，是故隸字乃於漢代風騷四百餘年矣。然此四百餘年之悠久歲月，憩息優越情狀之下，復又因書寫文字之工具，不斷更新與改良，文字之捷便與美化，時勢之所求之也。捷便乃如章草之創新，美化則爲八分也。自褒斜道石刻起，至沈府君神道碑止，不斷創新美化。猶以沈府君神道碑字體；僅十三字：『漢新豐令交址都尉沈府君神道。』（同註八）字體不獨捷便美化，且已接近楷書，而非眞書也。字形改進，日新又新，八分字體實源自漢隸（今隸）蛻變而成也。

八分字體，若言爲上谷王次仲（漢人）或蔡邕等人所創，此論令人難予苟同。文字演進豈可一蹴而成之？自宣帝五鳳年代所留傳之石刻及書牘等物以觀之，由無波磔之圓筆漸而形成波磔之雛形，足資可證。苟若言爲一人所創，試問？褒斜道石刻，又如何解釋之？若言爲王次仲所創，正史王氏年代不詳。若言蔡邕所創，蔡氏出生之年代不詳，史實記載爲靈帝時所書熹平石經，後被王允所殺。而褒斜道石刻，刻於明帝之時，中經章帝、和帝、殤帝、安帝、順帝、沖帝、質帝（殤、沖、質三帝在位各一年）、桓帝等各朝，而至靈帝，歷代演進，其共經百餘年之久，而歷代所遺留碑帖之八分字體，則又如何解釋之歟？蔡琰之言，其父蔡邕，割取之論，本不足以信。是否爲蔡琰所言，抑或後人杜撰，尚未可知也。後人頻予抄襲，以假爲眞，如何割之，如何取之，歷代書籍皆未見有所解釋，何信之有乎。再問？歷經百年，蔡邕何能創始之，蔡邕有如此長壽耶！清代學者，已察其謬，包世臣、劉熙載均作修正之論。劉氏藝概所云：「……此蓋以「分」字，作分數解也。然此割取之說，雖使八分隸二分篆，其體猶古於他隸；況隸二篆八，不儼然篆矣乎！是可言之，不出於文姬矣。」劉氏言之已明，不可不信也。

按：東漢明帝在位十八年，章帝在位十三年，和帝在位十七年，殤帝在位一年，安帝在位十九年，順帝在位十九年，沖帝、質帝在位各一年，桓帝在位二十一年。靈帝在位二十二年，三體五經石刻於熹平四年始刻之。靈帝年號先爲建寧，於五年改元爲熹平，歷時共一百十八年之久矣。

睡虎地秦墓竹簡出土後，使得一睹草篆之眞貌，亦可證實隸字非爲程邈之特殊創新，而係由求其捷便，將篆書草寫，遂逐步形成之。八分亦然，馬王堆漢墓簡牘帛絹之文字出土，對漢隸得一睹眞面目，再以東漢初年刻石作比對，乃知其演進之過程，亦非一朝一日而成之。然八分至東漢末年，經蔡邕等鴻儒書成三體五經石刻時。已步入登峰造極耶！漸而形成藝術之瑰寶，八分書法也。猶以盛唐之時，玄宗擅長八分，乃予鼎力弘揚，以至傳至今日，蔡氏諸儒功不可沒也。

眞字之區分：眞字又曰正字，此皆後人所命名之（俗稱魏碑）。秦篆因之繁瑣，而有隸字形成。隸字傳至八分，復因繁瑣而步小篆之後塵也。八分之美觀則有餘，實用卻不便，竟淪爲藝術觀賞之書法矣。實用上爲求書寫之捷便，文字字體再予演進之，遂漸形成眞書字體也。三國東吳孫皓天璽元年（公元二七六年）之天發神讖碑問世，可言眞字碑帖之始也。其次鍾繇之上尊號奏碑，其字體最具眞字之風格，而後尙有魏之封孔羨碑、王基碑，吳之谷朗碑等（同註八）。眞書字體似八分又似楷書，介乎二者之間，尙存波磔之勢，惟已僵化。然已無蠶頭雁尾之形，更欠八分之雍容端正氣概，反呈滯頓之感，其藝術觀感則遠遜八分多矣！然此時眞字於公文書牘上，業已遞代八分矣。猶以北朝之石刻甚夥（北碑南帖）；爨顏龍碑最具代表，以八分筆意而寫楷書。眞書字體由六朝而起，沿至隋代：如張猛龍碑、張黑女碑，以及隋代董美人墓志銘等均屬之。此乃經八分轉入楷書之階段過程焉（註八）。惟當時楷書之雛形業已面世，如東晉衛茂猗之名姬帖。王羲之之蘭亭詩序帖等（同註八）。前人對隸書、八分及眞字，字體未作嚴格之定義及命名先後之標準，故導致後世混淆不清耶！藝概云：「隸與八分之先後同異，愈辨愈晦。」誠然耳！然藝概對隸與八分之區別，亦未作成定義或具體之解釋，僅一語帶過，對眞字未予解釋，反列入隸字之中矣。故藝概又云：「故鍾、王正書亦爲隸。」以致復釀成隸書、八分、眞字，三項之先後顚倒，異同混淆不清耳。包世臣之藝舟雙楫云：「……以八分入隸，始成眞書之形，是以六朝至唐，皆稱眞書爲隸。自唐人誤以八爲數字，及宋反混分隸之名。」苟如上言，唐宋時人將眞字名之爲隸，如是隸書反於八分之後矣。試問？秦與西漢之隸又列於何處？如何解釋之？玉海云：「唐人以楷爲隸，誤矣。」藝概復言：「漢無八分之名，名之者皆後人也，……以正書爲隸，故八分漢隸耳。」因其名之不確，命之不當，故使隸書、八分、眞字混淆不清近千年矣！然眞字（正字）又係何人命名之，亦爲千古之謎也。

背字之解釋：背者八也。八分字體爲背，此說未必令人苟同，立論基礎，不知所在。段玉裁之說文解字第二篇上(文三)云：「八者別也。象分別相背之形也。」八爲別也。其左右兩筆，相背而馳。八分字體之「八」字，是別字耶？是背字耶？含混籠統，實令人難予誠服之。苟以八分書法，而書寫其他文字，如「一」字，無波無磔，何相背之有？如「乂」字，波磔相交，如何背之？再如「雙」字，兩隹相背，各奔西東，豈能雙乎？又如「水」字，水本液體，何可割而背之耶！以背而解「八」字，則以文字記事而論之，八字本爲繫繩之符號，以八字作背，而解八分，似嫌牽強之。此論顯有瑕疵，令人苟同，實爲勉強矣！段玉裁釋之云：「今江浙俗語，以物與人謂之八，與人則分別矣。」如是解釋，其立論安在，何能信之乎？若引用此段釋言，而闡釋書法中之專有名詞「八分」恐難適用矣！秦都咸陽，西漢都長安，東漢都洛陽，政治中心，皆於中原。隸書興之于此，衰之于此，與江浙又有何涉，況吳越偏於江南一隅，視爲蠻夷之地，以蠻夷之語，解釋中原文化，書法之「八分」。苟若如是，誠令人惘惑不解矣。人與物之分謂之八，如此而言，以刀割八而謂分，八被割後，左撇右捺則不成字，何謂八分歟？八分字體本無名，後人名之。恐非因背字或別字之義耶！亦或因其字體之撇捺，左波右磔而起八字之勢，撇捺兩筆又生分開之形，乃謂之也。天下本無事，庸人自擾之。專有名詞，無庸解釋，易生混淆。甲骨文因刻之於龜甲與獸骨，故名之爲甲骨文。另無他意。籀書因太史籀所整理，而名籀書，源於之周，尊周而稱之爲大篆，又別於李斯所整理篆書，而名之爲小篆，隸書因爲草率之字體，爲隸人所書之，故名之爲隸書。嗣後眞字、楷書、行書、草書等，無庸予以解釋。八分字體命名未必不當，解釋則嫌多餘。徒滋困擾也。八分演進而成眞字，何解釋之有耶！

飛白之謬論：飛白者：俗稱之爲「破鋒」。白紙書寫黑字；毛筆蘸墨汁寫於紙上，本應爲黑字。然於書寫之時，筆畫於停筆末端之前，走筆因筆力不勻，抽出空間而露白，謂之也。或因書寫字體時，走筆過速而生輕率之故，而將筆畫露白者亦有之。而前人卻爲「飛白」二字，大作文章，言之太玄，過予誇張。使飛白未免神乎其神耶！試舉例言之，茲錄於后：

尚書故實（撰者同前）：「飛白書始於蔡邕，在鴻門施堊帚，遂創意焉。梁蕭子雲能之，武帝謂曰：蔡邕飛而不白，王羲之白而不飛，飛白之間，在斟酌耳。……」（僅一卷）

明代代李日華之六研齋筆記云：「書家飛白篆隸俱有之。王僧虔云：飛白是八分之輕者。又字有白而不飛，飛而不白者。……」（卷四）

以上諸論：唐代代張懷瓘之書斷、明代周祈之名義考等，皆作此說。云：蔡邕奉詔鴻門外，見役者用堊帚掃地而悟之，歸作飛白也。此說可信乎？孰不可信乎？姑且不論。書法至八分時，文房用具有長足進步，漢末張芝以製筆而聞名，左伯以製紙而聞名，韋誕以製墨而聞名，均炫耀於一時之，是故釀成書寫文字之捷便也。應非昔日以竹筆蘸之膠漆書於簡牘之上，一橫一豎，一筆一畫，規規矩矩，絲毫不苟可比也。而書寫用具發展後，於書寫文字時，稍有不愼，自有飛白之態出現之。苟若不信，以濃墨作書，走筆加速，墨濡未能全部書於紙上，則成飛白，茲不論其書體篆隸行草，筆畫末端呈現之矣，飛白本不足爲奇也。舉凡擅長書法大楷者，皆有此經驗，古今法帖中，略有見之，亦非蔡邕獨擅之，似非其所創也。近代已謝世書畫名家鄭曼青氏，力斥其非，云：「飛白不足取之。飛白於書法而言，有嫌草率；對品德而言，則顯輕浮。舉凡習字者，應予戒之。」故歷代碑刻，鮮有飛白雜於其間也。飛白爲蔡邕所創之說，實不足信，似爲後人所杜撰之。

【結語】

隸書與八分，本無區別，僅因其字體自創始經由演進之過程而謂之。隸書於先，八分於後，隸書可涵蓋八分，八分不可概括隸書，故應統稱之爲隸書也。蓋古人亦有此論說，茲分錄於后：

漢代孔安國之尚書序云：「蝌蚪文書廢已久，時人無能知者，以所聞伏生之書。考論文義，定其可知者爲隸，古定更以竹簡寫之。」

唐代孔穎達之正義云：「就古文體而以隸定之。故曰：隸古以雖隸而猶古也。」

（以上轉錄六藝之一卷二百三十九）

宋代陸游之老學庵筆記云：「隸爲隸書，古爲蝌蚪。首一簡作蝌蚪，後一簡作隸書。釋之：以便讀誦。近有善隸者，輒自謂所書爲隸，故可笑也。」（卷二）

倪氏註老學庵筆記：「由前之說，以隸筆作古體，非漢通行之隸。由後之說，隸則自隸，而古自古，未可合而名之也。」依上論說，隸有古隸，孔安國係受學於伏生，從其讀古尚書，對古隸自有素養。孔穎達則言隸由古也。倪氏釋老學庵筆記則較爲明確，隸雖古隸，非漢時通行之隸，隸自隸而古自古，足證隸書之演進順序而定其名矣，隸書與八分也。

按：伏生所書之隸，應爲魯隸，非爲秦隸，因伏生應書於程邈之先也。惜未能一睹其原蹟之。

隸書與八分不論其名稱如何？總屬一體，僅依其字體形態而謂之。不論其演進先後，終名隸書。隸書於吾國文字史上佔一席重要之地位。自嬴秦至東漢末年，歷經約五百年之久，不獨對政治、教育、史實有弘偉之供獻外，並有其實質之價值，而創造文字藝術：「八分書法」。永垂至今。東漢兩百餘春秋，所留後碑刻，均爲八分字體也。六藝之一卷二百二十一，共蒐集三百零九面碑文（此卷約兩萬餘字，過長不錄），其中大部均已散佚之。惟其中依碑名及註釋觀之，碑文除對史實保留珍貴之文獻外，其對古文字之供獻，更具有輝煌之價值，至於書法藝術之高尚，自無庸疑之矣。如〈成陽靈臺碑〉之註與釋，史實及學術之價值。試舉一碑，特錄於后：

碑以不夏爲不暇，刑爲形，烕爲滅，基爲朞，等古字。字原云：建寧五年，立在濮州雷澤，堯母慶都感赤龍而生堯，後葬慶都，名曰靈臺。上立黄（皇）屋，集古作堯母祠碑。（碑文古字過多，難予全錄。）

清代顧藹吉氏所撰《隸辨》一書，其對歷代各類隸書之差異，予以辨正，復以隸書解釋古文奇字甚夥。因此：隸書不獨有其史實、文字，藝術之特殊價值，更有其學術之地位。前人治學精神，顧氏前賢，一生不求聞達，致力治學，使今人不可相背矣。（倪濤之六藝之一卷二百二十八至二百三十六《古今書體》，註明過錄于顧氏之隸辨。至於卷二百三十七之《古隸怪奇》，則是自行蒐集之。）顧氏於隸辨之後所附〈隸八分考〉一文，與劉熙載之藝概所論，大同小異，惟其尾段記有兩節可供參考。茲錄於后：

陸深書輯云：古隸，隸之古文也。八分，隸之籀也。楷書（按爲眞字），隸之篆也。……

馮班雜錄云：漢分書不純方，唐分書不純匾，王司寇誤論，只看孝經與勸進碑耳。又云：漢人分書多剝，唐人多完好，今之昧於分書者，多學碑上字作剝蝕狀，可笑也。（隸辨卷八）

漢字有別於其他文字，係個別之四方字體，不論篆隸楷草，均有其藝術價值——書法。書法爲吾國之國粹，自秦代刻石以降，文字不論任何字體，隨演進而轉入書法，其八分書法於東漢風氣之盛，復經唐玄宗之弘揚，以至於今，亙古未有也。歷代書法家倍出，時至今日，日漸式微，則何如矣？中華特有之書法藝術，豈容毀予吾儕之手乎！奉勸青年學子，勤習書法，苟若習練八分，特將六藝之一習練八分十法歌錄於后，以供習練隸書者參考之：

十法歌

豎畫凡爲細肚蠶，橫畫長短止三般。蠶頭雁尾其中一，
二樣長椽棗核尖。左撇鏊鉤右蠱雁，外方內圓四楞關。
浮鵞又法釘尖字，惟有挑鉤喚鐵鐮。

按：玄宗親書之玉刻〃禪地祇玉冊〃，現存於臺灣故宮博物院中。

附錄

民國八十五年十二月二十九日，聯合報第九版刊出一則新聞。有關三國之吳國孫權時代，一批簡牘出土，對史實頗有價值，並可對證八分之字體也。茲摘錄於后：

湖南長沙市，發現一口一千七百多年古井，取得數萬片竹簡、木牘。係爲三國時代吳國之長沙郡府文書檔案，竹簡每片書三十至四十字，木牘每片書八十至一百二十字；字體工整有序，隸中帶楷，筆墨流暢清晰。簡牘內容，可分五類：劵書、司法文書、長沙郡所人名氏簿、名刺官刺及帳簿等。時間爲嘉禾元年至六年（公元二三二至二三七）（嘉禾爲吳大帝孫權年號）。

茲盼大陸學者整理出版後，能予購得，除可增進史實，瞭解當時行政制度外。並可隸書楷書等書法進一步認識，又可瞭解對隸書、眞書、楷書之演進過程也。

註：

封演　以貢舉官至吏部郎中，兼御史中丞。所著封氏聞見記，語必徵實，足資考證。四庫全書提要考證云：……

演里貫未詳，考氏自西晉北魏以來，世爲渤海人。

孫承澤　字耳北，號北海，又號退谷，益都人。明崇禎進士。入清累官至左部吏侍郎。著有庚子銷夏記、尙書集解。至於硯山齋雜記，著者佚名，經四庫全書提要考證云：「研山爲孫承澤齋名，或疑爲承澤作，然所引查愼行敬業堂詩，王士禎居易錄等書，皆在承澤以後，則不出於承澤手。考承澤之孫，炯，有硯山珍玩集，覽此書或亦炯所撰歟。」此書現刊爲孫氏所撰，恐係後人刊印之誤。

丘光庭：五代烏程人，官至太學博士。陳振孫書錄解題稱爲唐人。

朱翌：字新仲，龍舒人。宋政和進士紹興時爲中書舍人，秦檜惡其不附己，謫韶州十九年，另著有湘江集。

蔡邕：字伯喈，東漢陳留人。靈帝時拜郎中，與楊賜等奏定六經文字，立碑太學門外，因案免官。後董卓辟爲祭酒，累遷中郎將，復因卓黨爲司徒王允所害。

江式：字法安，後魏陳留人。世傳篆籀訓詁之學，延昌間撰集字書四十卷，名古今文字。

顏師古：字籀，唐萬年人。精訓詁學，太宗時，官拜中書侍郎。定五經文字，又撰五禮，累至祕書監，弘文館學士，並著匡謬正俗八篇。

張懷瓘：唐海陵人。開元時官至翰林院供奉，著書斷一書，紀述極詳，評論公允。

葉廷珪：字嗣忠，宋崇安人。政和進士，官至太常寺丞，與秦檜忤，出知泉州。著海事雜錄。

高承：宋開封人。布衣，凡事察其微，著事物紀原。

鍾繇：字元常，三國魏長社人。善書法，漢末舉孝廉累官尙書僕射，封武亭侯。魏受禪，進太傅，封定陵侯。

張萱：字孟奇，號九岳，別號西園，博羅人。萬曆中舉，官至平越知府。著疑耀一書。

李綽：字肩孟，唐趙郡人。著有尚書故實，餘不詳。

張邦基：字子賢，宋高郵人。餘不詳。

周祈：明蘄州人。官至民部郎，著有名義考。

包世臣：字愼伯，清代涇人。嘉慶舉人，官至新喻知縣。善書，力兼二王，有藝舟雙楫等。

劉熙載：字伯簡，一字融齋，清江蘇興化人。道光進士，官至左中允。學識淵博，經史子天文算法乃至字學韻學，靡不通曉。晚年主講於上海龍門書院。著有四音定切、說文雙聲，說文疊韻、持志塾言、昨非集、藝概。

顧實：清末民初人，其於中國文字學一書之自序中，記云：中華民國十三年甲子陽曆七月，律師顧實自識於東南大學之六朝松下。餘不詳。

王棓：年籍無可考。

洪邁：字景盧，宋鄱陽人。官累進資政殿學士，著作頗豐，有訂正單記眞本凡例等。

倪濤：字崑渠，清錢塘人。布衣嗜學，著有周易蛾術、文德翼、傭吹錄注、六藝之一等。

李日華：字君實，號竹懶，明嘉興人。萬曆進士，官至至太僕少卿。著作極豐。

陸游：字務觀，宋山陰人。早有文名，蔭補登仕。為秦檜所嫉，檜死始為寧德主簿。卒年八十五，擅次詩詞。著作極豐。

顧藹吉：字畹先，號天山，又號南原，清代吳縣人。以歲貢充書畫譜纂修官，著有隸辨等。

附記：（參考書籍）

註一：睡虎地秦墓竹簡，秦律十八種，第一四七頁至一四九頁。里仁書局七十年出版。

註二：魏三體石經殘字集證，卷二校文篇，學海出版社七十年出版。

註三：馬王堆帛書老子試探，前一、二頁，河洛圖書出版社六十五年出版。

註四：中國文字學，顧實著。第二章第七節隸書，臺南北一出版社六十四年發行。本書撰著爲顧實，出版社錯印爲顧寶，並註之。

註五：侯馬盟書，附字表三零二頁至三一零頁，里仁書局六十九年版。

註六：秦始皇兵馬俑，秦隸七十四頁，蒲公英出版社七十四年出版。

註七：六藝之一（卷數詳於文內），四庫全書子部。

註八：歷代書法講座，張宜中著，四．把隸書變成八分，大行出版社出版。

註九：馬王堆漢墓，第三十頁至一零一頁，弘文館出版社七十四年出版。

註十：孫臏兵法校理，自序，香港中華書局出版。

元曲務頭・俊語是何物

《要知某調、某句、某字是務頭，可施俊語於其上。》

元人周德清氏於中原音韻元曲作詞十法中，第七節訂定「務頭、俊語」等二項，務頭爲何物？俊語爲何物，二項所指何物？非獨初學者，所難辨之。既使歷代元曲大師，對此務頭等二項，所釋文字，長篇大論，足可汗牛充棟，均未能切體而暢釋其義，亦未能制定規格矣。因此，後世之人均於暗中摸索，而不知其所以然也。茲不揣愚昧，鈔襲前人之言而撰本文，其中踳駁，自所不免，惟盼博者正之。

【概說】

宋代王應麟之困學紀聞云：古樂府者，詩之旁行也。詞曲者，古樂府之末造也。

詞者詩之餘也，曲者詞之續也。詩、詞、曲本爲詩歌一體，一脈相傳而成之也。由於歷代變遷，逐次演進而成之。唐詩本非始於唐，宋詞並非始於宋，元曲亦非始於元。僅爲後人冠以朝代而作區分之。曲於風格上不僅承受詞之傳統，既使曲牌之名，沿用詞牌之名不勝數矣。維於用韻方面，詞較詩爲嚴格，曲較詞更爲嚴格。詩僅分平仄，且有一三五不論，二四六分明，活絡之規定。詞則不然，詞爲長短句，平仄故有一定之規定，且有順句拗句之分，用韻絕不可稍有紊亂。至於曲更甚之：不獨平仄不可稍變，於仄韻而言，嚴分上去；於聲音方面，則分陰陽，並分清濁。因之：曲於用韻而言，更加複雜繁瑣，乃致而有「務頭及俊語」二詞而面世之。此於詩詞中尙未有言之也。

宋末之時，詞曲界限，涇渭雖分，尙未明顯，然詞已呈日薄西山之勢。猶南宋晚年，金人立國已久，於大都建都，南北隔絕。北方文風，另起爐灶，棄詞而創曲，乃有北曲之崛起。遂致力北曲發展，風格粗獷豪放，於音韻方面，另設一套組合之規範，依北方口音並雜有金人語調，將「入聲」併入平上去三聲之內，而摒棄入聲矣。元曲理論家元代高安周德清氏，率先著有《中原音韻》一書，以導後學。特將作曲之法，列之爲十法。其中第七法：稱之爲「務頭」，至於何謂務頭？其釋言曰：而於每隻曲調中，必須要有務頭。務頭二字，自有元曲以來，歷經明清兩代，以至民國，數百年來，多少元曲大師，成篇累牘對務頭二字不知著作若干釋義。然終未能搔到癢處，作一明確簡短之定義。使後學者，一目了然。以致務頭二字，幾成千古不解之謎團，至今研習元曲後輩，仍不斷摸索探討，以求解破務頭此謎團也。（俊語一詞，甚少論及之。）

【何謂務頭】

務頭　周氏作曲十法第七項言：務頭，要知某調、某句、某字是務頭。可施俊語於其上，後註於定格各調內。

苟依其解釋而言，瞭解各宮調曲調，其中某句爲務頭，某字爲務頭。然北曲共有六宮十一調之多，曲牌則有數百支，試問？如何能識某調某句或某字爲務頭歟？初學者誠非易事。或曰：「揚起其音，而婉轉其調之處，謂之務頭。」或曰：「一隻曲子，最易動聽之處，謂之務頭。」如以上論點，何謂婉轉之處？何謂動聽之處？不獨初學之人，無力認識務頭，瞭解務頭，撰寫務頭。即使歷代元曲大師，亦有墜入五里霧中。婉轉之處，動聽之處，是爲音調表示之處，抑或文字表示之處，亦無具體明確且肯定之解釋，反而衆說紛紜，莫衷一是。如此：務頭二字，讀元曲，識之難，作元曲，用之更難矣！

【務頭之歷代解釋】

任中敏氏於作詞十法疏證第七章云：「按務頭之說，周氏首先標之，後人皆沿襲其大意，而實不知其究竟也。」

明代王驥德於曲律論釋云：「凡曲遇揭起其音，而婉轉其調，如俗之所謂作腔處，每調或一句，或二三句，或二三字，即是務頭。」又云：「務頭之說，中原音韻於北曲臚列甚詳，南曲則絕無人語及之者。然南北一法，係爲最緊要句子。……墨娥小錄載務頭調侃曰：『喝采』。」

（近人羅慷烈對「喝采」釋之曰：「此爲采頭之意，采頭爲可喜之事，謂曲中音律最妙之處，在此事上頭，可以喝采也。此所謂「喝采」，義同周德清所謂「唱采」，亦即沈璟所謂「唱高務」。」

——詞曲論稿　說務頭。）

明代東山釣史（筆名，眞名不詳）之九宮譜定總論云：「務頭之說，中原音韻于北曲臚列甚詳，南曲則絕無人語及之者。然南北一法，係調中最緊要句字，凡曲遇揭起其音，而宛轉其調，如俗之所謂作腔處，每調或一句，或二三句，每句或一字，或二三字，即是務頭。古人凡遇務頭即施俊語，否則詆為不分務頭，非曲所貴。周氏所謂衆星中顯一月之孤明也。」

明代王世貞之曲藻云：「楊用修（明代楊愼）乃謂務頭是部頭，可發一笑。」（任氏評曰：楊氏原語待考。通雅云：教坊有部頭，有色長。升菴曰：周德清誤呼部頭為務頭，可笑也。是楊氏笑人者，因疏於考訂，又復為人所笑矣。）

（按：明代寧獻王朱權號涵虛子，有務頭集韻三卷，全摘古人好語以輯成者，惜已不傳。）

清代李漁之笠翁曲話中，別解務頭云：「塡詞者必講務頭；然務頭二字千古難明。嘯餘譜中載務頭一卷，前後臚列，豈止萬言，究竟務頭二字，未經說明，不知何物。止于卷尾開列諸舊曲以為體樣，言某曲中第幾句是務頭。其間陰陽不可混用，去上上去等字，不可混施。若跡此求之，……予謂務頭二字既然不得其解，只當以不解解之。曲中有務頭，猶棋中有眼，有此則活，無此則死。進不可戰，退不可守者，無眼之棋，死棋也。看不動情，唱不發調者，無務頭之曲，死曲也。一曲有一曲之務頭，一句有一句之務頭；字不聱牙，音不泛調。一曲中得此一句，即使全曲皆靈；一句中得此一二字，即使全句皆健者，務頭也。……」（笠翁劇論卷上亦刊此節，惟較其詳。）

李漁復繼而釋之云：「凡一曲中，最動聽之處，是為務頭。據此：可知務頭者，初則純為音調中事，並非文字中事也。曲律又曰：『是調中最要緊字句。古人凡遇務頭，輒施俊語，或古人成語一句其上，否則詆爲不分務頭，非曲所貴。』」

清代楊掌生之京塵劇錄云：「曲家務頭二字，余向不解所謂，舞勺時。讀桃花扇教歌一齣；李香君唱：牡丹亭驚夢皂羅袍，原來奼紫嫣紅開遍一曲，至雨絲風片。蘇崑生曰：『誤矣！絲字是務頭。』於時竊訝之。案此曲工尺，絲字譜止尺上二字，非板，並非眼。不識崑生所謂誤者安在？凡遇曲師，即舉此質之，莫能言其所以然。後閱水滸傳，朱仝入歌院聽笑樂院本，至務頭，停聲乞纏頭，是務頭又似關目，不關曲中節拍矣。……」

清代黃甌之數馬堂問答云：「因論詞，要務頭上用音嘹亮，學者苦不知務頭爲何物，亦無有分明指出者。李笠翁（漁）乃以爲詞之有務頭，猶棋之有眼，有此則活，無此則死。信如此言，則務頭原無定位，惟佳句之所在，便是務頭矣，非也。竊謂務頭，乃詞中頓歇之處。千里來龍，聚於環抱之地。蓋於務頭上用字嘹亮，則餘韻悠揚，不致板煞，而有聯絡貫串之妙。」（轉錄於作詞十法疏證）

清代謝章鋌之賭棋山莊詞話云：「此說猶非，務頭言聲，非言辭也。如李之說，是詞中之緊句；如黃之說，是詞中之主意，均於務頭名義不合。……九宮譜定云：凡曲遇揭起其音，而婉轉其調，如俗所謂作腔處，即是務頭，其論雖創而實確也。」（轉錄於作詞十法疏證）

清代劉熙載之藝概卷四云：「辨小令之當行與否，尤在辨其務頭。蓋腔之高低，節之遲速，此爲關鎖，故但看其務頭，深穩瀏亮者，必作家也。俗手不問本調務頭在何句何字，只管平塌去，關鎖之地既差，全闋爲之減色矣。」

（任氏評曰：按劉氏以務頭爲腔之高低，節之遲速之關鎖，似是而非也。）

清代楊壽恩之詞餘叢話云：「入聲派入三聲者，（即中原音韻之務頭也。」其續話又云：「務頭二字，千古難明。嘯餘譜辨論萬言，都爲一卷，非不詳晰。究竟莫定指歸，尾卷援引舊曲，言某曲中第幾句第幾字是務頭。其間陰陽不可混用，上去去上不可亂施，似乎是一定之體矣。而或同此曲也。亦有不必盡然者，豈施於此套中，則此句第幾字爲務頭；施於彼套中，則此句第幾字，即非務頭耶。誠然，則有定仍無定也。」（任氏評曰：按此語全然不根。）（轉錄作詞十法疏證）

民國童斐之中樂尋源下云：「曲調之聲情，常與文情相配合，其最勝妙處，名曰務頭。」

民國吳梅之顧曲麈談云：「要明務頭：務頭之說，解者紛紛。周德清中原音韻簡末，附論務頭一卷，洋洋數千言，而其理愈晦，究不知其意云。……李笠翁別解務頭曰：『凡一曲中最動聽之處，是爲務頭。』此論猶難辨別，試問？以笛管度曲，高低抑揚，焉有不動人聽者乎！……務頭者，曲中平上去三音聯串之處也。如七字句，則第三第四第五之三字，不可用同一之音；大抵陽去與陰上相連，陰上與陽平相連，或陰去與陽上相連與陽上與陰平相連。亦可一曲中，必須有三音相連之一二語或二音（或去上、或去平、或上平，看牌名以定之。）相連之一二語，此即爲務頭。」（第一章第四節）

民國王季烈之螾廬曲談云：「（前同吳梅之顧曲麈談部份，略之。）蓋務頭大都在調之末句，或其中間吃緊之處。於此必須用俊語，不可輕率。可施之可字，當作宜字解。……北曲廣正譜所註：上去不可移易之處。與南曲譜所註：某某二字上去妙，某某二字去上妙，凡此皆宜用務頭之處。於此施於俊語，則詞釆音節，兼擅其長。誦之是佳句，唱之亦是妙音，李氏所謂最易動聽者，此也。」（卷二　第五章）

【解釋務頭】

（任中敏氏所著作詞十法疏證，蒐集歷代有關務頭之著述及解釋，所爲之結論）

任氏云：「學者倘一時不察，何處爲務頭者，則審曲譜中某調註明其音韻處，必當上去、去上、上去平、去上平等等，而不可移者，即是該調聲音優美之處。塡詞時，若嚴守之。而文字又務求精警，必令聲文俱美，則雖不悉調中務頭之處，而亦相去不遠矣。

苟依任氏所言，而作爲務頭之定義，初學者據此爲塡詞之規範，恐有疑問。何處爲不可移者，各曲譜亦不盡同，各家所塡之曲調有異，難以爲準歟？

若依前段吳梅所言：七字句第三第四第五字處，並爲上去平或爲去上平，應是務頭。設依塞鴻秋一曲爲例，該曲第四句爲七字，第三四五字處爲上去平。而元代張可久所塡三曲均不雷同，並以薛昂夫一曲比較之。就該句第三、四、五等三字，分列如下：

張作　夕陽古寺題詩處（上去平）。（鄭騫北曲新譜）

張作　野猿夜守丹爐灶（去上平）。（太和正音譜）

張作　惱人鸞影閒團扇（平上平）。（元曲三百首箋）

薛作　八千子弟思鄉去（上去平）。（元曲三百首箋）

如以上四句上去平並未不移，猶以「鸞影閒」一句，第三字換爲平聲。況近人鄭騫教授之北曲新譜註（卷二　正宮），「夕陽古寺題詩處」。第三字謂平仄不拘，第四字則上去不拘，如是此三字之平仄上去，並非不可移也。對初學者，務頭依然是一大謎團矣！

【務頭注意事項】

任中敏氏於作詞十法疏證云：「當先自定某句某字爲務頭，而爲之定去上，析陰陽也。又譜中謂可施俊語于其上者，蓋務頭上須施俊語實之。不拘牽四聲陰陽之故，遂至文理不順也。」又云：「……曲之定調，人籟也；曲之務頭，天籟也。……」又云：「……詩頭曲尾是也。曲之務頭，在頭者罕，在腹者衆，在尾者更衆。」

吳梅於顧曲塵談云：「嘯餘譜謂：要知某調某句某字是務頭者，蓋塡詞家宜知某調某句某字是務頭也。換言之：謂當先自定某句某字爲務頭而爲之，定去上，析陰陽也。又譜中謂：可使俊語於其上，蓋務頭上須用俊語實之，不可拘牽四聲陰陽之故，遂至文理不順也。非謂務頭上可用俊語，以外可不必用俊語也。……」

李漁於閑情偶寄云：「顧曲之中，不能字字皆務頭，何也？衆山環抱，秀出一峰；綠葉扶持，豔標一蕊。惟以其少，愈見其妙，數見反不鮮矣！……」

綜論：一調之中，務頭必不可少，亦不可多，僅需一處爲之。即於調中覓上去平或去上平等，而自定之，並且必施俊語於其上。否則，曲於演唱之時，聲韻不能嘹亮；於觀賞之時，必不能引人入勝矣。且務頭宜用於每調之尾爲最佳，次則於曲之中，忌於曲之首也。

按：曲本分劇曲及散曲兩大類，散曲又分套曲及小令兩項：劇曲每幕謂之折，每折之曲調多寡不同（散套如是），故每調均需設有務頭，方符規定。劇曲多用俚語，故務頭之上必施於俊語，以增曲調之美也。苟若劇曲過予文詞修飾，於演唱未必適宜。故南曲問世以後，明清兩代作曲塡詞時，過於注重文詞修飾，反成案頭之物矣。散曲則不然，文人產物，反求文藻華麗，多於賞閱，少於演唱之。

試舉務頭之疑惑如下：

（以下所舉曲調，均依太和正音譜所刊之曲。四聲亦爲太和正音譜所註。）

《一曲有數處可作務頭者》

例：正宮　伴讀書（白仁甫撰梧桐雨第四折。）

一點兒心焦燥，四壁秋蛩鬧，忽見掀起西風惡，遙觀滿地陰雲罩，披衣悶把幃屏靠，業眼難交。

此曲：第四句之「滿地陰」三字爲上去平，第五句之「悶把幃」三字爲去上平，第六句之「業眼難」三字爲去上平。如此；此曲有三處可作務頭之處，六句之中，若作三處務頭，勢必嫌多。依李漁之言：「衆山環抱，秀出一峰；綠葉扶持，豔標一蕊。惟以甚少，愈顯其妙，數見反不鮮矣。」依此原則之下，應無疑問，務頭任揀一處而作之。作於何句之中爲當，則依任中敏所言：「曲之務頭，在首者罕，在腹者衆，在末者更衆。」又如王季烈所言：「務頭大都在調之末句。」如此：務頭則以第六句之處爲最佳也。然似未必，吳梅有言：「蓋務頭上，須用俊語，實不可拘牽四聲，陰陽之故，遂至文理不順也。」此乃謂：作務頭時，不獨注意四聲（上去平等），且需施於俊語。施俊語時，更需注意陰陽也（發音時閉口爲陰，開口爲陽）。依此，不獨揀選四聲，且需修飾文理，更需愼擇陰陽，故應於此曲三句之中，愼行自定一處，而作務頭也。

《原有定格術語中之上去平者》

例：正宮　叨叨令（鄧玉賓小令）

白雲深處青山下，茅庵草舍無冬夏，閑來幾句漁樵話，困來一枕葫蘆架，你省的也麼哥，你省的也麼哥，煞強如風波千丈擔驚怕。

此曲：第四句、第五句之「也麼哥」三字爲上去平，然此三字爲此調之定格，雖爲可作務頭之處，但此三字不可變更一字，是故此處非作務頭之處。且此三字皆爲陰聲，與陰陽陰或陽陰陽之規定不合，故不得視爲務頭。惟本曲第二句之「草舍無」三字爲上去平，第三句之「幾句漁」三字亦爲上去平，均可爲選作務頭之處，然依務頭之原則作於最後之句爲佳，故以第三句較爲當也。

《一曲末有上去平或去上平者》

例：仙呂宮　點絳脣（喬夢符撰金錢記頭折）……

書劍生涯，幾年窗下，學班馬，吾豈匏瓜，舉登科甲。

此曲：第一句之「劍生」二字爲去平，第二句之「幾年」二字爲上平，第四句之「豈匏」二字亦爲上平，第五句之「舉登」亦爲上平。

黃鐘宮 尾聲（鄭德輝撰倩女幽魂第四折）

驀地心回猛然醒，兀良草店上一點孤燈，照不見伴人清瘦影。

此曲：第一句之「地心、猛然」爲去平及上平，第二句之「一孤」二字爲上平（一字，入作上），第三句之「伴人」二字爲去平。

以上兩曲，並未有上去平或去上平之三音相連，若依吳梅解釋，又稍有不符。然吳氏在顧曲麈談之要明務頭一節，前段括弧中云：「或去上、或去平、或上平，看牌名而定之。」如是務頭亦有此彈性規定。凡一句有如括弧內所云之二音者，再分陰陽二聲，即是務頭也。仙呂宮之點絳脣一曲，上平或去平共有四處，均可製作務頭，然應於曲之尾部或文詞華麗之處（亦是俊語），自行擇之。至於黃鐘宮之尾聲一曲中，符合製作務頭共有六處，亦如上曲之說，而可自擇之。如此可言，務頭二字，乃爲曲調演唱時聲韻於其宏亮耳！

《一曲中之上去及陰陽不同者》

例：天淨沙（吳西逸撰小令）

江亭遠樹殘霞，淡煙芳草平沙，綠柳蔭中繫馬，夕陽西下，水村山郭人家。

此曲：第一句之「遠樹殘」三字爲上去平，第二句之「草平」二字爲上平，第三句之「綠柳蔭」三字爲去上平（綠字入作去），第五句之「郭人」二字爲去平。

天淨沙（喬吉撰小令）

鶯鶯燕燕春春，花花柳柳眞眞，事事風風韻韻，嬌嬌嫩嫩，停停當當人人。

此曲：均爲疊字，如第一句之第三、四、五三字「燕燕春」三字爲去去平，本曲凡仄聲皆爲疊字，非上上，即去去，故無上去平或去上平等規定矣。

以上兩曲，仄韻顯然不同。如前曲第一句之「遠樹殘」三字，則爲陰上、陰去、陽平，若扣除「遠」字，此處是否可爲務頭。第二、第三、第五句中之上平或去平等，即分平仄，又分陰陽，如此：此曲已有四處務頭也。後曲疊字仄聲未分上去，如是也可製作四處務頭。苟依此曲爲例，務頭並非如前人所言，有所謂一定之規定，不可移者，亦非依上去平或去上平不可，僅依上平或去平，再析分陰陽即可爲務頭也。綜言：凡有仄平之處，即可愼選爲上平或去平，再分置陰陽二聲，即可爲之務頭矣。

若據鄭騫教授北曲新譜，其依馬致遠之天淨沙一調所註：第一、第二、第五等三句，第四字仄聲皆爲上去不拘。第三句第二字亦爲上去不拘。如是可證一曲之中，凡有仄平二韻相連處，可愼選上去或去上及陰陽二聲等，即可製作務頭之。如此而言，務頭二字亦未必如前人之言，難解而不可解矣！務頭當設於曲中或曲尾爲佳，其作用乃是避免曲調形成虎頭蛇尾耳。元代喬吉所云：「鳳頭豬肚豹尾。」任中敏於作詞十法疏證釋云：「亦既周德清所言之『腰腹飽滿』之意，豬肚也，乃首尾相顧之。」

【何謂俊語】

俊語　周德清之中原音韻於務頭中云：「……可使俊語於其上。……」乃有俊語二字問世。吳梅之顧曲塵談云：「……務頭上，須用俊語實之。……」王季烈之螾廬曲談云：「……蓋務頭大都在調末句，或中間吃緊之處，於此必須用俊語，不可輕率。……」任中敏亦如此論之。

俊語二字如元曲名家所言，其重要與務頭應不相伯仲。然諸位大師對俊語二字，則隻字不提，諱莫如深，而吝予闡釋，令後人遺憾。因之，俊語二字不獨費解，其困惑之處，且較務頭猶過之。

俊語者，何物？明寧獻王涵虛子朱權所輯務頭韻集三卷，全摘古人好語以輯成，其「好語」必為俊語也，惜已散佚，使後人無法以窺其奥，憾也。然元明兩朝，曲調盛行之時，上自王公卿相，下至市井青樓，皆可彈唱製曲。故作腔之處，吃緊之處，所謂務頭，不難瞭解之。而時至今日，曲調雖較宋詞為佳，有譜留於後世（如九宮大成南北詞宮譜、六也曲譜等），識譜者又有幾人？識宮調者又有幾人，而今製曲者僅限以文辭而已。初學之人，欲知務頭，欲作務頭，則已難矣！何況「俊語」施其上歟！其「上」於何處？施於製作務頭之句，抑或務頭之上句？俊語文字又限幾何？是否僅限務頭之二三字而已，足使後學者暗中摸索而已矣。則不知其所以然也。

中原音韻於第十定格內，共舉四十闋為樣：

寄生草（白樸撰小令）

長醉時方何礙，不醒時有甚思，糟醃兩箇功名字，醅渰千古興亡事，麴埋萬丈虹蜺志，不達時皆笑屈原非，但知音盡說陶潛是。

評曰：命意造語下字俱好，最是陶字屬陽協音，若以淵明字，則淵字唱作元字。蓋淵字屬陰，有甚二字上去聲，盡說二字去上聲，更妙。虹蜺志、陶潛是，務頭也。

按：「虹蜺志、陶潛是」二處，是否亦是俊語，並未予以註明。其四十闋中，亦未有一闋，註明務頭及俊語之意義及其作法耳。

清代李調元之雨村曲話卷上，有關俊語記載三節。茲錄於后：

一、東籬岳陽樓頭摺詞云：「黃鶴送酒仙人唱，主人無量醉何妨。」周德清云：俊語也。

按：此闋爲馬致遠所撰雜劇，原名爲〈呂洞賓三醉岳陽樓〉第一折。此調牌名爲〈金盞兒〉，其與原詞稍異，特依明代臧懋循（萬曆進士）所編《元曲選》之萬曆版錄原詞。其中字句差異部份。茲錄於后：

我這裡據胡床，望三湘，有黃鶴對舞仙童唱，主人家寬洪海量醉何妨。直吃的捲簾邀皓月，再誰想開宴出紅粧，但得一尊留墨客，我可是兩處夢黃粱。

二、倘仲賢歸去來辭：「西風落葉山容瘦，呀呀的雁過南樓。」俊語也。

三、琵琶燒夜香句云：「樓臺倒影入池塘，綠樹濃陰夏日長，一架荼蘼滿院香。」寫景俊語也。

（以上爲李調元所編函海第二十九函雨村曲話卷上）

字。李氏所言俊語，僅舉例而已，語焉不詳，令人費解。如其所舉第一例而言之，此二句文字頗爲優美，然務頭於何處，未予言明。此曲務頭應於最後一句，「兩處夢黃粱」之「處黃」二字，此二字爲陰去與陽平而符合務頭之規定。首句酒仙爲陰去與陰平（或舞仙爲陰上與陽平），雖可作務頭，然送字亦爲去聲，去去平與務頭規定不合，至於「對舞仙」則爲去上平或可言之爲務頭。然馬致遠爲元曲四大家之一，不致將務頭置於首句之理也。如此，俊語是否於務頭之上歟？頗有疑惑，苟再以散曲、劇曲各一例以探究竟之：

散曲：驟雨打新荷（元好問撰小令）

綠葉陰濃，遍池塘水閣，偏趁涼多，海榴初綻，妖豔噴香羅，老燕攜雛弄語，有高柳鳴蟬相和，驟雨過，珍珠亂糝，打遍新荷。

劇曲：那吒令（關漢卿撰關大王獨赴單刀會第一折）

收西川白帝城，將周瑜來送了，漢江邊張翼德，將屍骸來當著，舡頭上魯大夫，幾乎間諕倒，你待將荊州地面來爭，關雲長聽的鬧，他可便亂下風雹。

若以散曲而言，此曲務頭應爲「老燕攜」及「打遍新」等二句。而俊語不論是「妖豔噴香羅，老燕攜雛弄語」。或「珍珠亂糝，打遍新荷」等句中，其於務頭之本句，抑或前一句，均可言爲俊語。況全闋文辭無不優美，無一句不是俊語也。而此劇曲之之務頭，應在尾句「亂下風雹」之「下風」二字（「他可便」三字爲襯字）。全闋文辭皆爲通俗，亂下風雹四字，勉強可稱俊語，否則全闋無一處可言是俊語也。關漢卿亦爲四大元曲家之一，焉有不識務頭、俊語之理乎。再以前段所論之「寄生草」一闋，「盡說陶」爲務頭，試問「皆笑屈原非，盡說陶潛是」。此二句文字並非優美，且爲通俗猶如今日之白話文也，豈可言之爲俊語耶！

中原音韻周德清自序云：「……吁！考其詞音者，人人能之。究其詞之平仄陰陽者，則無有也。彼之能遵音調，而有協音俊語，可與前輩頡頏，所成文章，曰樂府也。」羅宗信代序云：「……當其歌詠之時，得俊語而平仄不協，平仄協語則不俊。必使耳中聳聽，紙上可觀爲上，太非止於塡詞而已，此所以難於宋詞也。……」苟若依以上兩段序言而言，對俊語二字之解釋，似是韻律，而非文詞，與務頭又有何別耶！如是，務頭與俊語其區分又於何處，涵虛子所輯務頭韻集三卷，惜已散佚，憾也！如此非將周氏自九泉之下恭請出來，何能釋疑矣！

【結語】

務頭、俊語二辭，據常理推論之，爲當時元代戲曲中之術語而已。人所週知，是故中原音韻未作週詳解釋。是時北曲作者，皆深知務頭、俊語爲何物，亦勿庸解釋。製曲時即得心應手，而無疑慮矣。於南曲發展時，南曲作者，均精研北曲，故對務頭、俊語已不再深究，即可隨心所欲，以至後世作曲者反不得知其詳，而鑄成千古不解之謎團矣！再者，元曲初期各作曲者，亦未必嚴守務頭、俊語之規定。依前段所舉各曲調，如塞鴻秋、天淨沙等曲中之務頭、俊語均有差異，並不雷同，亦皆揀上去或去上之處，再分陰陽二聲，作腔而已，即爲務頭。以求曲調於彈唱之時，聲音嘹亮，聽之悅耳。觀賞之時，文辭聳動，閱之醒目，俊語之意，亦在此也。近人羅慷烈於詞曲論稿中亦作此云：「務頭一辭，當是元人習用之術語，當時人人共曉，故德清於此條下不復詮注，惜後來載籍不詳，至明已不可悉之耳。」（說務頭一節）

至於務頭及俊語等二詞，是否出自周德清氏之杜撰，尚難定論。於周氏同時代曲界各大家之籍典鮮有務頭及俊語二詞之論說，對此二詞釋之者，皆爲周氏後代之人，均以中原音韻爲依據而釋之矣。如明初涵虛子之務頭韻集，程明善之嘯餘譜，王世貞之曲藻，清代李漁之笠翁曲話，劉熙載之藝概，李調元之雨村曲話，以及民國吳梅之顧曲塵談，王季烈之螾廬曲談，任中敏之作詞十法疏證等等，皆爲元代後世之人，所論務頭及俊語者，無不依中原音韻爲基準。而於周氏以前則未有見之，其所「論務頭，說俊語」，亦未見引用其他版本，或其他名家之論說也。

舉凡所論務頭及俊語者，益論益玄，各有一論，互不相連。以致衆說紛紜，後學之人則莫衷一是耶！任中敏於作詞十法疏證自序中亦作此云：「……按周氏原書體裁，本爲曲韻，而卷末附此十法，則以曲韻而兼曲論矣。十法之末，又俱定格。定格云者，乃譜式也。詞曲之在宋元，猶亂彈俚唱之，在今日，習之者多，善之者衆，出口成法，屬耳爲師。孰不憚煩而爲之譜者，故自來不聞詞書中有宋律，曲書中有元譜也。其事雖不悉由於此，此要其主因矣。夫譜雖不必需於元人，而實需於後世。……」因此，務頭及俊語二詞，元代各家而無需予以立論，而明清兩代以至民國，諸家大師解釋未見週詳，誠屬憾事也。今世後學之人，則不知所措矣。務頭及俊語於元代是否確有二詞，不無疑問之。務頭及俊語苟依諸大師之論說，概括而言之：曲調每闋必需有一作腔，何謂作腔：即於每調中，選其上去平或去上平（合上平或去平）之處，而配陰陽二聲，發生吭音，彈唱之時，聲色嘹亮，則聽之悅耳者，應可謂之務頭。至於俊語，則於務頭之處，文辭修飾而生動，唱時聽之含有文藝氣息，閱時可賞心醒目矣。此言是否有當，則難定論矣。如周德清於中原音韻中言：平聲則有陰陽，而仄聲卻無之。實非如此，仄聲亦有陰陽，是故務頭，於平仄應爲上去平或去上平，於陰陽二聲中，則應爲陰陽陰或陽陰陽，而相互配合之也。如此演唱時，方得揭起其音。此處文辭須妥爲修飾，即可爲動聽之處，俗謂之作腔也。務頭及俊語即於此處，歷代各家均有此論說，茲錄於后：

清代徐大椿之樂府傳聲云：「四聲各有陰陽：字之分陰陽，從古知之。宋人塡詞極重，只散見諸家論說，而無全書。惟中原音韻將每韻分出，最爲詳盡。但只平聲有陰陽，而其餘三聲皆不分，不知以三聲本無分乎？抑或可以不分乎？或又以爲去入有陰陽，而上聲獨無陰陽，此更悖理之極者。蓋四聲之陰陽，皆從平聲而起，平聲一出，則四呼皆成，一貫到底，不容勉強，亦不可移易。豈有平聲有陰陽，而上去入三聲無陰陽者，又去入有陰陽，而上聲獨無陰陽者，故急爲拈出。使作曲與唱曲者，確然有所執循，而審音不惑。如宗字爲陰，宗總縱足皆陰也；戎字爲陽，戎冗誦族皆陽也。已上八字豈可刪一字，亦豈可互易一字。亦豈可宗、戎有陰陽，而下六字無陰陽。更豈可縱足、誦族有陰陽，而總與冗無陰陽，此則有耳者之所共察，不必明於度曲者而後知之也。」

清代劉熙載之藝概云：「曲家之所謂陰聲，即等韻家之所謂清聲；曲家之所謂陽聲，即等韻家之所謂濁聲。……曲韻自中原音韻，始分陰陽平，明范善溱中州全韻始分陰陽去，後人又分陰陽上，且于入聲之作平上去者，均以陰陽分之。其實陰陽之說未與，清濁之名早立矣。」（卷四詞曲概）

清代劉禧延之中州切音譜贅論云：「周德清中原音韻：上去聲不分配陰陽，蓋其時演唱院本，上去聲陰陽本無辨別。推而論之，知初行南曲，并入聲之本音，猶然未分界限也。後人輯韻，更分清陰陽，毫不相混。一如平聲之例，今皆從之。若復用周德清舊音，轉必駭聽矣。去入聲呼之俱易分明，獨上聲陰陽，最難顯分界限，即了然于心，亦未必了然于口。其陽聲清者，呼之似近陰聲濁音。又似近乎陽去。故中原音韻與全濁音多歸入去聲，中州切韻仍之。去聲則有區別，上聲亦未即劃然分出也。」又云：「國初錢塘毛稚黃謂：曲韻平去入俱有陰陽，而上聲無陰陽，必謂上聲有陰陽，支離矯強，必爲韻禍。夫名物象數，奇必有耦，音以類從。平去入俱有陰陽，何獨上聲無陰陽。若止純清次清，無次濁全濁（純清次清陰也，次濁全濁陽也），則音缺而不全，上聲一類僅得爲音之餘閏，不足以配平去入而爲四矣。……」

按四聲始有平上去入之分類，出自南朝梁代沈約所著《四聲譜》。四聲雖非沈約所初創，係以當時詩歌之音韻而編成之。自詩經起既有協韻之舉，經秦漢乃至魏晉不論駢文或樂府，無不施之於四聲矣。東晉時五胡亂華，厥後北方字音遞變，而南方字音則少變之，故北方已無入聲，而將入聲并進平上去三聲之內，南方則仍保有入聲。至南宋金人佔據北方後音調復變，此時雖仍言爲北音，又名之爲燕音。南音因時代悠久，音調亦稍有變之，而謂之吳音。北曲則繼宋詞而崛起以代之。於此時之北方，久無入聲矣。童斐之元曲論云：「南曲常注意字，一字之勝，必延長歌聲，甚者至七八拍，宛轉纏綿，若此字不可輕易放過者。然北曲常注意於句，遇調中高激之句，必以俊語當之，其有延長之餘音，每每施於句末。……」清代姚華之曲海一勺亦作此云：「金元起于北方，音律異聲，詞弗能協，新聲以創，而曲遂作。……」由此可知務頭、俊語乃始於此，而以四聲及陰陽相互配合而為之，施之予每調末句最為佳矣。至於有何規格，古今名家均未有定論，憾也。

茲為辨別務頭及俊語，不揣愚昧，特自撰散套一曲附於后，尚乞請識者一併指導是盼。

【附散套】

仙呂宮　孀居怨

點絳脣　白幔低垂　拈香流淚　鮮花萎　銀紙成灰　子夜靈前跪（子夜靈為陽上陰去陽平）

混江龍　衾寒翡翠　鴛鴦瓦冷薄霜飛　琴絃斷後　空守蘭閨　午夜春心睜兩眼　五更敗興困蛾眉　鶼鵠喪偶再成對　長吁短歎　好景難追（好景難為陽去陰上陽平）

寄生草　東風起　細雨霏　淚珠和雨愁難退　今生錯嫁負心鬼　閨中拋下鸞鳳配　冤家絕義找閻羅　伊人苦受相思罪（苦受相為陰上陽去陰平）

金盞兒　芙蓉嬌　牡丹肥　滿園春色春殘後　青春一逝永不回　狂蜂採玫瑰　浪蝶戲薔薇　願能如柳

架　誰效苦寒梅　（效苦寒爲陽去陰上陽平）

後庭花　漢相如琴聲挑卓姬　曹子建英才勾宓妃　楚襄王神女遊巫峽　安祿山玉環恨馬嵬　學花魁

出牆紅杏　風流少怨誰　（少怨誰爲陽上陰去陽平）

賺　煞　呸嘻頹　人言畏　挨諷刺令人氣餒　冷譏熱嘲難以對　果眞是有損門楣　損門楣　宛如劈頭

雷　想到黃泉土一抔　莫論羞與愧　冤家怎相會　恨替夫君綠網戴頭盔　（網戴頭爲陰去陽

上陰平）

（此曲散套依貫雲石散套塡之，曲調依鄭騫教授之北曲新譜塡之。）

註：嘯餘譜一書，爲明代程明善所論。歉手邊無此書，臺灣書坊亦未購得之。國家圖書館有繕本兩部，一爲明萬曆年版，一爲清康熙年版，己不借閱。

附註：本文參考書籍

中原音韻　元　周德清著

九宮譜定總論　明　東山釣史著

太和正音譜　明　朱權編著

元曲選　明　臧懋循編

曲藻　明　王世貞著

詞餘叢話　清　楊壽恩著

笠翁曲話　清　李漁著

樂府傳聲　清　徐大椿著

京塵劇錄　清　楊掌生著

藝概　清　劉熙載著

中州切音譜贅論　清　劉禧延著

曲海一勺　清姚華著

雨村曲話　清　李調元著

元曲三百首箋　清　羅忼烈編著

元曲論　民國　童斐著

顧曲塵談　民國　吳梅著

螾廬曲談　民國　王季烈著

孤本元明雜劇　民國　王季烈編

全元散曲　民國　隋樹森編

作詞十法疏證　民國　任中敏（本名任納）著

北曲新論　民國　鄭騫著

詞曲論稿　民國　羅慷烈著

滕王閣序作者王勃之爭議

【概說】

滕王閣序為篇膾炙人口之文章，為篇文辭富麗氣勢磅礡之駢體文，其原名為《秋日登洪府滕王閣餞別序》。自清初編入《古文觀止》內，舉凡古今學子無不誦讀之。以使本文撰著人「王勃」名振古今，永垂不朽。學者言「經文為骨，駢文為體」。如此文章方可文辭並茂，易閱易讀矣。本文雖未以散文為骨，苟若誦讀時，其文辭猶如流水行雲，一瀉千里也。文中典故，更似寒夜繁星，難以數計矣。苟熟讀時，胸中永積典籍，受益匪淺；口中尚有餘韻，回味無窮之。故本序文乃成千古絕響也。（以下簡稱本文為序文）

序文為初唐王勃所撰，勃正於英年，豪氣萬千，撰此蓋世之文。故歷代對此篇文章中典故之註釋，詞句之引用，撰作之經過，作者之年齡等等。或因文章太於炫耀蓋世，研讀者衆，而生爭議。以致衆說紛紜，莫衷一是，乃成為後代學者鑽研之話題也。欲考序文之疑問，則應逐步研討其各項史實背景始可，方得一窺堂奧也。

【滕王閣】

滕王閣爲初唐高宗時滕王所建，故名之。滕王者：高祖李淵第二十二子李元嬰也。元嬰於太宗貞觀十三年受封，十五年授金州刺史。滕王生性驕縱奢逸，行事乖張失度。高宗永徽三年遷蘇州刺史，後轉洪州都督。復奢淫虐民無度，高宗屢戒不悛，復屢轉滁州、隆州、青州、冀州等地之。（摘自舊唐書卷六十四，新唐書卷七十九。）

【撰者王勃】

王勃於舊唐書卷一百九十、新唐書卷二百零一均有傳，（舊唐書：五代後晉司空中書門下平章事劉昫所撰，新唐書前七十五卷爲宋代翰林學士歐陽修所撰。自七十六卷爲宋代端明殿學士宋祁所撰。）及辛文房所撰之王勃傳等，均依初唐楊炯所撰〈唐王子安集序〉之序文而摘之。楊氏所撰王勃集序之序文，對王勃之家世及其才華敘述綦詳。因王、楊、盧、駱稱之爲初唐四大文豪，同時代之人氏，知悉較詳，所撰之序，亦極爲正確，宛如王氏家譜也。自其祖父王通（文中子），父福畤及其二兄勔、勮等，均爲詳盡敘述之。然對王勃之生平及其生卒年代，卻疏予言之。明代閩省張燮重編王子安集時，其雖有序，對王勃之生平事略，亦未提及僅論及文章才華等，頗爲憾事也。

王勃，字子安，絳州龍門人（即山西太原祁人）。其祖王通，隋代秀士，蜀郡司戶書佐，蜀王侍讀。大業末，退講藝於龍門，其謝世後，門人謚之曰「文中子」。其父福畤歷任太常博士，雍州司功，六合交趾二任縣令，與叔父福郊皆文章蓋世。勃六歲能解詩文，九歲得顏師古所註漢書，撰指其瑕共十卷。十歲包綜六經，成乎期月，懸然天得。自符昔訓，時師百年之學，旬日兼之。昔人千載之機，立談可見。……年十四歲，時譽斯歸。太常伯劉公（名未載，按爲祥道）巡行風俗，見而異之：此神童也。因加表薦，對策高第，拜爲朝散郎。沛王建國之初，博選奇士，徵爲侍讀，奉敕撰平臺鈔略十篇，書就，賜帛五十疋。咸亨之初，乃參時選，三府交辟，遇疾辭焉。……上元三年（即儀鳳元年，是年改元），春秋二十八而辭世矣。

（此節摘自楊炯所撰〈唐王子安集舊序〉。然其王勃生平事略，與舊唐書、新唐書王勃傳略有差異。茲錄於后。）

舊唐書：……勃六歲解屬文，構思無滯，詞情英邁，與兄勔、勮才藻相類。父友杜易簡常稱之曰：「此王氏三株樹也。」勃年未及冠，應幽素舉及第。乾封初，詣闕，上宸遊東岳時，東都造乾元殿，又上乾元殿頌。沛王選賢聞其名，召爲沛王府修撰，甚愛重之。諸王鬥雞互有勝負，勃戲爲檄英王雞文。高宗覽之，怒曰：據此是交構之漸。即日斥勃不令入府，久之補虢州參軍。勃恃才傲物，爲同僚所嫉，有官奴曹達犯罪，勃匿之，又懼事洩，乃殺達以塞口。事發，當誅。會赦，除名。時勃父福畤爲雍州司戶參軍，坐勃左遷交趾令。上元二年，勃往交趾省父，道出江中，爲採蓮賦以見意，其辭甚美，渡南海墮水而卒，時年二十八。……

新唐書：（前文與舊唐書略同，校顏師古漢書註，作鬥雞檄，至交趾省父，墮水而卒，略之。惟二書言及勃謝世之年，則不同矣。相距一歲。）……初出道鍾陵，九月九日都督大宴滕王閣，宿命其婿作序，以誇客。因出紙筆遍請，客莫敢當。至勃，慨然不辭。都督怒，起更衣，遣吏伺其文。輒報，一再報，語益奇，乃矍然曰：「眞天才也。」請遂成文，極歡罷。勃屬文，初不精思，先磨墨數升，則酣飲，引被覆面臥，及寤，援筆成篇，不易一字，時人謂勃爲腹稿。

唐才子傳：勃，字子安，太原人，王通之諸孫也。（劉祥道表薦事蹟，同舊唐書略之。）勃既廢，客劍南，登山曠望，慨然思諸葛之功。（匿死罪官奴，略之。）父福時坐是左遷交趾令，勃往省覲，途經南昌。時都督閻公，新修滕王閣成，九月九日，大會賓客，將令其婿作記，以誇盛事。勃至入謁，帥知其才，因請爲之。勃欣然，對客操觚，頃刻而成，文不加點，滿座大驚。酒酣辭別，帥贈百縑，即舉帆去。至炎方，舟人入洋海溺死，時年二十九。勃文綺麗，請者甚多，金帛盈積。心織而衣，筆耕而食。然不甚精思，先磨墨數升，則酣飲引被覆面臥；及寤，援筆成篇，不易一字，人謂之腹稿。嘗言人子不可不知醫。時長安曹元有秘方，勃盡得其術。又以虢州多藥草，求補參軍。倚才陵籍，僚吏疾之。有集三十卷，及舟中纂序五卷，今行於世。（卷一）

王勃天資聰穎，滿腹經綸。新唐書所言腹稿一節，取材於唐代段成式之酉陽雜俎所記。宋代王讜之唐語林，亦記有勃生平事蹟及腹稿等。至於唐才傳爲元代辛文房所編（辛氏，字良史，西域人。因載籍殘闕，生平欠詳）。茲將酉陽雜俎錄於后：

酉陽雜俎：王勃每爲碑頌，先磨墨數升，引被覆面而臥，忽起一筆書之，初不竄點，時人謂之腹稿。少夢人遺以丸墨盈袖，燕公常讀其〈夫子學堂碑頌〉，頭自帝車至太甲四句，悉不解，訪之一公。一公言：北斗建午，七曜在南方，有是之祥，無位，聖人當出。華蓋以下，卒不悉。（卷十二）

按：夫子學堂碑頌；刊於王子安集卷十三，題名：〈益州夫子廟碑〉。其首四句：『述夫帝車南指，遯七曜於中階。華蓋西臨，藏五雲於太甲。……』至於燕公及一公二位，則不知何許人也。宋代張邦基所撰墨莊漫錄，亦提及「五雲於太甲」一句。其云：杜甫於大歷三年春，放船出瞿塘峽，久居夔府，將適江陵，漂泊有詩凡四十韻，末句有「五雲高太甲」一句，敘述綦詳。至次「燕公及一公」二位，亦不知悉。茲錄於后：

墨莊漫錄：杜甫大歷三年春，白帝城放船出瞿塘峽，將適江陵。詩四十韻，其末句有云：「五雲高太甲，六月控摶扶」之句。鮑欽正、鄧睿思、范元實及世行所謂王原叔註者諸家，皆不詳五雲太甲之義。予讀唐王勃文集，有大唐九隴縣孔子廟堂銘序云：帝車造指，遁七曜於中階。華蓋西臨，載五雲於太甲。雖使星辰蕩越，三元之軌躅可尋。雲雨沸騰，六積之經綸有序。然則撫銅渾而觀變化，則萬象之運不足多矣。握瑤鏡而臨事業，則方幾之湊不足大矣。云云。然則五雲太甲之義，蓋爲玄象而言矣。第未見其所出之書，當俟博洽君子請問之。惟酉陽雜俎云（酉陽雜俎一節同前。略之）。一公、燕公不知，況餘人乎！（卷四）

按：杜甫之四十韻，非爲末句。爲其第八韻第三句。其詩云：『伊呂終難降，韓彭不易呼。五雲高太甲，六月曠摶扶。迴首黎元病，爭權將帥誅。山林託疲苶，未必免崎嶇。』至於「五雲高太甲」一句，據清代仇兆鰲所著《杜詩詳注》中。對於此句所作之釋義，幾爲千言。爲饗讀者，茲特錄於后：

「五雲高太甲」，註家凡數說。

王應麟之困學紀聞云：「杜詩『五雲高太甲』，註不解五雲之義。嘗觀王勃〈益州夫子廟碑〉云：帝車南指，遁七曜於中階。華蓋西臨，藏五雲於太甲。……」

酉陽雜俎謂：燕公讀碑至此四句，悉不解，訪之一公。一公言：北斗建於七曜，在南方，有是之祥，無位，聖人當出。華蓋以下，則不可悉。

晉．天文志：華蓋在旁，六星曰六甲，分陰陽而配節候。太甲，恐係六甲一星之名，然未有考證耳。

嚴滄浪詩話云：太甲，即太乙。甲乙相近而誤用也。

董斯張曰：此與廟碑「華蓋西臨」語，不甚合。考《隋書》：天子有所遊往，其地先發天子氣，或如華蓋在霧中，或有五色。蒼帝起，青雲扶日。白帝起，白雲扶日。黑帝起，黑雲扶日。孔子、周素王，故子安以天子氣比之，華蓋、五雲之説，本當於此。魯分野在戌之奎婁。奎爲溝瀆，婁爲聚眾，皆在西宮，故曰華蓋西臨。戌，後天乾方也。

京氏《易·納甲》：以甲屬乾宮，甲爲歲陽首，故曰「太甲」，乃借爾雅之太歲在甲字面也。華蓋之氣，一臨乾甲，五帝五雲，皆逡巡不敢方駕，所云賢於堯舜也，是謂之藏。

若杜公引用五雲、太甲，正用蒼帝起青雲扶日意。蒼帝盛德在木，太昊曆起甲寅。代宗於壬寅歲即位，而改元之春，實惟甲寅，是時國雖多難，而五雲猶扶翼蒼帝也。「六月曠摶扶」，冀其將來一奮乾斷，如乘扶搖而上。黃生謂：五雲句，申上「伊呂終難降」。六月句，申上「韓彭不易呼」。（按：代宗名李豫，於肅宗寶應元年——壬寅即位，次年癸卯改元廣德元年，在位十七年，於大曆九年爲甲寅，然未改元。此節所言，「改元之春，實惟甲寅」。恐有疑問？）

仇氏評曰：諸説異同，董説可謂苦心思索矣，然輾轉湊合，終覺晦僻，不如從朱長儒之説以京氏《易候》爲證，而姑闕太甲之疑。

仇氏復註云：太甲二字，偏查諸註，皆未詳所出。年友張希良石虹曰：《漢武帝內傳》：帝受太甲於西王母。

又考桑道茂能爲太乙遁甲之術。太甲、太乙，皆上天貴神。得此一證，宿疑爲之頓釋。（杜詩詳註卷二十一）

按：益州夫子廟碑，其首四句釋於后：（述夫帝車南指，遯七曜於中階；華蓋西臨，藏五雲於太甲。）

帝車南指：黃帝所創指南車也。晉代崔豹所撰《古今注》云，爲黃帝戰蚩尤於涿鹿之野而作之。復云：周公所作也。茲錄於后：

古今注：大駕指南車，起黃帝與蚩尤戰於涿鹿之野，蚩尤作大霧，兵士皆迷。於是作指南車，以示四方，遂擒蚩尤而即帝位，故後常建焉。舊說周公所作也。周公治致太平，越裳氏重譯來貢，白雉一、黑雉二、象牙一。使者迷歸路，周公賜以文錦二疋、軿車五乘，皆爲司南之制力使越裳氏載之。……漢末喪亂，其法中絕。馬先生紹而作焉，今指南車馬先生之遺法也。（卷上）

（宋代曾慥之類説摘此節云：越裳氏來貢，忘其歸途，周公與指南車至其國，車轄鐵皆盡銷。卷三十六）

七曜：日：太陽。月：月亮。金：太白。木：歲星。水：辰星。火：熒惑。土：塡星。稱爲七曜。穀梁傳序云：「七曜爲之盈縮。注云：謂之七曜者，日月五星皆昭天下，謂之七曜。」是故日本以每星期七日，以七曜爲區分，如日曜日等。群書拾唾云：七曜爲七政。

華蓋：星名，晉書天文志云：「天皇大帝上九星曰華蓋，所以覆蔽大帝之座也。」古今注對華蓋另有解說，亦爲黃帝戰蚩尤之事，茲錄於下：

古今注：華蓋，黃帝所作也。與蚩尤戰於涿鹿之野，常有五色雲氣，金枝玉葉，止於帝上。有花葩之象，故因而作華蓋也。（卷上）

五雲：謂以青、白、赤、黑、黃五雲，色觀吉凶也。周禮，春官保章氏云：「以五雲之物，辨吉凶，水旱降，豐荒之祲象。（周禮卷二十六）鄭玄之注、賈公彥之疏對五雲之釋，似言之略玄。王荊公（安石）之周官新義以自然之理而釋之。茲錄於后：

周官新義：五雲之物，或兆吉凶，或兆水旱。水旱，故以其物降豐荒之祲象，使人知而有備。氣祥謂之祲，形本謂之象。以風察天地之和，和則無事矣，不和也，則命乖別之祆祥焉。（卷十一）

太甲：書經太甲篇，書序云：「太甲既立，不明，伊尹放諸桐，三年復歸于亳，思庸伊尹，作太甲三篇。」

（太甲錄自中文大辭典。太甲恐係星辰之名，而非書名，如書名，則無法解釋也。）

勃何言爲滿腹經綸，俊傑奇才，實乃學究天人也。其僅以「五雲於太甲」一句，而令歷代鴻儒不能解之。唐代段成式不解，宋代王應麟、張邦基等等均不解矣！仇氏註解杜詩時，先云：「太甲」從缺，復予補註：太甲、太乙之說。是否有據，未予言明，僅供參考耳。勃之益州夫子廟碑數千言之多，未見歷代鴻儒有所註解之，難矣！憾也！今假仇氏註解杜詩之言，而錄之。以證勃之學識淵博耳。年僅二十有餘，傲笑千年，實不愧也。

唐語林：文中子見王勃少弄筆硯，問曰：爲文乎？曰：然。因與題；「太公遇文王」。贊曰：「姬昌好德，呂望潛華。城闕雖近，風雲尚賒。漁舟倚石，釣浦横沙。路幽山僻，溪深岸斜。

豹韜攘惡，龍鈐辟邪。雖逢相識，猶待安車。君王握手，何期晚耶！」（卷二）

唐語林：王勃凡欲作文，先令磨墨數升，飲酒數盃，以被覆面而寢。既寤，援筆而成文，不加點，時人謂爲腹稿也。（卷二）

按：宋人有鈔襲之癖，且不避雷同，唐語林顯有鈔襲之嫌，特幷錄之。鈔襲惡風，猶以南宋元祐黨人爲最也。

【年歲之謎】

新唐書所言：王勃撰作滕王閣序一節，係部份取材於五代王保定之唐摭言。太平廣記之王勃傳亦引此節，言及勃至滕王閣作序文之年歲，則相距一歲。舊唐書與新唐書言及勃謝世之年，亦相距一歲矣？茲將唐摭言及太平廣記二節，皆錄於后：

唐摭言：王勃著滕王閣序時，年十四。都督閻公不之信，勃雖在座，而閻公意屬子婿孟學士者爲之，已宿構矣。及以紙筆，延讓賓客，勃不辭，公大怒，拂袖而起，專令人伺其下筆；第一報云，南昌故郡，洪都新府。公曰：亦是老生常談。又報云：星分翼軫，地接衡廬。公聞之，沈吟不言。又云：落霞與孤鶩齊飛，秋水共長天一色。公矍然而起曰：此眞天才，當垂不朽矣。遂亟請宴，極歡而罷。（卷五）

太平廣記：王勃，字子安。六歲能屬文，清才濬發，構思無滯。年十三省其父，至江西會府，帥宴滕王閣時。帥府有婿，善爲文章，帥欲誇之賓友，乃宿構滕王閣序，俟賓合而出之。爲若即席，而就者既會，帥果授箋諸客，客辭。至勃，勃輒受，帥既拂其意，怒其不讓。乃使人俟其下筆，……（後與唐摭言同，略之。）（卷一百七十五。並註出自唐摭言。）

新唐書云：『……初到鍾陵，九月九日都督大宴滕王閣，宿命其婿作序。……』雖未言及勃之年歲，應非十四歲。以上二書所言，滕王閣序之序文，爲勃於年十四時（或年十三），則爲踳駁失據。楊炯於王子安集序云：「……年十有四，太常伯劉公，巡行風俗。見而異之曰：『此神童也。』因加表薦，對策高第，拜朝散郎。……」新唐書又云：「……麟德初，劉祥道巡行關內，勃上書自陳，祥道表於朝，對策高第，年未及冠，授朝散郎。……」新唐書摘錄楊炯序文，一代史書，自非盲目鈔襲，必經考證。勃撰序文時，定非十四歲矣。

勃年十四時，尙於關內，初至鍾陵，絕非十四歲。楊炯又云：「沛王建國時，博選奇士，徵爲侍讀。奉敕撰平臺鈔略十篇，書成，賜帛五十疋。」此乃於太常伯劉祥道巡行關內以後之事也。由此可證勃撰序文時，其年非於十四歲矣。依其父福時左遷交趾令，勃前往省親，途經鍾陵，九月九日，躬逢勝餞之時，應年逾二十，較符合邏輯之。苟復依勃所撰〈錦州北亭群公序〉云：「昔往東吳，已有梁鴻之志；今來西蜀，非無張載之懷。」（王子安全集卷五）又於春思賦云：「咸亨二年，余春秋二十有二。……」（同上卷一）果如此時，其父福時已非六合縣令任內也，昔往東吳，乃係明日黃花也。況新唐書云：「初道出鍾陵，九月九日。」撰作序文，勃時應於年二十之後，是無疑問也。唐才子傳所云：「……福時左遷交趾後，勃前往省覲，途經南昌時，都督閻公新修滕王閣成，九月九日大宴賓客。……」楊炯序文又云：「棄官沈跡，就養交趾焉。」依此而論。勃當去交趾之前，而躬逢勝餞。因楊炯序文明言：「詩書之序，並冠於篇；玄經之傳，未終其業。命不我與，有涯先謝。春秋二十八，皇唐上元三年八月。……」綜此研考，勃撰序文之年，則難言於十四歲矣。亦非二十有二，應爲二十有七或二十有八之年也。

至於或言序文中有云：「童子何知，躬逢勝餞。」二句係指勃是爲童子，尚弱未冠，應爲年十四歲也。據古文觀止古版注云：「家君作宰，路出名區；童子何知，躬逢勝餞等四句。釋之曰：勃父名福時爲交趾令時，勃往省焉。道經洪州，童子乃勃自稱也。」如此「童子」二字則爲勃之自謙也，並非弱冠之年耳。近人高步瀛氏註之更詳。並引晉書而證之，其云：「范文子暮退於朝，武子怒曰：爾童子而三掩人於朝事。在范武子請老之後，當在宣王十七年，距范文子斥宣子時，僅十七年。由前所推測，其子已三十內外，文子至少亦在四十五歲，還計其父武子斥爲童子掩人之時，當已三十內外矣。是不必十三四歲始得稱童子也。嘗疑唐摭言子安十四歲作序之說，乃後人由童子二字，附會而出，故特辯焉。」（唐宋文舉要下冊）故知「童子」二字，乃爲勃之自謙，非關年歲也。

另有句「無路請纓，等終軍之弱冠。」有關「弱冠」之說，曲禮解之云：二十日弱冠。漢書終軍傳云：「終軍，字子雲，濟南人。……南越與漢和親，迺遣軍使南越說其王，欲令入朝，內比諸侯。軍自請願受長纓，必羈南越而致之闕下。軍遂往說越王，越王聽許，舉國內屬，天子大說。……軍死時二十餘。」（前漢書卷六十四下）。由此可知，勃撰序文之時，已非十三四歲矣，應於二十有餘也，實不可有疑之矣。

宋代筆記《分門古今類事》，記載一段神話，撰著者已佚名。據四庫全書考證於提要云：「撰著人應爲宋徽宗崇寧初年進士，蜀人宋如璋之後人所著之。」部份記事與唐摭言雷同，殊不可信之。茲摘錄於后：

分門古今類事：唐王勃，方十三隨舅遊江左，嘗獨至一處。見一叟容服純古，異之，因就揖焉。叟曰：非王勃乎？勃曰：與老丈昔非親舊，何知勃之姓名？叟曰：知之。勃知其異人。再拜問曰：仙也？神也？以開未悟。叟曰：中原水府吾所主也。來日滕王閣作記，子有清才，何不爲之。子登舟，吾助汝清風一席，子回幸復過此。勃登舟，舟去如飛，乃彈冠詣府下，府帥閻公已召江左名賢畢集，命吏以筆硯授之，遞相推遜，及勃則而不拒。………（下與唐摭言相類似，略之。）勃旋再過向遇神地登岸，叟已坐前石上，勃再拜曰：神既助以好風，又教以不敏，當修牢酒以報神賜。勃因曰：某之壽夭窮通可得知否？叟曰：………子之軀神強而骨弱，氣清而體羸，腦骨虧陷，目精不全，雖有不羈之才，高世之俊，終不貴矣。況富貴自有神主之乎！請與子別，勃聞之不悅，後果如言。（卷三）

按：

唐高宗在位共三十四年，計：永徽五年，顯慶五年，龍朔三年，麟德二年，乾封二年，總章二年，

咸亨四年，上元二年，儀鳳三年，調露二年，永隆一年，開輝一年，永淳二年，弘道一年。（以上皆唐高宗年號）

南昌：南昌縣，漢置。故城於今南昌市東，漢灌嬰所築，亦曰灌嬰城。隋改縣爲豫章，唐改之爲鍾陵。晉置，隋廢，唐復置，尋廢，併入南昌縣。洪都即南昌縣，隋置洪州府，乃稱洪都。

曲禮：人生十年曰幼，學。二十曰弱，冠。三十曰壯，有室。四十曰強，而仕。五十曰艾，服官政。六十曰耆，指使。七十曰老，而傳。八十、九十曰耄。……百年曰期，頤。（禮記曲禮上篇）

【落霞孤鶩】

王勃撰作序文之年，苟依唐摭所云：十有四歲，固不可信。再依分門古今類事所云：水神相助，更爲荒唐。此乃爲後世之人所爲附會之言也，今人當一笑置之矣。然自宋代以後對序文中之辭句，極盡挑剔之能事。不知是否無聊，抑或炫耀其學，則難言之。如「落霞與孤鶩齊飛，秋水共長天一色」。此二句爲千古不朽之佳作，竟言有鈔襲之嫌。唐摭言雖云，都督閻公見此二句，矍然讚之曰：眞天才也。而分門古今類事言之更詳。其云：「……至落霞與孤鶩齊飛，秋水共長天一色。公不覺舉手鳴几曰：此天才也。文成，閻公閱之曰：子落筆似有神助，令帝子聲留千古，吾之名聞後世，洪都風月，江山無價，子之力也。乃厚贈之。……」然宋代王得臣所撰《麈史》則云：此二句雖佳，係套前人陳句耳，非爲勃之所首創也。是否若此，實有推敲之餘地，及商榷之必要也。宋代王應麟之困學紀聞，龔頤正之芥隱筆記，王楙之野客叢書均有類似記載。茲將塵史、困學紀聞、芥隱筆記、野客叢書等均錄於后：

塵史：王勃滕王閣序，世以爲精絕。曰：「落霞與孤鶩齊飛，秋水共長天一色」。予以爲唐初綴文，襲尚南朝徐庾體，故駱賓王亦有如此等句。庾子山三月三日華林園馬射賦序云：『落花與芝蓋齊飛，楊柳共春旗一色。』則知勃文蓋出於此。（卷二）（徐庾體註於后）

困學紀聞：庾信馬射賦云：「落花與芝蓋齊飛，楊柳共春旗一色」。王勃倣其語，江左卑弱之風也。（卷十七）

芥隱筆記：王勃滕王閣序，「落霞與孤鶩齊飛，秋水共長天一色」。蓋宗庾子山華林園馬射賦序：「落花與芝蓋齊飛，楊柳共春旗一色」。（僅一卷）

野客叢書：王勃云：「落霞與孤鶩齊飛，秋水共長天一色」。當時以爲工。僕觀駱賓王集亦曰：「斷雲將野鶴俱飛，竹響共雨聲相亂」，又曰：「緇衣將素履同歸，廊廟與江湖齊致」，此類不一，則知當時文人皆爲此等語。且王勃不獨見滕王閣序，如山亭記亦曰：「長江與斜漢爭流，白雲將紅塵並落」。歐公（歐陽修）集古錄載：德州長壽寺碑，與西清詩話如此等語不一，僕因觀文選，及晉宋間集，如：劉孝標、王仲寶、陸士衡、任彥昇、沈休文、江文通之流，往往多作此語，信知唐人句格皆有自也。李商隱曰：「青天與白水環流，紅日共長安俱遠」。陳子昂曰：「殘霞將落日交輝，遠樹與孤煙共色」，又曰：「新交與舊識俱歡，林巒共煙霞對賞」。

（卷十二）

落霞、秋水二句固非勃之初創，雖從前人文句中蛻化而成之。然其意境頗高，於序文中極爲增采耳，猶如鶴頂之丹也。非獨不爲遜色，反較庾信之馬射賦二句，「落花與芝蓋齊飛，楊柳共春旗一色」更爲過之，無不及也！此非鈔襲故人，不足以苛論之矣。

千古文章自來一大鈔，苟若引證妥善。足使文章增采。如孟子梁惠王篇上第五節云：「王欲使仁政於民，省刑罰，薄稅斂，深耕於耨。……」此乃引證姜太公六韜中之文韜國務篇，其云：「太公曰：『民不失務，則利之；農不失時，則成之。省刑罰，則生之；薄賦斂，則予之。』」孟子尊爲亞聖，尚且引用古人文句，況後人乎？沿用前人文句雖非創作，苟若爲引證或潤飾以及蛻變，非爲不可，則難言之爲鈔襲耶！亦非拾人牙慧也！且庾子山撰此二句亦非其首創之，於庾氏之先，業已有之，況尚有步王勃之後塵者也。茲贅述於后：

六朝齊代王儉之褚風碑云：「風儀與秋月齊明，音徽共春雲等潤。」（昭明文選卷八十五）

六朝梁代劉勰之文心雕龍徽聖篇云：「體要與微詞偕（一作皆）通，正言共精義並用。」（卷一紀昀評本）

六朝陳代尚書僕徐陵所編玉臺新詠序言云：「金星與婺女爭華，麝月共嫦娥競爽。」（掃葉山房石印本）

隋代長壽寺舍利碑之碑文云：「浮雲與嶺松張蓋，明月共巖桂分叢。」明代楊愼之丹鉛餘錄，於

此節結尾，並加評語曰：「王勃滕王閣序語本此，王勃之語，何啻青出於於藍。雖曰，前無古人可也。」（丹鉛餘錄卷三）

唐代駱賓王之上瑕丘韋明府書云：「飆金將露玉共清，柳黛與荷緗漸歇。」（駱臨海全集卷八；駱賓王於武后時，由長安貶至臨海，後人稱之爲駱臨海。瑕丘註於后）

唐代武后（則天）祭飛昇太子之祭文云：「白虹與紫霜爭鋒，飛景共流星競彩。」後至武宗時，會昌二年進士薛逢仍套用此格云：「原花將晚照爭紅，怪石與寒流共碧。」又云：「銀章與朱紱相輝，熊軾共隼旟爭貴。」（轉錄自近人彭國棟氏之滕王閣叢考）

徐陵之「金星將婺女爭華，麝月與嫦娥競爽」。以及庾信之「落花與芝蓋齊飛，楊柳共春旗一色」。此等句格本屬駢文之文體，並非徐庾體之專屬規範，徐庾之先，於六朝齊、梁亦皆有之。落霞、秋水二句與庾信射馬賦二句。其所雷同之點，在二句最後「齊飛、一色」之四字，故此引起疵議也。此本不必要之爭，孟子尙引姜太公之文章，反而加重文章之質量，況「落霞、孤鶩」與「落花、楊柳」相較之，則不言而喻矣。苟若如此，陶淵明之歸去來辭亦有鈔襲之嫌矣？宋代王楙之野客叢書，則有言之。茲錄於后：

野客叢書：漫錄曰：「淵明歸去來辭云：臨清流而賦詩，蓋用嵇康琴賦中語。」僕謂淵明胸次度越一世，文章率意而成，不應規倣前人之語。其間意到處，不無與古人暗合，非有意用其語也。儻如漫錄所言，則「風飄飄而吹衣」出於曹孟德，「泉涓涓而始流」出於潘安仁，此類不

一，何獨用嵇康之語哉。（卷十五）

如此之說，陶淵明亦有鈔襲之嫌歟？宋曾慥之《類說》轉錄高士傳，陳仲子「容膝易安」故事，歸去來辭之「倚南窗以寄傲，審容膝之易安」，亦應於鈔襲之列矣。茲將類說所記錄於后：

類說：陳仲子，字子中。楚王遣使持金百鎰，聘以爲相。仲子曰：僕有箕帚之妻，請入計之。乃謂妻曰：今日爲相，明日結駟連騎；食方丈於前。妻曰：左琴右書，樂在其中矣。結駟萬騎，所安不過容膝；食方丈於前，所甘不過一肉。今以容膝之安，一肉之味力而懷楚國之憂，亂世多害，恐先生命不保也。仲子夫妻逃去爲人灌園。（卷二）

按：高士傳共三卷。晉皇甫謐所編，現已散佚，原刊晉以前高士計七十二人。現書則有九十六人，爲後人據太平御覽摭摘而成。陳仲子一節刊於太平御覽卷五零七，逸士部第七。

駢文本爲四六文體，係一定之規格。後世套用前文辭，間或有之，未必是全文或段落鈔襲，撰著各有風格，應用之妙，本乎一心，諸如類似文句，古今文章，不勝枚舉，應不足以爲怪之也。樂府亦復如是：詩仙李太白之將進酒「烹羊宰牛且爲樂，會須一飲三百杯」，乃爲出自曹子建之箜篌引：「中廚辦膳，烹羊宰肥牛。……樂飲過三爵，緩帶傾庶羞」（昭明文選卷二十七）。一代文豪，詩仙太白尚且如此，套用前人文句，而成不朽之作，豈可不爲之。如此在於套用之技巧，豈鈔襲之有耶！

至於「落霞」二字，宋代葉大慶之考古質疑另作論釋，茲錄於后：

考古質疑：近世有螢雪叢說俞成德元所作也。王勃滕王閣序：落霞與孤鶩齊飛，秋水共長天一色，世率以爲警聯。「落霞」者，飛蛾也。卻非雲霞之霞，土人呼爲霞蛾。至若鶩者，野鴨也。野鴨飛逐蛾蟲，而欲食之故也。所以齊飛，若雲霞則不能飛也。蓋勃之言，所以摹寫遠景，以言遠天之低，故鶩之飛幾若與落霞齊耳。如詩人所謂「新月已生飛鳥外，鳥飛不盡暮天碧」。曰：乾坤萬里根。曰：一目略千里之類，以見興致高遠如此，大率如詩如畫，皆以形容遠景爲工。故杜老題山水圖，詩云：尤工遠勢古，莫比咫尺；應須論萬里，皆以是也。勃下句云：秋水共長天一色，皆言滕王閣眺望遠景在縹渺中，如此奇也。故當時以其形容之妙，歎服二句，以爲天才。縱使方言以蛾爲霞，而野鴨逐飛蛾食之，形于賦詠，何足爲奇。俞氏又謂：雲霞則不能飛，殊不知前輩以飛霞入詠者甚多，宋謝瞻詩：高臺眺飛霞。鮑照云：繡甍結飛霞。梁江淹：赤虹賦霞，晃朗而下飛。（以上謝瞻、鮑照、江淹皆六朝時人。）（卷五）

天下本無事，庸人自擾之。落霞、秋水二句，本爲駢文之規格，用之者何其衆也。復有落霞非雲霞之霞，而係飛蛾也。此乃墨客騷士，閑極無聊也。除《考古質疑》所言外，近人彭國棟之滕王閣叢考亦載云：「如前蜀韋莊之南昌晚眺詩云：『落霞紅襯賈人船』。南唐後主李煜之秋霽詞云：『孤鶩齊飛，落霞相映，遠狀水鄉秋色。』」可證落霞爲晚霞而非蛾也。

按：徐庾體，徐庾二位爲南朝名士徐陵、庾信也。徐庾文體爲駢文，文章豔麗華貴，集六朝駢文之大成，後人之爲徐庾體，隋唐之駢文皆承襲其風格也。

釋：芝蓋：其形如靈芝狀之車頂蓋棚。後漢張衡之西京賦云：「驪駕四鹿，芝蓋九葩。」（昭明文選

卷二）

瑕丘，縣名；六朝宋代元嘉十三年，立兗州理瑕丘城，而瑕丘無縣。至隋文帝，分鄒縣、汶陽、平原三縣界，立瑕丘縣，屬兗州。（韋明府不詳）。

【序文評述】

序文實爲千古絕響，譽爲罕見佳作。氣勢磅礴，宛如秋日驕陽；文藻華麗，好似春花滿園。典故之用，對仗之工，誠無懈可擊。然古今學者對其褒貶不一，咸認未能論及文章主題，未得深切敘述；與文章旨意，反大相逕庭。諸如滕王之事蹟，建閣之經過，都督閻公於咸淳二年重修之狀況，九月九日重陽大宴賓客之盛筵。均未予以暢論之。徒使後人讀此序文，猶如霧中看花，水中觀月耳。滕王閣史實文物及壯麗景色，則隻字未提；僅爲東牆西堵，浮而不實。全篇文章：對文學價值不可忽視。然對史實事蹟毫無供獻矣！僅爲典故之堆砌耳。除於序文結尾所云：「一言均賦，四韻俱成。」一首七言律詩略予述之。是故宋代葉大慶之考古質疑及謝采伯之密齋筆記，明代楊愼之譚苑醍醐及徐𤊹之徐氏筆精皆有所論。茲錄於后：

考古質疑：王右軍蘭亭敘（序）不入文選，王勃滕王閣記（序）不入文粹，世多疑之。遯齋閒覽謂：……（有關王羲之蘭亭序，敘述三月三日上巳重覆，略之）乃若王勃之文，或者謂時當（維）九月，序屬三秋。言九月則三秋，可知此與絲竹管絃同一病也（文辭重複）。「況豐城劍氣，上衝牛斗；而星分翼軫，分野尤差。」然大慶考之，唐書王勃傳：九月九日都督大宴滕王閣時，勃乃作序。夫唐人以上巳與重陽爲令節，都督既于是日啓宴，勃不應泛舉九月，蓋「月」字乃日字之誤也。且言九月，又言三秋，是誠贅矣。如云九日，則不可無三秋字。今之碑本乃郡守張公澄所書，亦誤爲九日爲九月，訛謬相承，遂致勃有重複之病。至于豫章之地，昔人所謂吳頭楚尾。按漢地理志：楚地翼軫分野，既曰楚尾，則星分翼軫，豈爲深失要之。勃所作序，實近乎俳然。唐初文人，大抵如此，至韓昌黎始變爲古文。……（以下非關本文，略之。）（卷五）

密齋筆記：醉鄉王績，字無功。祭禹文云：『潦水降而寒潭清，山光沈而白雲晚。』王勃云：「潦水盡而寒潭清，煙光凝而暮山紫。」……（卷三）

譚苑醍醐：二國典略曰：『蕭明與王僧辨書。凡諸部曲，並使招攜；赴投戎行，前後雲集。霜戈電戟，無非武庫之兵；龍甲犀渠，皆是雲臺之仗。唐王勃滕王閣序，「紫電清霜，王將軍之武庫」，正用此事。十四歲之童子，胸中萬卷，千載之下宿儒，猶不能知其出處，豈非世間奇才。杜子美、韓退之極其推服，良有以也。使勃與杜韓並世對毫，恐地上老驥，不能追雲中俊鶻，後生之指點，流傳妄哉。（卷四）（楊愼之丹鉛總錄卷十一亦錄之。兩節雷同。）

徐氏筆精：王勃滕王閣序云：層巒聳翠，上出重霄；飛閣流丹，下臨無地。乃襲王中頭陀寺碑云：層軒延袤，上出雲霓；飛閣逶迤，下臨無地。又否獨落霞秋水襲庾信也。（卷三）

以上三節，前人所言，似是而非。駢文風格，乃是如此，自西漢司馬相如等以垂，文風無不如是。晉左思之三都賦，構思十年，洛陽紙貴。文藻亦復華而不實。隋唐承襲六朝遺脈，乃有「徐庾體」之文風也，誠如考古質疑所言，至中唐韓愈始變為古文，文起八代之衰，悉改頹風，方有文以載道也。駢文本為華而不實，在求文辭之誇張，典故之堆砌，勃之序文，亦復如是耶！何足為怪之矣。王粲之登樓賦，孫綽之天臺賦，亦復如此也。茲就序文中，略舉數聯如后：

睢園綠竹，氣凌彭澤之樽；鄴水朱華，光照臨川之筆。

釋：

睢園綠竹：史記梁孝王世家云：「孝王築東苑，方三百餘里，廣睢陽城七十里，大治宮室。」水經注云：「梁王所築之綠竹園。」西京雜記：「梁孝王築兔園。」（卷上）

氣凌彭澤之樽：宋書隱逸傳云：「陶潛為彭澤令，公田悉令種秫，妻子固請種秔。……」歸去來辭云：「攜幼入室，有酒盈樽。」

鄴水朱華：太平寰宇記云：「河北道相州鄴縣，故鄴城於縣東，魏武帝（曹操）受封於此。」清一統志云：「河南彰德府，故鄴城在臨漳縣西，鄴城西園為曹操所作。」曹植撰公讌詩云：「秋蘭被長坂，朱華冒綠竹。」（李善注：朱華者，芙蓉也。）

光照臨川之筆：宋書謝靈運傳云：「靈運少好學，博覽群書，文章之美，江左莫逮。太祖以為臨川內史。」一說王羲之為臨川內史時，嘗書曹植公讌詩為之傳誦。（此句轉錄自趙聰新編古文觀止註解）

馮唐易老，李廣難封。

釋：

馮唐易老：史記馮唐傳云：「唐以孝著，爲郎中署長，事文帝，文帝輦過問唐曰：父老何自爲郎？家安在？具以實對，拜唐爲車騎都尉。武帝立，求茂才，舉馮唐，唐時年九十餘，不復爲官。」

李廣難封：史記李將軍傳云：「李將軍廣，隴西成紀人。廣嘗與王朔燕語曰：自漢擊匈奴，而廣未嘗不在其中，然無尺寸之功，以得封邑者，何也？豈吾相不當侯耶！且固命也。」

屈賈誼於長沙，非無聖主；竄梁鴻於海曲，豈乏明時。

釋：

屈賈誼於長沙，非無聖主。：史記賈生傳云：「賈生名誼，雒陽人。文帝（漢）召以爲博士，超遷一歲中，至大中大夫。於是天子議，以爲賈生任公卿之位，絳、灌、東陽侯馮敬之屬盡害之。乃短賈生曰：雒陽人，年少初學，專欲擅權，紛亂諸事。於是天子後亦疏之，不用其議，乃以賈生爲長沙王太傅。」

竄梁鴻於海曲，豈乏明時。：後漢書逸民傳云：「梁鴻東出關過京師，作五噫之歌。章帝求鴻不得，乃易姓運期名耀，字侯光。與妻居齊、魯之間，有頃又去適吳，遂至吳依大家皐伯通，居廡下，爲人賃舂。」

茲舉以上三聯，試問？據此三聯等等爲序文，與滕王閣有何牽連，僅爲典故之堆砌，亦可言之文不對題耳！睢園綠竹：爲梁孝王於睢陽城綠竹園所種植綠竹，其與彭澤令陶淵明所撰歸去來辭之酒樽，其相距千里之遙，又何有瓜葛可言之？至於曹孟德封地於鄴水，其子曹子建於鄴水種植朱華（牡丹），尚有可言之理。苟以王右軍「臨川之筆」而書公讌詩，爲之傳誦，亦可言之。若以謝靈運之事蹟而銜接之，則又風馬牛也。然不論何如，終與滕王閣難有關連，文章旨趣亦欠貫串也。後人雖釋之爲：上句係座中賓客均齒德俱尊，下句則爲座中賓客皆滿腹經綸，如此解釋，似乎牽強，實人難令人心悅誠服之。

駢文雖文藻華麗，辭意虛構，言之無物。亦或有磅礴澎湃之文，如駱賓王所撰〈爲徐敬業討武曌檄〉，此篇文章，慷慨激昂，如檄文云：「入門見嫉，蛾眉不肯讓人；掩袖工讒，狐媚偏能惑主。」此乃指武后淫穢不堪。又云：「鷰啄皇孫，知漢祚之將盡；龍漦帝后，識夏廷之遽衰。」係言武后之殘毒。而有篡唐之非矣！另如李華之弔古戰場文一文，爲篇敘述歷代戰禍之殘酷，卻平實中肯，文章雖爲駢文，而非藻麗浮華，實乃感歎戰禍釀成妻離子散之慘境也。猶如杜甫之樂府〈兵車行〉。其云：「降矣哉，終身夷狄；戰矣，骨暴砂礫。」又云：「蒼蒼蒸民，誰無父母？提攜捧負，畏其不壽；誰無兄弟？如足如手；誰無夫婦，如賓如友。生之何恩？殺之何咎？」文章悲憤感傷之處，似不亞於韓昌黎之〈祭十二郎文〉耶！再如杜牧之阿房宮賦一文，即寫景復又哀悼，其云：「五步一樓，十步一閣。廊腰縵迴，簷牙高啄；各抱地勢，鉤心鬥角。盤盤焉，囷囷焉，蜂房水渦，矗不知幾千萬落。長橋臥波，未雲何龍；複道行空，不霽何虹？」又云：「戍卒叫，函谷舉。楚人一炬，可憐焦土。」一篇文藻富麗堂皇之文章，僅以「可憐焦土」四字了結之。令人折服，散文亦未必有如此之悲壯哉！又云：「秦人不暇自哀，而後人哀之。後人哀之而不鑑之，亦使後人而復哀後人也。」此文最後數句，後人評之曰：「文雖盡而意無窮」。試舉以上三篇駢文，文章雖未若滕王閣序之富麗豪華，卻係言之有物，駢文中，亦復有慷慨激昂平實中肯之文也，故不可一概而論，駢文皆文藻富麗，華而不實之文章也。

序文結尾云；「蘭亭已矣，梓澤丘墟」。覈蘭亭為王右軍於晉穆帝永和九年，暮春之初，於會稽山陰之蘭亭，修禊事也。梓澤為晉石崇之金谷園也，晉書石崇傳云：「石崇有別館，在河陽之金谷，一名梓澤。」其言「已矣、丘墟」，以示蘭亭業成往事，梓澤則已傾圮。都督閻公新修滕王閣，正於「勝友如雲，高朋滿座」，大張盛宴，歡欣之際，而以往事蘭亭，傾圮梓澤為序文結尾，是否有當，惟博者論之矣。分門古今類事所云：「閻公閱之曰：『子落筆似有神助，令帝子聲留千古，吾之名聞後世。洪都風月，江山無價，子之力也。」此語似不足深信之矣！至於滕王閣序一文，固屬為王勃之傑作，苟非清初之吳楚材氏編入古文觀止中，未必其盛名屹立古今永不衰之！王子安集中百餘篇文章，明代張燮所編《王子安集》時，復加附錄、補錄，共二百餘篇之多，何僅以此篇〈滕王閣序〉而揚名於後世而已矣。

按：

古版滕王閣序之首句，為「豫章故郡」，然王子安集亦為南昌故郡。

王子安集：序文於結尾，一言均賦，四韻俱成二句之後，尙有「請灑潘江，各傾陸海云爾」兩句。古文觀止各版均未有刊之。

鍾嶸詩品云：「晉平原相陸機詩，其源出於陳思。晉代黃門郎潘岳詩，出於仲宣。陸才如海，潘才如江。」（卷上）

【千歲曆法】

勃不獨擅於駢文，散文之造詣亦非淺也。舊唐書王勃傳最後提及勃擅長散文及曆法。其云：勃文章邁捷，下筆既成，猶好著書。撰周易五卷及次論等書，勃亡後皆散佚。又云：勃聰驚絕衆，推步曆算猶精，嘗作大唐千年曆等。舊唐書、新唐書均有記載。茲錄於后：

舊唐書：唐德靈長千年，合成，周隋短祚（係南北朝北周）。其論大旨云：以土王者，五十代而一千年。金王者，四十九代而九百年。水王者，二十代而六百年。木王者，三十代而八百年。火王者，二十代而七百年。此天地之常期，符曆之數也。自黃帝至漢，並是五運眞主，五行已遍，土運復歸，唐承德之宜矣。魏晉至於周隋，咸非正統，五行之沴氣也。故不可承之，大率如此。新唐書：……嘗讀易，夜夢若有告者曰：「易有太極，子勉思之。」寤而作易，發揮數篇。至晉卦，會病止。又謂王者乘土王，世五十，數盡千年。乘金王，世四十九，數九百年。乘水王，世二十，數六百年。乘木王，世三十，數八百年。乘火王，世二十，數七百年，天地之常也。自黃帝至漢，五運適周，土復歸唐。唐繼周漢，不可承周隋短祚。乃斥魏晉以降，非眞主正統，皆五行沴氣。遂作唐家千歲曆，武后時，李嗣眞請以周漢爲二王後，而廢周隋，中宗復用周隋。

勃之千歲曆法，舊唐書僅錄其概說而已，誠不知所云。何謂土王、金王……，何謂五十代、何謂四十九代……何爲一千年、九百年……，實不知所以然也。至於如何承祚周漢，而不繼承周隋。其曆法何如？惜已散佚，而不得知其詳，唐代張說之〈開元正曆握乾符頌序〉，及明代陳耀文之〈天中記〉等，雖有解說，以僅局於闡釋而已。至於曆法內容，承接夏（陰）曆抑或周（陽）曆，月日計算，亦均隻字未提。勃之千歲曆不得其詳，憾也。茲將握乾符頌序及天中記之釋言錄於后：

握乾符頌序：……益部著舊傳：洛下閎，改顓頊曆，推校最爲精密。而曰後八百歲，其曆差一日，當有聖人定之，到于今，曆果有差，聖果有定，誠非常之嘉應，曠代之靈符，不可得而間也。……天道先聖而啓期，聖人後天而奉時。不當乎天心，不在曆數，不登乎聖道，不合元符。玄命定，而王者應；幽數起，而明者察。……天固已儲祥以俟時，積分以差日，出入數代，多曆年所，疇人極力，不能課其詳；上林雜候，亦莫徵其失。則明天意，以傒聖期。朔數未臻，乃藏於密。聖證將至，如應如響。彼幽深之何有，此會通之不謀。所以下協黃鐘，上稽玄象；以和六氣，以合三光。復其見心，間不容髮；斗樞且運，而況於人時；元氣已調，而況於月令。……（曲江集　卷一）

天中記：……（錄舊唐書部份，略之。）昔在唐虞之際以斗精受命者，七神。得四均間氣而生者，又二十八人，所謂三十五際者也。禹以金德王，故夏后之有天下也，生數四百年。契以水德王，故殷人之有天下也，成數六百年。稷以木德王，故周人之有天下也，成數八百年。伯益之命中天，而堯族以火德乘之故，漢室之有天下也，生數再及二百年。其間距王而興，不能復大禹九州之跡，及勝殘百年之命者，皆五神之餘氣也。皋繇降德皇唐復興土精應王，厚德載物生數五百，成數千年，命歷有歸，此其大較轉筭之徒，莫能究也。緯以入元三百四歲爲德運，七百六十歲爲代軌，千五百二十歲爲天地出符，四千五百六十歲爲七精返初，天人相應，合若符節。（卷六　曆部）

天中記曆部對歷代曆法，言之頗詳；除勃之千年曆外，高宗麟德曆，武后神龍曆等等。又云：「唐曆八改：唐始終二百九十餘年，而曆八改：曰：戊寅之曆，曰：麟德甲子元曆，曰：開元大衍曆，曰：寶應五紀曆，曰：建中正元曆，曰：元和觀象曆，曰：長慶宣明曆，曰：景福崇元曆而止矣。」（按：然尚有武后神龍曆，以及肅宗至德曆，應爲十改也。天中記雖對千歲曆之釋言甚詳，如何計算，亦未考據，頗憾之。）

【都督閻公】

唐元和郡縣志云：「洪州，武德（高祖）年號，改爲總管府，七年改爲都督府。」都督者，當時對州牧之尊稱也。至於都督閻公，其名實不可考，歷來咸認都督閻公爲閻伯璵，亦不知其據何在之？古版古文觀止（上海春明書局民國三十七年版），則註明爲閻伯璵，並言明其婿爲吳子章，實不知從何據之？茲錄於后：

唐高祖子元嬰爲洪州牧，建此閣，後封滕王，故曰滕王閣。咸淳二年，閻伯璵爲洪州牧重修，九月九日，宴賓於閣。欲誇其婿吳子章才，令宿構序。時王勃省父，次馬當，去南昌七百里。夢水神告之曰：「助風一帆。」達旦，遂抵南昌與宴，閻請諸賓序，至勃不辭。閻恚甚，密令吏得句即報，至落霞二句，歎曰：此天才也。想其當年對客揮毫，珍詞繡句，層見疊出，洵是奇才。（作此評曰者，未著姓氏，不識何人？）

據此評語：都督閻公爲閻伯璵，已言之鑿鑿，不可置疑之。然新唐書王勃傳中附記有閻伯璵之史實。茲錄於后：

新唐書：……有崔昌者，採勃舊說，上五行應運歷，請承周漢，廢周隋爲閏。右相李林甫亦贊佑之，集公卿議可否。集賢學士衛包、起居舍人閻伯璵表上曰：『都堂集議之夕，四星聚於尾，天意昭然矣。』於是玄宗下詔。以唐承漢黜隋，黜隋以前帝王，廢介酅公，尊周漢爲二王後，以商爲三恪，京城起周武王、漢高祖廟。授崔昌太子贊善大夫，衛包司虞員外郎。楊國忠爲右相自稱隋宗，建議復用魏爲三恪，周隋爲魏王後，酅介二公復舊封。貶崔昌烏雷尉，衛包夜郎尉，閻伯璵涪川尉。（舊唐書未記此節。）

勃爲唐高宗年代之人，據楊炯所作〈王子安集序〉云：「春秋二十八，皇唐上元三年秋八月。……」時已謝世。復以新唐書記載，閻伯璵爲中書舍人則於玄宗天寶年間事也。資治通鑑云：「玄宗天寶九年八月辛卯，處士崔昌上言：「國家宜承周漢，以土代火；周隋皆閏位，不當以子孫爲二王後。」事下公卿集議，集賢殿學士包衛上言：『集議之夜，四星聚於尾，天意昭然。』上乃命求殷、周、漢後爲三恪。廢韓、介、酅公。以昌爲左贊善大夫，包爲虞部員外郎。」又云：「天寶十一年十月庚申，以楊國忠爲右相，兼文部尚書。」（資治通鑑卷二百一十六，唐紀三十二。）以年代計算，自高宗上元經武后、中宗、睿宗至玄宗天寶年間（前爲開元年號），幾達七十年之久，閻伯璵且已貶爲涪川尉，何可言哉？都督閻公非爲閻伯璵，則已明矣。是故近年出版之古文觀止。皆言都督閻公姓氏不可考也。張遜業校正王勃集序云：「都督閻公，謂是閻伯璵，不知何據。新唐書王勃傳有起居舍人閻伯璵之名，殆因此而誤耶！」前人註釋不識出於何處？費解！古本古文觀止之註釋，都督閻公亦有註爲「閻伯嶼」，史籍中並未有此閻伯嶼之史蹟記載之。

都督閻公之婿，古版古文觀止所刊爲「吳子章」。江西通志亦刊爲吳子章，均不識所據何在？至於唐摭言所云：其婿爲「孟學士」。荒唐！序文云：『騰蛟起鳳，孟學士之詞宗。』趙聰氏註云：孟學士爲孟嘉。按：孟嘉：字萬年，東晉江夏人。太尉庾亮領江州，用爲從事。後爲桓溫參軍，溫甚重之。九月九日溫宴龍山，嘉帽被風吹落，尚不覺，良久如廁返座，溫取還之。溫令孫盛作文嘲嘉，嘉亦作文答之，二文皆美。後轉從事中郎，遷長史卒（摘自晉書卷九十八）。又高步瀛氏於唐宋文舉要云：「以孟學士即閻公之婿，未知確否？而章豈績之思綺堂集，登滕王閣書王子安序後自註引詩話，以閻公婿爲吳子章，恐鄙說不足信也。」

按：

三恪：左傳襄公二十五年，子產獻陳捷於晉云：「……晉人問陳之罪，對曰：昔虞閼父爲周陶正，以服事我先王，我先王賴其器用也。與神明之後也。庸以元女配胡公而封諸陳以備三恪。……」（恪者：古𢙣字，敬也）。（左傳　卷四）

公羊卷二十一、穀梁卷十六等二書，亦有記載襄公二十五年此節之史實，惟未有作傳，僅記綱目，略之。

元代胡省三另註之，茲簡摘錄於后：

三恪：周封黃帝、堯、舜之後爲三恪。（恪者，敬也）

二王：周封夏、殷二代之後爲二王。

三公：韓：爲北魏之後，介：爲周之後，酅：爲隋之後

涪川：縣名，唐置。明清皆屬重慶府，民國改涪陵縣。

【毀譽之論】

勃天資聰穎，博覽群書。胸懷大志，才高氣昂。然得意宦途較早，自不免持才傲物，而遭物議，

受人攻訐，勢所必然。新唐書言：「虢州多藥草，求補參軍。倚才陵籍，爲僚吏共嫉。」唐才子傳亦引此言。如戲作英王鬥雞檄，開罪君王，自取其禍，是耶非耶？則難言之。世人評曰：勃賣才弄文，佻薄輕浮。錦繡前程，自行斷送。恭謙禮讓，少年老成。爲官之道，理應知之。此言亦爲模稜也。

然唐之初興，建國艱辛，貞觀政績，豈可摧殘。皇室諸王，理應勤奮，宵衣旰食，佐政愛民。非獨不思憤發，反之頹風日盛；而蹈大業之轍，以導天寶之敗。勃之檄文，應視警世之聲；高宗憤怒，實爲昏憒之舉。諫諍之文，未能發君猛省；諂諛之章，反致陶醉沈迷耶！

高宗爲太宗九子，承繼父業而非賢明。迷戀女色，麀蒸父妃。寵任奸佞，聽信讒言，貶斥忠良。資治通鑑云：「許敬宗宣言於朝曰：『……況天子欲立后，何豫人事而妄生異議乎！』昭儀令左右以聞。庚午，貶遂良爲潭州都督。」（卷一百九十九）。此乃高宗永徽六年十一月之事也。褚遂良爲顧命老臣，曾輔佐太宗立功建國。高宗爲廢無過之王皇后，而立武昭儀爲后（武則天），褚遂良苦諫其不可，而遭貶逐之禍。武后志在篡唐，大唐江山，幾喪其手。故駱賓王討武曌檄云：「踐元后於翬翟，陷吾君於聚麀。」資治通鑑又云：「金州刺史滕王元嬰驕奢縱逸，居亮陰中，畋遊無節，數夜開城門，勞擾百姓，或引彈彈人，或埋人雪中以戲笑。……」又云：「元嬰與蔣王惲皆好聚斂，上嘗賜諸王帛五百段，獨不及二王。敕曰：『滕叔、蔣兄自能經紀，不須賜物，給麻兩車，以爲錢貫。』」（同卷　永徽二年正月）皇室諸王，如此荒唐，魚肉子民，此皆一代英明君主太宗之子孫也，立國初期，即如此昏憒奢縱，何怨勃之英王鬥雞檄耶！

唐初鬥雞頽風殊盛，陳鴻之東城老父傳，言之極詳。玄宗之世日盛一日，安史之亂，雖非僅此頽風而起，其奢靡之風，足可導成致亂之原因也。當時人心頽廢，坐享奢侈安樂，罔視克勤克儉，貞觀樸實之風已不再矣。安史亂後，大唐國勢一蹶不振，生民塗炭，何人之罪孽耶！豈可斷言勃之檄文爲非歟？惜英王鬥雞檄一文，明代張燮重編王子安集時未將刊入集中，無法一讀全文，以識全貌耳。

宋代葛立方之《韻語陽秋》，對勃「忠孝友悌」錄之三節，可言勃立身處世之道也。茲錄於后：

韻語陽秋：王勃嘗言，爲人子者，不可以不知醫。時長安曹元有秘術。從之遊，盡得其要。又以虢州多藥草，求補參軍，故示助弟詩曰：「自余反初服，無情想高蓋。報國情豈忘，從親心所大。」則勃於親，亦可謂厚矣。然不能立身持正，私匿官奴而殺之，以致父從坐，遠適交趾。豈得爲孝乎？孟子曰：『縱耳目之欲，以爲父母僇。勃其近之矣。』（卷十）

韻語陽秋：王福畤之子，勔、勮、勃皆有文名，故杜簡易稱爲三株樹。其後助劼、勸，又皆以文顯，勃於兄弟之間極友愛。自鄉還虢，詩云：「人生忽如客，骨肉知何常。願及百年內，花萼常相將。無使棠棣廢，取譬人無良。」觀此語意，兄弟中有不相能者耶！及勸誡功、勁云：欲不可爭縱，不可常勿輕小忿，將成大殃。此二人者，似非處於禮義之域者，棠棣廢之語，疑爲此二人設也。（卷十）

韻語陽秋：王勃示知己詩云：「客書同十奏，臣劍已三奔。」則不爲無意於功名者。夢遊仙詩云：「乘月披金枝，連星解瓊佩。」則不爲無意於神仙者。是以登葛憒山，而思武侯之功。宿仙居觀，而思霓衣之侶也。又觀述懷，擬古詩云：「僕生二十祀，有志十數年。下策圖富貴，上策懷神仙。……」而二志竟不遂，可勝歎矣。（卷十二）

苟依葛立方氏所評，勃匿殺官奴曹達，以情以法，皆爲不該，此乃勃妄讀詩書，有欠思慮。果若繩之以法，理所當然。至於乃父連坐，係爲專制時期之暴政耳！明代燕王靖難之變，命方孝儒作先王之失德詔。方氏擲筆於地，曰：『死則死矣，詔不可草。』遂磔於市，宗族親友連坐死者數百人，方氏之錯何處，何可誅坐數百人之衆。此乃專制君主之暴政，以顯示龍威也。然勃之習醫孝心，亦不可一筆抹煞之矣。敬兄勉弟，棠棣友愛，亦不爲不厚矣。英王鬥雞檄之禍，逐出宮門，亦不爲不虐矣。意志消沈，而慕神仙之術，亦不爲不咎矣。俊才碩彥，召作波臣，亦不爲不慘矣。立筆成文，倚馬可待，亦不爲不學矣。滕王閣序，揚名千古，亦不爲不幸矣。

按：

大業：隋煬帝年號。

棠棣：又曰常棣、唐棣，本爲木名。詩經小雅篇：「棠棣之華，鄂不韡韡。凡令之人，莫如兄弟。」周公因管蔡之失道而作之。

麀：父子同淫一女，謂之麀。朱熹之齋居感事詩云：「麀聚瀆天倫，牝晨司禍凶。」

蒸：下淫上曰蒸，又曰烝。左傳：桓公十六年，衛宣公蒸于夷姜，生急子。夷姜，宣公庶母也。（禮記：鸚鵡能言，不離飛鳥。猩猩能言，不離禽獸。今人而無禮，雖能言，不亦禽獸之心乎。夫惟禽

獸無禮，故父子聚麀。　曲禮上）

【其他著述】

勃因鬥雞檄文及匿殺官奴二事，斷絕仕途。故不免意志消沈，有所頹廢。然對學術精進，未改初衷。除醫術未能留有著述於後世，頗令人遺憾。勃乃致儲有「不爲無意於神仙者」之思慕，轉而傾於釋家遁世之意向耳。遂精研佛學，造詣頗深。著有《釋迦如來成道記》。約數千餘言，以駢文撰之。其對梵語、佛教掌故、大悲精義、以及釋迦修道過程，皆有廣博精辟之撰述。錢塘慧悟法師爲之逐句註釋，註釋之文達數萬言之多，並加敘文。另有〈釋迦佛賦〉等篇存世（均刊於王子安集附錄）。至於〈釋迦畫像記〉、〈維摩畫像碑頌〉兩篇皆未予刊載之。其餘佛寺碑頌，皆刊於王子安集，卷十三、十四、十五中。

勃對佛學著述，除釋迦如來成道記一文尚具佛學理論外，餘皆爲歌頌佛教而已。佛教之教義眞諦，未予精辟解說之。佛教大乘、小乘之派別及思維，亦未有所闡釋，猶以六朝隋唐之際，廣傳禪宗，悟道眞諦，佛教三藏，亦未見有所論述。故僅可言；勃爲佛教之文學家，而非教義之理論家也。

勃非擅於駢文，散文亦見長也，惟散文傳於後世者無多，故皆不知其散文之長也。近人劉瑛氏所撰《唐代傳奇研究》一書，考證唐人傳奇小說之各項事項，第一篇即予討論〈古鏡記〉。推定爲王勃所撰，立論頗有依據。其云：「初步假定古鏡記是王勃所著，借用王度、王勣等名字，影射王家，作爲推銷「中說和玄經」的廣告。」

按：古鏡記係爲自魏晉之神怪小說，轉型至唐人傳奇小說，過渡時期之一篇重要著作。作者署名「王度」，故事起于隋末，撰著時則爲唐初，散文文體，文字簡潔，爲一篇曲折膾炙小說。更爲一篇古典曲迴文章。雖屬散文，亦滲有駢文意味也。劉氏考證重要立論有三。茲錄於后：

一、古鏡之描述：龜龍鳳虎之四吉祥物，續分爲四方，八卦，十二辰位及二十四節氣等，五行陰陽之說。與勃所撰千歲曆等五行運轉之說，頗相吻合。不識五行陰陽者，難有如此詳盡之描述。

二、撰著人署名王度，文中言度之弟王勣，應是王績。舊唐書隱逸傳云：王績，字無功，絳州龍門人。王績之兄王凝爲隋末大儒，王度即是王凝。

三、中說一百餘紙，大抵雜記，不著篇目。……凝以中說授福時。曰：先兄之緒言也。福時再拜……。

古鏡記果如劉氏所云，爲勃所傳，其散文功力非獨凌駕中唐韓柳之上，且可追太史公也，不獨故事曲折生動，且文辭鏗鏘有聲。較中唐以後傳奇小說，其文筆之健，不知幾許矣。苟若非以傳奇而言，則以散文而言之，係一篇罕世之文章也。（本篇太平廣記卷二百三十，題名「王度」。太平御覽卷九百十二均有刊之，題名「王度古鏡記」。）另勃所撰周易等書籍，惜已散佚，其散文文筆，未得一睹，奈何！奈何！

按：慧悟法師據高僧傳共有二位：一是唐代京兆禪定寺之法師，一是宋代五臺眞容院之法師。皆未註明籍里爲錢塘及其著述。是否爲註釋王勃之釋迦如來成道記者，則不可斷言之。

註：

董斯張：明烏程人，字遐周。監生有嘯餘齋詞，所著吳興備志，典雅確核，足資考據。又有廣博物志等。

嚴滄浪：其名嚴羽，宋邵武人，字儀卿，一字丹丘。自號滄浪逋客，著有滄浪詩集、滄浪詩話。

崔豹：字正能。惠帝時官至太傅（餘不詳），著有古今注。

王保定年籍不詳，唐摭言經四庫全書考據於提要云：王保定撰舊本，不題其里貫，其序稱王溥爲從翁，則溥之族也。陳振孫書錄解題謂：保定爲吳融之婿，光化三年進士（唐昭宗年號）。……然保定生於咸通元年（唐懿宗年號），書成於五代周世宗顯德元年，是年已八十五矣。

徐陵：字孝穆，六朝陳代人，先仕梁爲通直散騎常侍，陳受禪，官如舊。其文變更舊體，辭藻綺麗，著有徐孝穆集、玉臺新詠等。

庾信：字子山，新野人。仕梁爲右衛將軍，封武康縣侯，元帝使聘北周，被留不遣，累遷驃騎大將軍，其文藻豔麗，著有庾開府集。

曾慥：字伯端，晉江人。官至直寶文閣奉祠。編高齋漫錄、樂府雅詞，及集百家類說等。

張九齡：字子壽，曲江人。唐代景龍初擢進士，開元中拜同章事中書令。安祿山討契丹失利，九齡力主誅之，不爲玄宗所納，後避禍至蜀，思其先見，而流涕遣使祭之。天下稱曲江公而不名，著有曲江集。

陳耀文：字晦白，確山人。明代嘉靖進士，累官至陝西太僕卿。著有經典稽疑、正楊、天中記、花草粹編等。

筭：度器，長六寸，計曆之用。

葛立方：字常之，丹陽人。紹興進士，官至吏部侍郎。著有歸愚集、韻語陽秋。

漢字檢閱困擾及歷代工具書

【漢字沿革】

人類意識思維之傳遞，賴以語言。而生存演進之流傳，文化發展之保存，歷史變遷之記載，則賴之於文字。文字于發明之先，事物之進化，而以各種符號代爲記載保存，諸如圖畫、結繩等而爲之。先民則以此逐步演進成象形文字，乃資應用，久經歲月而形成今日之現行文字，中外皆然，文字乃爲記事之符號也。

中國文字據傳說，伏羲氏發明八卦爲始，而逐次演進，復經倉頡而孕育成象形文字。然自象形文字育成以來，字形始終未變之四方形，亦稱之爲四方字（以下稱漢字）。漢字於紙筆未發明之前，現有實物可考者，於夏商時代，刻之于龜甲獸骨之甲骨文，殷周青銅時代，鑄之于銅質器皿之鐘鼎文，嗣後以油漆書于竹簡木牘上之蝌蚪文。近年於山東省鄒平縣丁公村，出土陶器碎片之刻字（爲龍山文化之後期文字，遠於甲骨文有千年之久）。諸項文字，皆爲紀錄中華民族生活之演進，更爲史實之保存，亦中華文明流傳於萬世也。其文化價值遠非西洋以字母拼成文字，所能媲美之。

中國文字，因著時代進步之需要，逐次演繹而有六書；象形、會意、形聲、指事、轉注、假借等類。復又因字體變化或特定需要，進化成八種字體；籀書（大篆）、小篆、蟲書、刻符、摹印、署書、殳書、隸書等。苟若嚴格歸類而言，大體僅可分為，太史籀所整理之籀書，李斯所整理之篆書，程邈所整理之隸書等三大類。再降至後世，漢史游所整理之草書，章帝時杜度所改良之章草，張伯英所改良狂草，東漢末年王次仲所整理之楷書，以及鍾繇、蔡邕等，將隸書演變而成八分（隸書改良體）。以上為漢字之演變沿革，亦係為漢字藝術書法之演進也。

然漢字自遠古出土陶器碎片之刻字，以至六朝時代楷書之形成，雖如此歷經兩千餘年之演繹進化，漢字迄今依然仍是四方字體。既使少數民族之文字，如西夏文字，西陲貴州所發現彝族甲骨文，以及近年於湖南西南方江永縣發現之女書，均為四方字體。未若與西洋文字，經過演繹變化後，而以字母拼成之橫寫文字也。如古埃及之象形文，巴比倫之楔形之，歷經演繹進化，時至今日泰西各國，無不是以字母拼成之橫寫文字，雖未若中國四方字之藝術價值，亦不可為書法藝術之欣賞，然其於檢字時，卻較漢字便利之處，有其不可忽視之價值矣。

泰西不論任何一項文字，於閱讀時，於發音、於字義有困惑時，檢閱工具書極為方便，僅須依字母排列順序，逐一檢閱即可，不致有何艱難困擾，即啓蒙兒童亦可為之矣。而漢字則不然也，漢字不獨字體歷經兩千餘年之演變，且字形之多，據康熙字典估計約四萬餘字，實不止此數（近年大陸出土之銅器、簡牘等所遺留文字，尚未計入其內）。故不論閱讀或其他狀況下，對某文字發生疑惑時，其檢字困擾，是無可避免之。因此，檢字也形成一項專門學問，並且更係一項艱澀深奧之學問也。檢字誠非青年學子所能勝任之，往往因檢字所生之困擾，而放棄求知深解，形成「五柳先生」好讀書不求深解也。東鄰日本文字源起於漢字，然其演繹成五十一假名字母後，於其使用漢字部份，檢字未必不生困擾，亦未如泰西橫寫字體，檢字之簡捷也。

【檢字分類】

漢字爲四方字體，賴以筆畫而組成，故無一定之規格。筆畫之多寡及其形態，皆不雷同，若一筆一點之差，則另成一字，致使檢字發生困擾之主因也。古今學者，歷盡艱辛，編纂檢字方法，均未得十全十美，而達臻化之境界。不論任何方法，皆有其缺陷，並無力克服之。今之檢字方法，大體分爲三大項：一曰部首，一曰四角號碼，一曰注音符號。依此三項；各有長短，各有得失。故今日自國民小學起，即對部首及注音等兩項檢字功能，施予教學之。然稚齡兒童對部首部份，未必得能體會，猶如墜入五里霧中，足證部首檢字之艱難也。

一、《部首》

部首者：漢字檢字之方法，以「部首」最爲古老也。何謂部首？我國各類典籍中，對部首一詞，均未有所明確闡釋之。而各項工具書中，亦語焉不詳，僅言及檢字之方法。部首者：簡言之，乃是從每一字體中，揀出其重要部位，亦即與他字雷同較最多之，將該部位而獨立成爲個體單一之歸類，再將同體部位組合成獨立部門，並雜有六書之成份，以供檢閱之。部首：似可解釋爲視六書性質，而摘取字中之首要部位，謂之。如「部」字爲邑部，部者：部署也，邑者：區域也。故摘其邑部也。

部首源於何時，籍書無可考，似應起於漢明帝時，許慎之說文解字。當時許氏爲解說漢字，特將漢字以部首分卷說明之，共分五百四十部（其分卷方式，及所採行部首排列順序，與今之工具書所採部首方式，不盡相同，亦較無章法）。因此：部首乃導致後世各類工具書，大都採用爲檢字方法，一直沿用至今日，而達千餘年之久，部首可言爲檢字方法之鼻祖也。即使今日最具權威性之《康熙字典》，亦沿用部首爲檢字之惟一方法。之後，中華大辭典、辭源、辭海等權威字典，無不沿用部首爲檢字之基本方法。而今使用之部首，共分有二百一十八部之多也。

二、《四角號碼》

四角號碼之編創，乃鑑於部首檢字有其困難之處，是故于民國初年，商務印書館發行一本「王雲五字典」，新編創一種檢字方法，名之爲「四角號碼」。而以漢字四方形之上下左右四角不同形狀，編創十個號碼，以上左、上右、下左、下右順序編列之。此法於注音符號未普遍實施之前，曾風光一時，而今年在七十歲以上者，皆擅長此法。並特將此法製成歌訣，易讀易記。茲將歌訣錄於后：

一橫二豎三點捺，四叉五插方塊六。
七角八八小是九，點下一橫是零頭。

四角號碼檢字雖非盡善盡美，然已較爲科學化，折字編號則有脈絡可尋，不致如部首般，易生混淆之態。苟若熟練，自可生巧。然必瞭解漢字之正體字，檢字時方可得心應手之。部首與四角號碼二項皆能熟練，確有相得益彰之效也。四角號碼檢字效率，未若部首採用廣泛，因其自編創至使用期間較短，僅數十年耳。未幾注音符號檢字工具書問世，繼起而代替之。然四角號碼卻於資料卡片或編目上，發生特定效益，公私機構之人事管理資料編目，圖書館之圖書編目，無不採用四角號碼而爲之。

另：現存古籍書編製索引皆以四角號碼編之，如二十五史（含清史稿）、全唐詩、全宋詞、高僧傳等等無不採用之，其功效可知矣。試問？一部二十五史，自盤古開天地至清末溥儀遜位爲止。其中人物何止幾萬歟，苟無四角號碼索引，如何檢閱之，乃爲不爭之事實也。然今電腦科技日漸普及，慨歎，四角號碼江河日下，指日可待矣！

三、《注音符號》

注音符號於民國成之立以後，國民政府積極推行國語，以求克服全國各地區複雜語言之困擾，彼此可得暢然邁通，方不致產生語言情感之隔閡。爲統一中國之語言。乃於民國二年，由教育部製定國語注音字母（民國十九年改爲注音符號，稱之爲「國語注音符號」）。現行國語辭典，又增列注音符號爲檢字方法之一種，而將四角號碼予以剔除之。臺灣自光復以來普及國民教育，凡受國民教育者均熟習注音符號，皆以此爲主要檢字之方法，確實有莫大之裨益。且注音符號，易識易記，猶以青年學子無不稱便也。現大陸推行國語，則不採用注音符號，而採用羅馬拼音，故其所發行之工具書，皆採用西洋字母為檢字之方法，此與注音符號檢字有異曲同工方妙也。

以上三項為漢字檢閱之主要方法，為漢字最基本之檢字方法。然因尚有其他特殊需要，而為特殊檢字之方法，以供應用之。茲記於后：

四、《筆畫》

筆畫：此法則為應用於檢閱詞彙之時較多，如檢閱人名或地名等，其以第一字之筆畫多寡為準，而順序編排之。此法極不科學，繁雜瑣碎，即費時又費事，實不可取，應予淘汰之。未若以四角號碼編列索引之便利也，單字檢閱而以筆畫者，並非全無，係難予部首檢閱時而採用之。康熙字典所刊古字，其索引既用筆畫為之。辭彙工具書如；中國人名大辭典。字體者如金石大辭典。且漢字之筆畫多寡，難言有一定之標準，各家所出版之工具書，則各有其編列之方式，既使同家書坊所出版之工具書，所列筆畫，亦不盡同，如此檢閱文字之方式，實有待改進之。

五、《音韻》

以音韻作為檢字方式之工具書，泰半用之於音韻書籍，或特殊字體，特殊性質之書籍，而無法適用部首、四角號碼、注音等各類檢字之方法也。亦無法以筆畫為之，因其字體筆畫糾纏不清，難予分辨之下，而採用此法。除音韻書籍外，採用此法並不多矣，僅適用篆體一類之文字耳。音韻檢字亦為古老檢字方式之一種，其方法乃以平、上、去、入四聲而為檢閱之。其缺點，不識音韻者，則徒呼奈何之矣。韻譜部份以廣韻譜為代表，其餘尚有明代戈載之詞林正韻等等。字體僅有六書通一本。

六、字數

以字數爲檢閱目錄之書，可言絕無僅有，僅見用之於《御製詞譜》，此法極不科學，其困擾待本文後述之。

【檢字困擾】（一）

漢字雖同爲四方字體，不獨字形不一，即同爲一字發音亦有變化（破音），甚難求得一定規格。少數字體僅在一點一豎一橫之差，其意義及發音則相距甚遠，且尚有字之正體與古體、簡體之差別等等。似是而非，易生混淆，往往釀成檢字時諸多謬訛，困擾重重。茲分述於后：

一、《部首》

部首自許慎之說文解字首創以來，以部首爲檢字之規格，沿用千餘年之久也。部首檢字雖非最完美之方法，確爲不可否認之事實，然除部首以外，亦未見其他更完美之方法而能代替之，否則亦不致沿用千餘年之久也。部首檢字最大困惑之所在，最先分類時未有系統之規範。採用六書，而未全依之六書；採用字形，亦未全賴於字形。以致混淆不清，釀成模稜兩可，檢字時乃致捉摸不定，不知何去何從耳。甚多字體於分類之初，近乎荒謬，尚有古體歷經時代變演繹後，有欠及時顧及之。茲舉例於后：

部首雖爲最古老，亦爲最基本之檢字方法，部首部位之選擇，及其捨取，似欠理想，且困難叢生。

因字形之區分混淆，一個字每每介乎兩個或兩個以上部首之間，如何取捨，實難分辨。往往將其中所含之部首，皆須逐一檢閱之。如：「銜」字；部首共有三項，「彳、行、金」，其則列為「金」部，荷如對部首未能熟習透徹，則每部自須逐一檢閱之矣。說文：銜者，馬行也。注：馬所銜之物，以利其行。然以六書而言，行部與金部，皆合於六書之指事，因此均可列為部首，若以字形而論，應列為「彳」部為佳，便予檢字也。

以「牢」字為例，其部首為「牛」部；若以「家」相對照，其部首為「宀」部。而不檢「豕」部，字典部省索引七畫中，確有「豕」部。牢字，檢牛部，乃為採六書中指事之字也。古代天子祭祀以牛羊為犧牲，太牢少牢是也。牢者，其釋之為牛羊之獸圈也。而家字則不檢豕部，家者，亦係為指事之字也。古代士大夫及庶人而以豕羊為祭祀之禮，家者釋為豕羊之獸圈也。家字卻不於「豕」部，宀者，說文釋之曰：交覆深屋也。至於人之居所，為「宅、室」等字，宅者，人之托居也。室者，晉達所至也，並通宮字，非為家也。（以上依段氏說文解字及說文通訓之解釋，）復以「宀」為例：「字」字為子部，乃採形聲之意，而「安」為宀部，係採指事之意，女於室內為安也。又「宋」字，仍於宀部，說文釋之曰：以木成室也。莘莘學子其檢宋字時，必檢木部耳。如此撲朔迷離，混淆不清，非對部首有深厚學養，實難予勝任之！

復如「麻」部：麻部中僅有「麼、麾」二字。靡字於非部，磨字於石部，糜字於米部，縻字於糸部。如此為何獨設「麻」部歟？麻部除麻字外，僅有二字。且麼字亦可置於幺部，麾字亦可置於毛部，麻字可置於木部，麻者其爲一年生之草本植物，設此麻部，豈非多此一舉耳？

又如「聿」部：聿部中除聿字外，僅有「肄、肆、肇、肅」等四字。而書字於曰部，畫字於田部，晝字於日部。

再如：勝字於力部，滕字於水部，騰字於馬部，即非月部，又非肉部！由、申、甲三字，皆列於田部。成、咸、戚等字，皆於戈部，惟獨「威」字列入女部。哀、衷等字而於衣部，「哀」字則列入口部。與、興、舉等字於臼部，獨「輿」列入車部。此如何言之矣！

部首中所列之字體，其筆畫無不較部首之筆畫爲之多。惟獨「王」字是一例外，置於玉部中，較部首玉字卻少一畫，致於爲何置於玉部，未見載於任何典籍之中也。康熙字典僅云：「朱註：按『王』本文玉字。」而現有工具書中，所有玉部之字，其邊傍皆用王字，此是一例外也。

其他尙有編排於模稜兩可，撲朔迷離部首之字，試舉數字於后：

垂字：土部，　報字：土部，　席字：巾部，　壽字：士部，　壺字：士部，　亞字：二部，

奉字：大部，　奏字：大部，　相字：目部，　暹字：日部，　暢字：日部，　舍字：舌部，

年字：干部，　幸字：干部，　屯字：屮部，　考字：老部，　者字：老部，　嵇字：山部，

周字：口部，　命字：口部，　夠字：夕部，　悶字：心部，　慶字：心部，　承字：手部，

斑字：文部，　氓字：氏部，　甚字：甘部，　爽字：爻部，　爾字：爻部，　亂字：乙部。

以上皆爲常用字，而其部首之編排，頗令人困惑，雖識其字，而不知其部首者，衆矣。再康熙字

典中古字，其部首索引編排，亦未必按六書之規定矣。

二、《四角號碼》

四角號碼係爲改良部首檢字所生之困擾，而發展一項檢字新方法。優點固屬甚多，並非全無缺點，欲求靈活應用，除必須將歌訣牢記外，部份字體編號，尙需苦背，熟能生巧，檢字時方能得心應手。初學乍練，仍然是步步艱辛，處處困難。試舉一字，以「京」字爲例；初學者定編爲「3033」，上方一點，下方左右各一點，依歌訣「三點捺」之規定，絕對正確。然而謬矣，京字上方一點之下尙有一橫，「點下一橫是零頭」，應編爲「00」，而下方爲「小」字，「小」是九，應編「90」，則應編爲「0090」。再舉一例：「門」字；初學者，定編爲「7722」，非矣。因其筆畫已用不再用之規定，故不可編爲22，然則可編爲00，如此又是非矣。按其規定應編爲「7777」，將門內左右各一角而編入之，其含有六書象形之意味也。依此編法，僅有牢記死背一途，別無其他選擇之。如說筆畫已用不再用之規定，然「山」字則編爲「2277」，如此左右兩豎則復用之矣，豈不自相矛盾歟？是故四角號碼未必盡善盡美也。字體亦或模稜兩可，四角編號則完全不同之。如上述由、申、甲三字，由字則爲5060，申字爲5000，甲字爲6050。以申字而言，苟若依「方塊」編成6000，則是又謬矣，何可檢申字字歟？

試舉四角號碼編號困擾之字，略舉數字於：

疼：0011非0023　康：0023非0790　耳：1040非1014

殘：1325非1524	毛：2071非2010	衒：2173非2122
房：3022非7122	渙：3718非3213	叉：4000非1040
趣：4780非4123	井：5500非4444	擊：5750非4720
因：6043非6000	叱：6401非6271	鬥：7711非7722
同：7722非7760	乍：8021非2120	公：8073非8013
卷：9071非8010	燐：9985非9904	

以上二十字僅爲舉例而已，編號混淆不清之字，不知幾何？初學者往往墜入五里霧中，而進退失據，諸如此類，則不勝枚舉之。當時編纂者，如何編定，令人費解。如鬥字爲7711，鬧字爲7722，鬩字爲7728，鬨字爲7750。團字爲6034，國字爲6015，圖字爲6060。同字則應編爲7760，則非也。然同、岡、罔、朋、周、用、月等字皆爲7722。戊字爲5320，其餘戌、戍、成、威、戚、咸等字同爲5320。據此如何解釋之。檢字時豈不是徒生困擾焉？其未臻之處，亦於此耶！未若門字等從內區編號爲佳矣。

三、《注音符號》

注音符號是當今工具書最普遍之檢字方式，猶以在校學生皆使用之。此法亦非並無困擾，其缺點有二：一爲基本既不識此字，姑不論罕用字，即常用字亦有四千餘字，能識之，又有幾何？不識此字，如何注音，如何檢字歟？二爲發音不正確，中國幅員遼闊，地區方言頗多，發音難以正確。臺灣地區國民教育，學子自幼既傳授國語之注音符號，然國語發音正確者，又有幾人？講「臺灣國語」者，又有幾何人也？國語發音不正確，如何以注音符號而檢字之。此雖非注音符號檢字方法之缺陷，然人爲因素亦不可不列入考慮之中矣！

注音符號另一問題；破音字。漢字中一字數音者，頗不鮮矣。破音字並非僅於四聲之間問題，如「好」字，注音爲（ㄏㄠˇ），（ㄏㄠˋ）等兩音，此乃四聲之變化也。而一字兩音並不相同者，另如「宓」字，注音爲（ㄇㄧˋ），（ㄈㄨˊ姓）。如此之例甚多矣。茲略舉於后：

參：（ㄘㄢ　參加）（ㄕㄣ　人參）（ㄘㄣ　參差）（ㄙㄢ　大寫三字）

差：（ㄔㄚ　差錯）（ㄘ　參差）（ㄔㄞ　差使）（ㄘㄨㄛ　差跌傾倒也，同蹉跌）

和：（ㄏㄜˊ和平）（ㄏㄜˋ唱和）（˙ㄏㄨㄛ溫和）（ㄏㄢˋ我和你）（ㄏㄨㄛˋ攪和）

行：（ㄒㄧㄥˊ行走）（ㄏㄤˊ行業）（ㄒㄧㄥˋ德行，品德也。）（ㄏㄤ道行，佛家用語）

繆：（ㄇㄡˊ　綢繆）（ㄇㄧㄡˋ　荒繆）（ㄇㄨˋ　和穆）（ㄇㄧㄠˋ　姓氏）

破音字猶以姓氏最爲困惑，如區（ㄡ）、華（ㄏㄨㄚˋ）、查（ㄓㄚ）、解（ㄐㄧㄝˋ）等字，讀音及檢字不無困惑之。然破音字雖有困惑，舉凡將字可任發一音，即可檢字之。則未若部首及四角號碼困擾之嚴重也。

四、《筆畫》

工具書以筆畫用予檢字者雖不多見，然用於特種字體或詞彙之檢閱，亦不鮮見。筆畫檢字依舊有其困擾存在，漢字楷書歷經千餘年來，其字體時時在變，而有俗體字及簡體字之產生，乃導致筆畫有所差異，亦復釀成檢字之困擾，頗不寡矣。試舉例於后：

皋。此皋字爲正體字，俗字則是此「皐」字。四庫全書（文淵閣版）皆字此俗皐字，說岳全傳中之牛皐，亦復如此，嗣後經過若干年，後起之秀皆不識此皐字，檢字時勢必有所困擾之，定不可避免也。且正體字與俗體字二者筆畫，尚有一筆之差矣。

筆畫檢字除正體字與俗體字之困擾外，尚有筆畫計算之疑問。試舉「蕭」字爲例，康熙字典、辭源、辭海均編列於草部十二畫，現今所有國語辭典而編列於草部十四畫，則有兩畫之差（未計算草部四畫）。如加以草部四畫，康熙字典、辭源、辭海等是爲十六畫，而國語辭典爲十八畫。然中國人名大辭典目錄索引中，編列爲十七畫。中國古今地名大辭典目錄索引中，編列爲十八畫（二書均加草部四畫）。同爲商務印書館所發行之辭源、人名大辭典、地名大辭典三書，各有一畫之差，漢字之筆畫，實難計算也。（此非商務印書館之謬訛，而係三書之主編先生，對筆畫之計算問題，蕭字之筆畫實亦太複雜之）。於是莘莘學子檢閱「蕭」豈不是困難重重，徒生困擾矣。

專制時代，帝王之名字應予避諱，有代用之字則代替之。無代用之字，則將字體變更之，此可言爲官定之變體字也。如清代乾隆皇帝名爲「弘曆」，舉凡臣民皆不得使用之，將此弘字，而改用爲此「宏」字。而曆字則無可改時，乃至於將「曆」字之字體，竟然變更之。字體中禾字改爲木字，日字及止字改爲心字（四庫全書文淵閣手鈔本可證）。道光皇帝名「旻寧」，寧字中間之心字挖去，改寫丁字。清末民初刻版書籍皆是之，如此四不象，而皇帝聖旨不敢不遵也，否則人頭落地，清代文字獄之苛，世人無不知也。依此變體字而檢閱之，其艱難則不必言之矣。

五、《音韻》

音韻爲字學中三部之一（六書、音韻、訓詁），以平、上、去、入四聲而區分之，再從四聲中析分音韻，又言之爲「小學」，顧名思義，音韻乃爲國學中之附屬學問也。今日非讀中國文學系者，不習此門學問，科舉時代私塾中，爲必修之課，詠詩作對，以進場屋，以求金榜也。現音韻用之甚少，故對檢字所生困擾，未若部首等檢字之困難也。特將「廣韻」之分目，茲錄於后，以供參考之：

上平聲：

東　冬　鍾　江　支　脂　之　微　魚　虞　模　齊　佳　皆　灰　台　眞　諄　臻　文　欣　元

魂　痕　寒　桓　刪　山

下平聲：

先　仙　蕭　宵　肴　豪　歌　戈　麻　陽　唐　庚　耕　清　青　蒸　登　尤　侯　幽　侵　覃

談　鹽　添　咸　銜　嚴　凡

上聲：

董　腫　講　紙　旨　止　尾　語　禹　姥　薺　蟹　駭　賄　海　軫　準　吻　隱　阮　混　很

旱　緩　潸　產　銑　獮　篠　小　巧　晧　哿　果　馬　養　蕩　梗　耿　靜　迥　拯　等　有

厚黝寢感敢琰忝儼嗛檻范

去聲：

送宋用絳寘至志未御遇暮霽祭泰卦怪史隊代廢震稕

問焮願慁恨翰換諫襉霰線嘯笑效號箇過禡漾宕映諍

勁徑證嶝宥候幼沁勘闞豔忝釅陷鑑梵

入聲：

屋沃燭覺質術櫛物迄月沒曷末黠轄屑薛藥鐸陌麥昔

錫職德緝合盍葉帖洽狎業乏

廣韻為宋代陳彭年所重修也。六朝遺留切韻多已殘闕，既是唐代孫愐所修之唐韻，亦已散佚。僅有廣韻而留於世，廣韻可言之為韻譜之鼻祖，其分目過於細膩，篇內古字頗多，皆為罕用字或備用字，而今可言皆不見用之。故於明清學者將廣韻併合離析，而重編之。如：戈載之詞林正韻、陳耀祖之晚翠軒詞韻等，以符實用之。然每本之重組分目均不雷同，且南北音聲亦有差異（吳音與燕音），故以音韻檢字，實未必而無困擾之。

【檢字困擾】（二）

一、〔普通字典〕

普通字典（包括簡易辭典）：現存字典檢閱單字者，少之又少，僅有康熙字典係之（其辭彙列於釋辭之列）。現所發行字典，或多或少於單字後皆列有辭彙。於檢閱單字之後，辭彙而以字數及筆畫之排列順序，而逐一檢閱之。詞與辭於字面而言，似無涇渭之分，然以字義言之，則有嚴格區別；詞者：兩字或兩字以上有相關或相對意義之字彙謂之，如：楊柳、阡陌、畿甸、懲前毖後等等是也。辭者：兩字或兩字以上而表達單一或獨特意義之字彙謂之。如：慍色、愼行、戰國策、慈雲垂陰、獨木焉能支大廈等是也。此類詞與辭於檢閱時，所生困擾頗少，僅需注意第一字而已，以後皆以筆畫及字數逐一檢閱之即可也。如依中文大辭典爲例，每一單字後，所附辭彙中字數多寡（二字與二字以上之辭彙），未予分列之，混合編列，且蒐羅頗廣，一字數十頁者，爲數甚多，故於檢閱時，即費時又費力，徒增困擾也。

二、〔特殊辭典〕

特殊辭典爲檢閱專有或特殊事物之辭典也。例如檢閱人名、地名、或學識上之專有學術名詞等。以人名大辭典言之，首先以姓之筆畫多寡檢之，次則以名字之筆畫順序檢閱即可也。然其困擾與中文大辭典相似之，如：張、王、李、趙等大姓，自古以來知有若干人士。一姓數十頁，屢見不鮮，如同一「王」姓者，共有八十七頁之多也。每檢一人，需逐一檢閱之，誠不勝其煩矣！苟若部首熟稔，每字可先以筆畫之多寡，復以部首排列順序之脈絡，而依次檢閱之，否則僅可以筆畫而一筆一畫之檢閱，費時又費力矣。地名大辭典亦復如是之。

專門學術辭典，如醫學辭典，藥物辭典等以部首檢閱為多。至於科技方面，多以原文名稱字母排列而檢閱之。其困擾則較少矣。

三、〔專門書籍〕

《六書通》

六書通（俗稱篆字譜），其功能用於篆刻治印之方面，檢閱篆字之用，雖為性質特殊，卻為一部完善之工具書也。書中蒐集篆字甚廣，金文、石文、籀文、小篆均包羅之，苟以部首編列檢字索引，甚多古字則難予編目之。故其檢字之方式，乃採用音韻之檢閱法，按平、上、去、入四聲為分目，特又將平、上、去三聲分陰陽二聲，再加入聲共七篇。子目亦按一東、二冬等分列之，惟其將廣韻分目部份之同韻子目而合併之。陰平合併而為十目，陽平十二目，較廣韻平韻共編五十七目，縮編甚夥矣。

六書通將音韻編目去繁就簡，雖為之改革，然其發音與今日國語發音，頗有差距，且差距甚鉅之。再現今學校國文課程未有傳授《音韻學》，苟依音韻編目檢字，頗不易焉！此書為清代順治年間閔寓五之手稿，而於康熙五十九年畢既明氏增補篆訂，以成此書，畢氏浙江海鹽人，其以吳音發音，故編目之音韻，皆以吳音為準，與燕音已有差距，何況與今之國語發音耶！即使今日善調平仄，而不諳吳音者，未必不無困難也。如書、朱、除、如、儒等字皆入魚字部中，此皆地區方言發音之故也。復於嘉慶六年畢氏之子，畢星海氏增補之，書名《六書通摭遺》，又名篆字彙。（苟如檢閱六書通，需先備有加註音韻之字典，或先以詩韻集成，檢閱其索引，方知其音韻之分目也。）

鐘鼎字源一書，爲清代康熙五十五年汪立名所編輯，內容係羅致商盤周鼎等，彝器器皿上所鑄造之文字。編目分類，亦爲採用音韻，惟較廣韻編目爲之簡略，然卻較六書通之編目，又爲爲細膩之。（現今大陸新出土之各類彝器上之文字，則盼大陸學者補行編入之。）

另一部篆字工具書《金石大字典》，其檢閱之方式，乃採用部首及筆畫混合編列，利予檢字，並註有音韻，可輔助六書通檢字之不足也。

《御製詞譜》

御製詞譜爲清初牢籠政策，箝制漢人民族思想下之產物。於康熙五十四年，由王奕清（翰林院侍讀學士）領銜編纂而成，除卻清代文字思想箝制而言外，此本詞譜確爲研讀詩餘最完備之詞譜也。其檢閱方式極爲奇特，亙古所未有之矣。既不以詞牌第一字之部首檢閱之，亦不以筆畫，又不以音韻。其檢閱方式，而以一曲全闋之字數，爲檢閱之方法，除此本詞譜外，別無第二本書籍用此法也。此詞譜以〈竹枝〉一曲十四字卷一起，至〈鶯啼序〉之二百四十字卷三十九止（卷四十爲附錄）。每欲檢閱一曲，必先算清整曲之字數，詩餘本爲長短句，一字一字數算，實不勝其煩也。況且每曲全闋字數亦有增減（增減字數爲變體），並非字數絕對相同，如遇變體之詞牌，則無法檢閱之矣。且尚有墊字之困擾，詞之墊字固未若元曲之墊字爲多，然亦非無之。如〈唐多令〉一闋，御製詞譜中共錄三體，以六十字雙闋爲正體；劉過所塡一闋，是爲正體，未墊一字。吳文英所塡一闋則爲變體，上闋加一墊字，周密所塡一闋亦爲變體，上下闋各加一塡字，因此，詞界新學者，如何得知唐多令一闋爲六十字，又如何知悉六十字爲正體，非六十字爲變體歟？塡詞檢閱時，豈不是徒增困擾耳！以字數何可爲準矣！

試將劉過等三闋摘錄於后：

劉：蘆葉滿汀洲。寒沙帶淺流。二十年重過南樓。（第三句未墊字。）

吳：何處合成愁。離人心上秋。縱芭蕉不雨「也」颼颼。（第三句也字爲墊字。）

周：細雨織鶯梭。浮錢點翠荷。燕風清庭宇「正」清和。……　扇鸞孤塵暗「合」歡羅（下闋第三句）。（上闋第三句正字，下闋第三句合字皆爲墊字。）

字數即有增減，檢閱固屬困難，況且尙有單調、雙調之別。以詞譜卷二中，試舉三曲而論之；其間困擾頗爲多矣！一如〈天仙子〉一曲，單調計三十四字（單調爲一闋），雙調爲兩闋共六十八字，而此曲卻編於三十四字卷二之內，而宋代以後詞界皆以雙調塡之。二如〈江城子〉一曲，共錄五體，以韋莊一闋單調三十五字爲正體。而三十六字有歐陽炯及尹鶚二位所塡之變體，尙有牛嶠所塡三十七字一闋，蘇軾雙調七十字一闋。三如〈風流子〉一曲，孫光憲之單調三十四字爲正體，周邦彥之雙調一百零九字及一百十字等變體，賀鑄一百八字，吳激一百一十字等變體，如此檢閱時，所發生之困擾，勢必在所不免也。

以字數檢閱，固屬困難重重，其他亦未必有最佳之方法。苟若其索引採用部首或四角號碼，亦復困擾之。因一曲之詞牌，有數隻牌名不等。如〈蝶戀花〉一曲之詞牌，又名：鵲踏枝、黃金縷、卷珠簾、鳳棲梧、一籮金、魚水同歡，明月生南浦、細雨吹池沼，轉調蝶戀花等，其詞牌之名，則有十支之多矣。

四、〔其他〕

1.《簡體字》

中國大陸現今推行簡體字，採用羅馬拼音。其工具書皆以羅馬拼音爲檢字之方式，故檢閱大陸現行出版書籍，閱讀簡體字固有困擾存在，然檢閱工具書時更困難重重，臺灣工具書任何一項索引之方法，皆不適用之。而羅馬拼音又一竅不通者，是故兩岸之工具書，皆無法檢閱之，此對中華文化及學術交流不無影響也。

簡體字於古代文稿中已普遍用之，然不可用之於公文書中。猶以科舉試卷，必須文字恭整，一筆不苟，絕不可有簡體字爲之。宋代稱簡體字爲「字省文」，洪邁之容齋隨筆中及胡仔之苕溪漁隱叢話等皆亦略記之。茲錄於后：

容齋隨筆：今人作字省文，以禮爲「礼」，以處爲「処」，以與爲「与」，凡章奏及程文書冊之類不敢用，然其實皆說文本字。許叔重釋礼字云：「古文。」処字云：「止也，得几而止。或從處。」与字云：「賜予也，与與同。」然則當以省文爲正。（卷五　字省文）

苕溪漁隱叢話：靖節文集（陶淵明）……厚之（王仲良）有後序云：「陶集世行數本，互有舛謬，今詳加審訂其本無二意，不必俱存。如：亂一作乱，禮一作礼，游一作遊，余一作予者，復有字畫，近似傳寫相襲，失於考究。……（後集卷三）

簡體字於當年創始時，未識其以何為基準，無脈絡可尋，亦無邏輯可覓之。苟以字面分析，姑將分四類：一為假借古體字，如「陰、陽」二字，為採古體為「阴、阳」，此二字於康熙字典「阜」字部，四畫中均有之，音與義皆同。二為改為行書或草書之字體，如「馬，見」等字，為「马、见」，此二為草書之簡化之。三為會意，如塵、滅字，改為「尘；小土為塵、灭；一火為滅」，小加於土之上為塵，塵字已為簡體字，原字係三鹿為衆而奔於土上，方為塵也。一火為滅，係取滅字體中之一部，以示滅也。四為形聲，如進字，改為「进；將井字加以走之」，人走入井中，何進步之有歟？以上舉例言之，閱讀大陸出版書籍，發生困擾，除假借古字部份，尚可檢閱康熙字典，餘者，不論部首、四角號碼、注音皆無法可用之，羅馬拼音之工具書，臺灣甚少有之。如此兩岸工具書皆無法檢閱之矣！臺灣現正擬推行羅馬拼音，不獨有益兩岸文化學術交流，且有助洋人學習吾國文化，一舉兩得也。

再論大陸現行採用簡體字及羅馬拼音後，苟若對詞與字發生困惑時，如何檢字。羅馬拼音檢字之缺點與注音符號相同，不識此字，則無法發音之。且簡體字與部首有脫節之疑慮，誠不識如何檢字矣？

2.《古籍書》

吾國古代著述雖豐，然學者對于目錄學毫無考究，整本書籍篇幅洋洋灑灑，書前之目錄卻隻字全無。既或有之，僅標題目而已，竟然不記頁數。直至民國初年五四運動，文藝復興後，方有目錄創制之始也。民國以前之繕本書，或現今所翻印之木版古書等，皆未有目錄附之於前矣。欲檢閱一篇文章，自首頁起逐頁檢之，雖不言大海撈針，亦無終南捷徑可圖矣。古本書籍除於民國以後之箋註本外，無不如是也。清乾隆時代，武英殿重刻二十四史（武英殿版又稱百衲本），爲最具權威史書，翰林院諸多大學士，皆不識目錄爲何事，亦復如是耶！歷代傳記等僅編目錄，不編頁次。二十四史雖不汗牛，足可充棟矣，幸現有箋註本面世，以解閱讀之苦，否則書頁檢之將殘矣。

民國以前所刊印古籍書，因製造技術，紙張較薄。是故繕本書皆爲合頁，因此頁次印於前、後兩頁之間，摺疊後，頁次不易分辨。而今翻印書籍，四合一本將其頁次居中印之，反易檢閱，然單頁本之頁次，時或印刷遺漏，雖另印頁次，檢閱時更生困擾之。

現今臺灣翻印四庫全書之集部全套，大陸上海翻印子部（均文淵閣版，供分冊零售）。皆未加編目錄索引，更未標記頁次，檢閱時仍須逐頁尋覓之，誠屬憾事也。盼博者加予編纂索引，雖廢時耗力，然造福後世，對學術而言未嘗不是一大功德也。

【工具書沿革】

字書（工具書）之起源，有史實可推算者，應爲《史籀》。漢書藝文志小學類云：周宣王時太史籀作《史籀》十五篇，乃爲史官教之用也。許愼之說文解字敘云：……尉律，學童十七以上，始試諷籀書九千字，乃得爲吏。魏書江式傳云：宣王太史籀著大篆十五篇，與古文或異或同，時人謂之籀書。南唐徐鍇之說文繫傳云：……諷籀，書也。籀書現已散佚，說文解字中尙存一千餘字也。（至於《籀史》一書，乃爲宋代翟耆年所撰，共二卷，下卷已佚。其書採錄金石款識篆隸之體，各附解說於後也。）

《蒼頡篇》共七篇爲秦代李斯所編，《爰歷》共六篇爲秦代趙高所撰，《博學》共七篇爲秦代太史胡母敬所作。至於《古文經》散佚，現已無可考。漢哀帝時楊雄繼蒼頡後，續撰《訓纂》。和帝時賈魴繼訓纂後，續撰《滂喜》（訓纂一書終於滂喜二字，遂名之）。晉代以蒼頡篇爲上卷，訓纂爲中卷，滂喜爲下卷，合稱爲「三蒼」也。

一、字典

《說文解字》

說文解字應列爲吾國字典之鼻祖也。爲東漢明帝時太尉祭酒許愼所編，依據史籀篇、古文經、蒼頡篇等爲基準，復蒐集三代及秦漢著述而編輯之。據南唐徐鉉敘云：『敘曰：十四篇，五百四十部，九千三百五十三文。解說凡十三萬三千四百四十一字。』原書業已散佚，現存爲徐鉉、葛湍、王惟恭等三人重行校定本，增刪離析後，較原書更充實，共收一萬零四百三十八字，并序目一篇，共一萬六百餘字。現今所存之版本，以此本最爲古版，於清代嘉慶十四年陽湖孫星衍重刻本，爲最古本。一九八四年一月上海古籍出版社，以民初小學大師黃侃（季剛）珍藏本。予以翻印，並刊有宋太宗雍熙三年十一月，銀青光祿大夫右散騎常侍郎徐鉉領銜，翰林學士王惟恭、葛湍等校定藏事奏摺。同時刊印中書侍郎兼工部尙書平章事李昉等校定牒文。及孫星衍重刻之序文等珍貴文獻，惟已少有殘缺，此本於臺灣尚未有見之，大陸上海古籍出版社業經刊印面世之矣。

孫星衍氏除重刻大徐本之說文解字外，並著《蒼頡篇》三卷（續本一卷，補本二卷），有光緒十六年刻本存世。復又校勘《急就章考異》一卷，有嘉慶三年之岱南閣刻本存世。

說文解字註釋頗多，以清代段玉裁注釋本最爲完善，書坊所售版本亦以此本爲最。（此本爲清代嘉慶年間經韻樓刊本，共三十卷，作十五卷，每卷分上下二卷。後附兩卷爲六書音韻表五篇）。說文解字其性質若何？嘉慶戊辰（十三年）五月王念孫除爲段本作序，並著《說文解字校勘記》一卷，其序文對段氏注解言之甚詳，茲摘錄於後：

王序：說文之爲書，以文字而兼聲音訓詁者也。凡許氏形聲，讀若皆與古音相準，或爲之古之正音，或爲古之合音，方以類聚物，以群分循而考之。各有條理，不得其遠近分合之故，則或執今音，以疑古音。或執古之正音，以疑古之合音，而聲音之學，晦矣。說文之訓，首列製文字之本意。而亦不廢假借，凡言一曰：及所引經類多有之。蓋以廣異聞備多識，而不限於一隅也。不明乎假借之指，則或據說文本字，以改書傳假借之字，或據說文引經假借之字，以改經之本字，而訓詁之學，晦矣。……膺於古音之條理，察之精，剖之密嘗爲六書音均表列十七部，以綜核之因，是爲說文注。形聲讀若一以十七部之遠近分合求之，而聲音之道大明。……正義借義，知其典要，觀其會通，而引經與今本異者；不以本字廢借字，不以借字易本字，揆諸經義，例以本書。若合符節，而訓詁之道大明。訓詁聲音明，而小學明；小學明而經學明。蓋千七百年來，無此作矣。……

說文解字王序之後，尙有乾隆五十一年有浙東盧文弨氏、嘉慶十九年江沅氏、嘉慶乙亥（二十年）三月陳煥氏等均爲之作序跋。

說文解字實爲一部完美字書，其保存三代以及先秦之古文字，誠如王氏序言所云：於聲音，於訓詁均有完備之闡釋。不獨對古文字之綿續，且可從字裡行間，可瞭解先民之政治、經濟及風俗狀況也。然其亦有其瑕疵，除有重疊之處，尙有穿鑿傅會之疑，最嚴重爲部首分目不清，而釀成後世工具書之困擾矣！是故唐代李陽冰對許愼學說，頗有異議，則依其主見而解說之，許氏所著大肆更張。故晚唐時期一度許本即不復可見之。直至南唐徐鉉之《說文解字》及其弟徐鍇之《說文繫傳》二書問世之後，許本則而再面世之。

清代文字獄極爲嚴苛，文林則以考據學爲重。故研究說文解字頗衆，除段玉裁說文解字注外，尙有桂馥之《說文義證》，王筠之《說文釋例》及《說文句讀》，朱駿聲之《說文通訓定聲》等書。近人丁福保彙集其著述，而編《說文解字詁林》一部問世矣。字書自許愼說文解字以降，歷代學者對字學均有著述。唐代封演於《封氏聞見記》中記載：自黃帝史官倉頡始創文字起，以至六朝定歷代字書爲止，敘述綦詳。玆摘錄於后：

封氏聞見記：（自太史籀之籀書至程邈隸書演進經過，略之）……後漢和帝時，始獲七千三百八十四字（指許愼之說文解字），安帝時許愼特加搜採九千文，始構著說文。凡五百四十部，皆從古爲證，構論字體，詳舉音訓，其鄙俗所傳，涉于妄者，皆許氏之所不取，故說文至今爲字學之宗。魏時有李登者，撰《聲類》十卷，凡一萬一千五百二十字，以五聲命字，不立諸部。晉有呂忱，更按群典，搜求異字，復撰《字林》七卷，亦五百四十部，凡一萬二千八百二十四字，諸部皆以說文。說文所無者，是忱所益。後魏楊承慶者，撰《字統》二十卷，凡一萬三千七百三十四字，亦憑說文爲本，其論字體時復有異。梁朝顧野王，撰《玉篇》三十卷，凡一萬六千九百一十七字。此復有（埤蒼、廣蒼、字指、字詁、字苑、字訓、文字志、文字譜）之類。互相祖述，名目漸多。……（後爲草字部份略之）。（卷二）

按：

埤蒼：魏時張揖所撰，書己散佚，或係指李斯所撰蒼頡篇，楊雄之訓纂及賈魴之滂喜等三蒼。

字林：南宋呂忱所撰，隋書經籍志云：共七卷，凡五百四十部，爲訓詁之要範也。字林音義：爲南宋吳恭撰之。

字詁：亦爲張揖所撰，書亦散佚，清代黃生亦撰字詁一書，沿用其名。

字統等皆不詳。

《玉篇》

玉篇一書係爲南朝梁代顧野王所撰。玉篇序言前註云：「梁大同（梁武帝年號）九年三月二十八日，黃門侍郎兼太學博士顧野王撰本。唐上元（唐高宗年號）元年甲戌歲四月十三日，南國處士富春孫強增加字三十卷，凡五百四十二部，舊十五萬八千六百四十一言，新五萬一千一百二十九言，新舊總二十萬九千七百七十言。注四十萬七千五百有十三字。」

《梁書》蕭子顯傳後所附蕭愷傳云：「先是時太學博士顧野王奉令撰《玉篇》，太宗（簡文帝）嫌其詳略未當，以愷博學，文字尤善，使更與學士刪改。」

清代重刊玉篇時，於康熙四十三年六月望日南書房舊史朱彝尊其序言云：「顧氏玉篇本諸許氏，稍有升降損益。迨唐上元之末，處士孫強稍增多其字。既而釋慧力撰象文，道士趙利正撰解疑。至宋陳彭年、吳銳、丘雍輩又重修之。於是廣益者衆，而玉篇又非顧氏之舊矣。……孫氏玉篇，雖非顧氏之舊，然去古未遠，猶愈于今之所行《大廣益本》。玉篇復上元本，而古之小學存矣。」四庫全書提要考證亦作此言。

《說文通訓定聲》

說文通訓定聲爲清代吳郡朱駿聲所撰，新安朱鏡蓉參訂，成書於清代道光十三年。除字學外，並注有韻學。對字學釋之甚詳。共十八卷，上下二冊；上冊一至九卷，共刊序跋一卷、釋名一卷、釋轉注一卷、釋假借一卷、凡例一卷、聲母千字文一卷、說文六書爻列卷等。下冊十至十八卷，分部檢韻一卷、說雅十九篇、古今韻準一卷、說文通訓定聲補遺十八卷，卷首一卷、序注二卷。

說文通訓定聲之檢字分目，又異于其他書籍。其分目以音韻爲準，總目共分十八部：計：豐、升、臨、謙、頤、孚、小、需、豫、隨、解、履、泰、乾、屯、坤、鼎、壯等十八部。古字甚多，泰半居之。釋言極為詳確，每一字下，均附小篆或籀文，相互對證之。然檢字頗為困擾，平仄未予分清，於音韻中之東、冬部則列入豐部，有關東、冬韻之仄聲字皆編入之。且又未按廣韻之編目而編列之，即使對音韻有素養者，亦未必不生舛謬，此是其缺陷也。此亦古代學者對目錄學，而不予重視之故也。現存以清代道光二十八年刻本為最古版。

《干祿字書》

干祿字書僅一卷，為唐代顏元孫所撰，其分目係依四聲（平、上、去、入），並又依邊傍而排列之（非部首）。其性質在於分辨字體之「正、通、俗」，詳確解釋正體字、通用字、俗體字之分別，而對文字並未予以詳釋之。將字體排列為上俗、中通、下正，如此可言顏氏編纂時，有欠斟酌也。書法家顏眞卿為顏氏之侄，於湖州任職時，曾將干祿字書親書而刻之於石，惜已不傳矣。

按：宋代陳振孫之《直齋書錄題解》云：「宋婁機撰有《廣干祿字書》五卷，為續干祿字書而作，然今已散佚也。

《五經文字》

五經文字為唐代張參所撰，張氏於唐代宗大曆年間所作，先記於屋壁之上，復易之於木。至文宗開成年間，效漢靈帝熹平五經石刻故事，而刻之於石。此書性質在於考證五經中之籀、篆、隸字形之變化，再予音、義之解釋。其自言：以許愼之說文解字為準，說文中所未有之字，而繼之於呂忱之字林。全書共編三千二百三十五字位多，並全係單字，並難言之為字書也。

唐代唐玄度於文宗太和七年，奉旨復定訂九經字體。唐氏以五經字書爲依據，而編訂之，並更正五經文字訛誤之處。命名爲「新加九經字樣」，共增編四百二十一字矣。

《佩觿》

字體至宋已脫離籀、篆、隸之形體，以楷書爲主，新創字書，皆以著述字體轉變爲主矣。《佩觿》爲宋代郭忠恕所撰，共分三卷；上卷敘述字體歷來演變之經過，並說明文字結構之意旨，又分爲：楷書逐次演變、形成之經過，四聲反切之變遷，及說明文字書寫之差訛等項也。中卷爲論述平聲與上聲發音反切之差別。下卷爲平聲與去聲發音之差別等。此書中、下卷應屬音韻學之部份，而非單純之字學也。

郭氏另編輯《汗簡》一部，共三卷，應爲古文之字彙，非係文字工具書矣。

《復古編》

復古編爲宋代張有所撰。分二卷，上卷以說文解字爲準，辨別字體之正、俗、訛各體，正體爲篆字，別字、俗字則註於後。下卷之入聲後，並附註聯綿字、形聲相類、形相類、聲相類、筆跡小異、上正下訛等六項。本書辨正頗爲嚴謹，一筆之差，列爲俗字之。字體必依篆體爲準，字形略有變更或代用字，皆爲別字，泥古甚矣，食而不化，應非可取之。

《字通》

元代曹本撰有《續復古編》一部，共四卷，係清代光緒十二年歸安姚氏咫進齋刻本存世之。

字通爲宋代李從周撰，李氏略作序言云：「字而有隸，蓋已降矣。每降而輒下，不可不推本之也。」全書共編有六百零一字，各字皆以篆體書之，並雜有楷書於其間，似非古又非今，有欠妥善也。且分目亦嫌混淆，部首紊亂，實有過今之工具書矣，且對古字之解釋及應用，規定太嚴，泥古過甚，乃不合時宜之也。

《字鑑》

字鑑爲元代李文仲撰，經由張桙、顏堯煥、干文傳、唐詠涯等爲之作序，據張桙序言云：『辨正點畫，刊除俗謬，糾舉歷來錯誤之書也。』李氏撰此書乃爲補正其伯父李伯英之《韻類》所不足之處也。

字鑑除補正韻類之不足，並更正唐代顏元孫之《干祿字書》，張參之《五經文字》，宋代毛晃增之《禮部韻略》等書之失誤矣。

《字彙》

字彙爲明代梅祚膺所撰，共十四卷（包括首卷及末卷附錄），共編三萬三千一百七十九字。此書已開現今工具書（字典）之先河，有諸多之創新，首先將說文解字之分部大肆合併，自五百四十部合併成二百四十部，裁減其部首則有三百部之多。其次：舉凡部首及各部中，文字之編排，皆依文字筆畫之多寡爲先後，並於每卷之首頁後，附有檢閱部首表一頁，註明各部首所刊之頁數，此爲初創之作法也。第三於首卷附有難字之檢字表，凡筆畫編排不易辨明之難檢字，則按筆畫多寡編排之，以易檢字之，今之工具書，於書前皆附有「難檢字索引表」，係祖此書矣。

此書除首卷及末卷外，餘十二卷，則以子、丑、寅、卯、辰、巳、午、未、申、酉、戌、亥等，地支十二字爲分集之。其成書係明代神宗萬曆乙卯（四十三）年，此書檢字方式，爲嗣後工具書所沿用之，以至於今日也。

《正字通》

正字通之撰著人尚有爭議，舊本或題明代張自烈所撰，亦有版本刊爲清代廖文英所撰，或署名爲張、廖二人合撰。清代鈕琇則另有一說，云：原爲張自烈所撰，卻爲廖文英所買，竊爲己有。此言無證據可考，僅可將信將疑耳。正字通原通行本則署名爲廖文英撰，康熙庚戌(九)年版有張貞生所序，康熙辛亥（十）年版有黎元寬所序。兩版於兩年內刻成，頗令人起疑之。康熙十年版之卷首，則有廖文英所特加滿文十二字母之頁附之也。

此書係爲補正字彙之不足及訛誤之作，僅刪除字彙之韻法而已，一切編排皆依字彙爲基準也。正字通現行本，係清代康熙時，秀水王氏芥子園重刻本也。

（正字通一部，三十六卷，尚有清康熙九年刻本，署名爲張自烈撰，廖文英續之，而存於世耳。）

歷朝歷代對於文字學術之字書著述，不知幾何！猶以清代爲最。清代學者思想受予箝制，因之偏重考據學術。故而小學部門有莫大貢獻，段玉裁除撰說文解字注一部外，尚有《汲古閣說文訂》一卷，現有嘉慶年間五硯齋刻本存世。至於段氏說文解字注，後人對其補述甚夥。如：清代鈕樹玉所撰，道光三年鈕氏非石居刻本，《段氏說文注訂》，共八卷。清代王紹蘭所撰，光緒十四年胡氏刻本，《說文段注訂補》，共十四卷。清代徐承慶所撰，《說文段注匡繆》，共十五卷，有清張氏寒松閣抄本，潘鍾瑞校並跋之。清代馮桂芬所撰，《說文解字段注考證》，共十五卷，存有原稿本等。

另有字書《六書統考》一部，尚為稿本，未署撰著人，亦未分卷及編列目錄，其分目亦按音韻而為之。內中文字亦以東、涷、蝀、同韻字排列順序而闡釋之，楷書下附於小篆，下即釋文，僅釋文字之結構而已，未有意義之解釋，約一萬餘字，頗為簡潔也。附記之。

二、詞典

詞典乃為闡釋二字或二字以上，相對或相關之詞句也，如爾雅一書應屬之。於小學中，爾雅與玉篇等書，均列於訓詁學之列也。本篇乃為討論文字部門之問題，故將單字部份之玉篇，編入字典之列，二字或二字以上之爾雅，則編入辭典之內，特予敘明之。

《爾雅》

爾雅為吾國開詞學之先河，經現存史書佐證，應為第一部詞典。編者已無所考，或云為周公旦所編本，僅有一篇。後為孔子增補，乃係漢魏時所流傳之三篇本也。或云為孔子門人子夏所編，而叔孫通所增補。或云為沛郡梁文所考。此皆穿鑿附會，無史實可考，難予置信之。宋代歐陽修之《詩本義》卷十〈文王〉篇有云：「魏張揖之〈上廣雅表〉云：「秦漢之間，學詩者纂集，學詩博士解詁之言。』」爾雅一書，係爲自秦漢經學博士，闡釋六經訓詁彙集而編成後，復經歷代學者增益之，而成書矣。四庫全書提要云：「大抵小學家綴輯舊文，遞相增益，周公、孔子皆依託之詞。」故知周公、孔子之論，不足信之矣。

爾雅性質據清代郝懿行之《爾雅郭注義疏》序云：「學者有志治經，必先明古字古言。古字者；蒼頡古文及籀文也。古言者；三代秦漢所讀之音與今不同也。自隸書行，而古字漸亡；六朝以後之韻書出，而古言漸亡。就晚近之心思耳目，求古今之制度文教，……綜易、詩、離騷，凡漢以前有韻之文，皆得本音，而別其部，居明其通，假日積月久，相與引申。復有通儒，就許書所存之古籀，又博採自鐘鼎遺文，以始一終，核之義；依類而編之，分合而辯之。……爾雅二十篇。……」

爾雅之編纂者，雖不悉何人。然爲晉代郭璞所注，現存《羽澤石經山房》刻本（註云：此本係北宋仁宗時刻本，南宋高宗補刊）。此刻本計十一卷，目錄編排亦爲紊亂之，卷一爲釋詁，卷二爲釋言，卷三爲釋訓、釋親，……等十九篇（現存版本皆爲十九篇）。

爾雅廣羅古代文字之辭彙，加以整理闡釋，爲研究三代及先秦文化古籍重要之憑藉。魏時張揖之《上廣雅表》云：「夫爾雅之爲書也，文約而義固；其陳道也，精研而無誤。眞七經之檢度，學問之階路，儒林之楷素也。」晉代郭璞注爾雅時，其序言云：「夫爾雅者，所以通訓詁之指歸，敘詩人之興詠，總絕代之離詞，辯同實而殊號者也。誠九流之津涉，六藝之鈐鍵，學覽者之潭奧，摛翰者之華苑也。若乃可以博物不惑，多識鳥獸草木之名者，莫近爾雅。……」因此可知爾雅之廣瀚也。

爾雅並非絕無缺點，或因時代遞進，千餘年前之著述，似嫌簡略，闡釋辭彙，僅一、二字而已，使後人難能深悟之。其次，釋詞常有重覆、紊亂之言也。郭璞雖予注言，亦未予深究，似嫌簡潔之。後至清代郝懿行引郭注而作義疏，則予廣釋之矣。郭璞除注爾雅外，並復以爾雅再撰《爾雅音圖》一部，如釋詁部份，則以文詞闡釋；釋物部份，則以圖畫繪之。其圖如版畫插圖而已，然其用心良苦，應予敬佩之（現存有清代嘉慶六年刻本）。

爾雅除經郭璞注後，而後世疏義之撰，足以汗牛，更可充棟。如宋代陸德明所撰之《音釋》，邢昺所撰之《爾雅疏》，陸佃所撰之《爾雅新義》，明清二代撰著豈止數百部之多矣。以清代郝懿行所撰《爾雅郭注義疏》爲最詳實，共二十卷，現存清代道光三十年木犀香館刻本，爲最古版本，其次爲同治四年沛上重刻本，此本前附順天府尹游百川之奏摺一篇，郝氏成書後附呈清廷之文也。

《爾雅匡名》爲清代嚴元照所撰，成書於清嘉慶十三年，現有嘉慶二十五年刻本存世，其次爲光緒十六年廣雅書局本。其性質爲逐句闡釋，採郭注之法，而較郭注爲詳實之，共二十卷。

民初黃侃箋有《爾雅音訓》一冊，分卷與爾雅同，將爾雅逐句詳釋之，並有小學大師黃焯爲之作序。

《小爾雅》

時代遞進，事物驟變。辭彙俱增，勢在必然。釋訓釋詁書籍，繼而起之矣。因性質與爾雅雷同，實乃一脈相承，遂以爾雅爲名之，故名曰《小爾雅》也。

小爾雅僅一卷，漢書藝文志將小爾雅列於爾雅之後，其撰著已佚名，編者已不可考矣。隋書經籍志記載：《小爾雅略解》一卷，撰著人爲李軌（晉人），舊唐書、新唐書經籍志皆有記載之。然至宋代，各項書目中，如《崇文總目》等書，均未再言及李軌之《小爾雅略解》一書，宋時恐已散佚矣。小爾雅一書，於魏、晉之時流傳已廣，晉杜預注左傳、北魏酈道元作水經注、唐李善注文選、賈公彥作經傳注疏、司馬貞作史記索引等，皆引用小爾雅一書，記載之事物也。足證此書流傳己廣，而今已散佚之矣。

小爾雅之內容與爾雅略有變更，將爾雅之十九卷併合離析外，並有新增。其共分十三類：廣詁、廣言、廣訓、廣義、廣名、廣服、廣物、廣器、廣獸、度、量、衡等。其以「廣」而未如爾雅以「釋」，其義乃爲較爾雅之注釋更爲廣矣，乃爲擴大之義也。如：度、量、衡三類，爾雅書中則未有之矣。

小爾雅之注疏，未若爾雅之多。於宋仁宗嘉祐年間，宋咸曾爲作注，較爲簡略，且不完整，於後代學術之貢獻，難言有所裨益。直至清代學者起而爲之注疏，計有：《小爾雅廣注》共四卷，莫栻撰，有高氏辨蟫居鈔本。《小爾雅疏》共八卷，王煦撰，有嘉慶五年鬘翠山莊刻本，並有趙之謙跋。《小爾雅義證》共十三卷，補遺一卷，胡承珙撰，有道光七年求是堂刻本。《小爾雅訓纂》共六卷，宋翔鳳撰，光緒十六年廣雅書局刻本。《小爾雅約注》一卷，朱駿聲撰，有光緒八年臨嘯閣刻本。《小爾雅疏證》共五卷，葛其仁撰，道光十九年自刻本。以上等書，皆爲清代學者所撰，而爲小學獨放異采也。

《方言》

方言爲記載地方語言之先河，亦爲第一部語言辭典。其原名爲「輶軒使者絕代語釋別國方言」。性質而蒐集三代及先秦之時，各地之方言。如「豬」之一字，各地方言有異：豕、彘、豚、豭、豨、豜、豝等字，其皆爲豬也，並無區別，乃爲各地方言之不同耳。

方言之編著人，或言爲西漢楊雄所輯，然漢書藝文志及漢書楊雄傳，均未提及《方言》一書。而劉歆與楊雄書云：「屬聞子雲（楊雄字）獨採集先代絕言，異國殊語，以爲十五卷，其所解略多矣，而不知其目，非子雲澹雅之才，沈鬱之思，不能經年銳精，以成此書，良爲勤矣。」如此則證之，方言一書爲楊雄所編著也。漢代劉歆所傳《西京雜記》（晉葛洪輯）及應劭之《風俗通義》均有載之。茲錄於后：

西京雜記：楊子雲好事，常懷鉛提槧，從諸計吏，訪殊方絕域，四方之語。以爲裨補輶軒所載，亦洪意也。（卷三）

風俗通義：周秦常以歲八月，遣輶軒之使，求異代方言，還奏籍之，藏以秘室。及嬴氏之亡，遺脫漏棄，無見之者。蜀人嚴君平有千餘言，林閭翁孺才有梗概之法，楊雄好之，天下孝廉衛卒，交會闕下，質問以次注續，二十七年，爾乃治正，凡九千字。其所發明，猶未若爾雅之閎麗也。（序言）

而後：漢書司馬遷傳，杜預注左傳，常璩撰華陽國志，皆沿用楊雄之方言，由此足證，方言一書，爲楊雄所撰乃不妄也。

方言之性質，乃所蒐集各地區方言，應可分作五類：一爲不分地區性之通俗用語，二爲通行各地區之廣泛用語，三爲時代交替之新舊用語，四爲各地區差別音調之方言或用語，五爲各地區特殊習慣用語。至於方言一書之價值何在；據郭璞於方言之序言中云：「考九服之逸言，標六代之絕語，類離詞之指韻，明乖途而同致，辨章風謠而區分，曲通萬殊而不雜。」綜郭之序言，足可瞭解《方言》對小學之貢獻耳。

方言之重要注疏，以郭璞之方言注爲首。郭氏自序云：「余少玩雅訓，旁味方言，復爲之解，觸事廣之，演其未及，摘其謬漏。庶以燕石之瑜，補琬琰之瑕，俾後之瞻涉者，可以廣寤多聞爾。」於後明清學者注疏亦頗夥矣。明代岳元聲撰《方言據》共二卷，續錄一卷，清道光十一年晁氏木活字版。清代戴震撰《方言疏證》共十三卷，乾隆孔繼涵刻本。戴氏復撰《續方言》共二卷，民國安徽叢書委員會所存鈔本。錢繹撰《輶軒使者絕代語釋別國方言箋疏》共十三卷，清光緒十六年紅蝠山房刻本。王念孫撰《輶軒使者絕代語釋別國方言疏證補》一卷，民國二十七年嚴氏賁園石印刻本等十數種之多也。

方言據隋書經籍志云共十三卷，舊唐書經文志亦云別國方言亦爲十三卷，而楊雄與自稱爲十五卷，此係爲郭璞注後并爲十三卷也。

釋：

輶軒：輶軒者，輕車也。古代天子使臣皆乘輶軒，故稱使臣為輶軒使。群書索考云：輶軒，天子使臣也。

燕石：闕子曰：宋之愚人，得燕石於梧臺之東，歸西藏之，以為大寶。周客聞而觀焉，主人端冕玄服，以發華匱十重，緹巾十襲。客見之，盧胡而笑曰：此燕石也，與瓦甓不異。主人大怒，藏之愈固。（太平御覽卷五一）

琬琰：謂琬圭、琰圭也。書經顧命篇云：「弘璧琬琰在西序，」疏引鄭玄云：「大璧琬琰，皆度尺二寸。」此宗器也。

《通俗文》

通俗文係繼方言之後，重要之詞書。或云為東漢靈帝中平末年「服虔」所撰（後漢書儒林傳中，雖記載服虔多項著述，獨未言及《通俗文》一書）。然經北齊顏之推考證非為服氏所撰，於《顏氏家訓》中言之甚詳。茲錄於后：

顏氏家訓：通俗文，世間題云：河南服虔字子慎造。虔既是漢人，其敘乃引蘇林、張揖；蘇張皆是魏人。且鄭玄以前，全不解反語，通俗反音，甚會近俗。阮孝緒又云：李虔所造。河北此書，家藏一本，遂無作李虔者。晉中書簿及七志，並無其目，竟不得知誰制。然其文義允愜，實為高才。殷仲堪常用字訓，亦引服虔俗說，今無復此書，未知即是通俗文，為當有異？或更

有服虔乎？不能明也。（卷六　書證）

顏氏對通俗文生疑，不外三點：東漢著述，豈可倒引後世魏人之說，此之一也。東漢之時，尚無反切而通俗文有之，此之二也。通俗文之書目未見次晉人之著錄中，此之三也。然顏氏對此書倍加推頌，認其內容：闡釋古代用語及辭彙等，以通俗語言而釋義並反切之，則以實用爲主，至臻完善。與揚雄所撰方言，又不雷同，方言重於考據，通俗文意旨在釋義及注音，乃致對後世字書、類書有深遠之影響也。

《釋名》

釋名則爲音訓詞典之鼻祖，成書於東漢末年，爲劉熙（或作熹）所撰。共三十篇（劉熙自序云：爲二十七篇）。顏之推對此書頗加讚許，於顏氏家訓有言，茲錄於后：

顏氏家訓：夫九州之人，言語不同，生民已來，固常然矣。自春秋標齊言之傳，離騷目楚辭之經，此蓋其較明之初也。後有揚雄著方言，其言大備。然皆考名物之同異，不顯聲讀之是非也。逮鄭玄注六經，高誘解呂覽，許愼造說文，劉熹（熙）製釋名，始有譬況假借以證音字耳。而古語與今殊別，其間輕重清濁，猶未可曉；加以內言、外言、急言、徐言，讀若之類，益使人疑。（卷七　音證）

何謂釋名？劉熙於釋名序云：（夫名之與實，各有異類，百姓日稱而不知其所以之意；故撰天地、陰陽、四時、邦國、都鄙、車服、喪具，下至庶民應用之器，論敘指歸，謂之釋名。」依其序言可知亦爲字義辭義之解釋也。

釋名其爲依據字義、辭義編纂及釋之外，並探討音訓之究竟，又可謂之聲訓。乃以同音或兩聲相近之字，而加以闡釋其辭意也。並又解釋同音與兩聲相近之辭語，有其相互關連之意義及區分也。故與說文解字及爾雅兩書，似同而又非同矣。其目的在於瞭解漢代詞語及方言，與古代書籍之事物及辭意之關係也。

釋名並非全無缺點，三國志・吳書韋昭傳之記載：劉熙所撰釋名，其內容時有得失，所釋爵位一項，則不免有所失誤之處，故撰《官職訓》及《辯釋名》各一卷，以補釋名之不足也。現有清代任大椿，馬國翰等多人輯本，任大椿輯本並經王念孫校訂之。

釋名一書於清代乾、嘉時期，爲之注疏甚夥。如畢沅之《釋名疏證》，此書除闡釋釋名內容之外，並再補正其缺漏，現有經訓堂叢書之刻本。張金吾撰《廣釋名》二卷，專以補足釋名遺漏之處。清末王先謙亦撰《釋名疏證補》一部，特將畢沅之釋名疏證納入其中，爲部集解性辭書也。明代郎奎金將爾雅、小爾雅、廣雅、埤雅及釋名等合稱爲「五雅」，爲求「雅」字一致，特將《釋名》一書，而改之爲《逸雅》也。

三、韻書

韻書乃爲審音辨韻旨詣之書籍也。說文解字、爾雅、方言等書籍，皆爲音聲之字書，而未及於韻也。欲言音韻，先知四聲。於晉之先，未見音韻之說。是故，古無韻字，亦無韻書，古韻者，乃爲字之本音也。晉陸機之文賦云：「採千載之遺韻。」梁書沈約傳云：「約撰四聲譜。」（本文前段，檢字困擾（一），業經論之，請參閱。）

韻書應可分爲三類：研究古韻，如詩經、楚辭等周秦以前之韻文，此之一也。研究今韻，乃爲唐宋以來律詩、絕句以及宋詞等韻也，此之二也。研究歷代韻書之著述，如切韻等，此之三也。韻書面世，據隋書經籍志云，最先應屬魏左校令李登所撰之《聲類》十卷。其次則爲晉代呂靜之《韻集》六卷，而後對韻書著述頗多矣。唐代封演所撰《聲類》一書，凡一萬一千五百二十字，並於封氏聞見記論韻書發展之沿革甚詳。茲錄於后：

封氏聞見記：周顒好爲體語，因此切字皆有紐，紐有平、上、去、入之異。永明中，沈約文詞精拔，盛解音律，遂撰四聲譜。文章八病；有平頭、上尾、蜂腰、鶴膝。以爲自靈均以來，此秘未睹。時王融、劉繪、范雲之徒，皆稱才子，慕而扇之。由是遠近文學，轉而祖述，而聲韻之道大行。以古之爲詩，取其宣道情致激揚政化。但含徵韻、商意非切急，故能包含元氣、骨體大全，詩騷以降是也。自聲病之興動，有拘制文章之體格壞矣。隋朝陸法言與顏魏諸公，定南北音，撰爲切韻；凡一萬二千一百五十八字以爲文，楷式而先、仙、刪、山之類，分爲別韻。屬文之士，共苦其苛細。國初許敬宗詳議，以其韻窄奏合而用之。法言所謂，欲廣文路，自可清濁，皆通者也。爾後有孫愐之徒，更偶字書中閑字，釀於切韻，殊不知爲文之匪要，是陸之略也。天寶末，平原太守顏眞卿撰《韻海鏡源》二百卷未畢，屬蕃冠憑陵，拔身濟河遺失五十餘卷。廣德中，爲湖州刺史，重加補葺，更于正經之外，加入子史釋道諸書，撰成三百六十卷。其書于陸法言切韻外，增加一萬四千七百六十一字。先起説文爲篆字，次作今文隸字，仍有別體爲證，然後注以諸家字書。解釋既畢，徵九經兩字以上，取其句末字，編入本韻，爰及諸書皆倣此。自有聲韻以來，其撰述該備，未有如顏眞卿此書也。大歷二年，入刑部尚書，詣銀臺門進上之，奉敕宣付秘閣賜絹五百疋。（卷二）

晉代之先，未有韻書韻字，僅以聲音對舉。自沈約之四聲譜面世後，韻書如雨後春筍，代有所出。而以韻書最具權威者，應屬《切韻》爲始之。

《切韻》

切韻爲隋代陸法言繼《聲類》、《韻集》等書後所撰，陸氏認韻集、韻略之音譜等。分辨音韻，各有主見，音聲分歧。乃結合顏之推、李若、史道衡、劉臻、盧思道、蕭該、魏淵、辛德源等八位，參閱群書，編制體例，撰著成書。共五卷，經後人考定爲一百九十三韻。當時流傳甚廣，視爲韻書之規範也，現已散佚之。

《唐韻》

唐韻于切韻成書後，當時學者，咸認切韻編字過少，注釋簡略，且未校正，其缺陋之處甚多。故唐代長孫納言及郭知玄等爲之訂正，成書於唐高宗儀鳳二年。其後孫愐對訂正之版本，仍有疵議。云：

「隨珠尙類，虹玉仍瑕；注有差錯，文復漏列。」於是重作勘訂，增字加注，改差彌缺，修訛葺誤，去蕪存菁。更名之爲《唐韻》。成書於玄宗天寶十年，盛譽一時，惜乎現已失傳之矣。

《廣韻》

廣韻爲韻書中，最古老之現存普及本，後世所撰之韻書，皆宗此爲圭臬。廣韻爲宋代陳彭年丘雍等重編，就切韻及唐韻於宋眞宗景德四年重加刊定，至大中祥符元年又復修編，四年成書頒行，定名爲《大宋重修廣韻》，而今則名之爲《宋本廣韻》。全書共編二萬六千一百九十四字，注文十九萬一千六百九十二字。（廣韻內容於前節檢字困擾一中述之，分部分目等請參閱前文，餘從略。）

《集韻》

集韻雖爲宋代丁度所撰，然非盡出予丁氏之手筆。集韻實因廣韻取材陳舊，蕪繁累累，有欠勻稱，諸項失誤。翰林學士宋祁於宋仁宗景祐四年奏請重修，仁宗乃敕丁度與宋祁二人協力重撰之。直至英宗治平四年，方經司馬光而續成之。

集韻共十卷，計平聲四卷（未分陰平陽平）。上、去、入各二卷，共編五萬三千五百二十五字，較廣韻卻多增二萬餘字。其將單字及韻部各類併合，未必妥善。清代周中孚曾云：「多列重文，雅俗不辨；兼存篆籀，頗爲蕪雜，……則不及廣韻遠矣。」

《禮部韻略》

禮部韻略亦爲宋代丁度所撰，因宋代科舉有詩賦之試，特撰此書，以爲士子入場屋應試之規範。

於宋仁宗景祐四年奏准由國子監頒行。後並附有〈貢舉條試〉一卷，足證禮部韻略一書與科舉之關係書籍也。

禮部韻略共分五卷，爲據丘雍、戚綸二人所撰《韻略》所撰之。又因科舉考試之用，將韻略之名，附加「禮部」二字，乃爲《禮部韻略》。此書於審音辨韻之用，價值未見其弘也。清人張之洞於《書目問答》中云：「不合於古，不行於今，特藉以考見當時程試之制。」此書現無單行本，僅收入四庫全書之內矣。

《中原音韻》

中原音韻爲元代周德清所撰，僅一卷，字數寥寥，純供譜製元曲之協音，以合律呂之用也。此書僅將同一韻類之單字，合編一韻，未加切音，亦無注釋。其自序云：「考其詞音者，究其詞之平仄陰陽者，則無有也，……所謂能成文章，曰樂府也。」然此書僅有平、上、去三聲，而無入聲，乃將入聲併入平、上、去之中。復將平聲分陰、陽二聲，上去則無之。其自序又云：「字別陰陽，平聲有之，上去俱無。上去各止一聲，平聲獨有二聲。有上平聲，有下平聲，……」是故明清兩代之元曲專家，如明代陳藎卿，清代李漁等，皆有疵議，論之者衆矣。音韻僅爲編字，而不注釋，遂爲後世所宗也。如清代戈載之詞林正韻等，既祖此書也。

《詞林正韻》

詞林正韻爲清代戈載所編，戈氏原名順卿，字小蓮，吳縣人。成書於清道光辛巳年，現今書坊翻印甚夥，並較原木版爲佳。其書特點：音部有序，段節分明，簡潔扼要。最佳之處，凡可通用之音韻而彙集成一部，檢韻時頗爲便利。凡擅於詩詞者，無不樂予持之。惟今已有吳音、燕音擾耳。此書並非未有瑕疵，韻部中偶有漏字。如：第五部「皆」字韻中漏一「鞋」字。編排亦與廣韻等書，稍有差異，第七部（先、仙）中，「錢、篇」二字廣韻等編入「先」字韻中，而此書則編入仙字韻中，初用此書時易生滋擾。惟其已有因音韻發音變更，有所調整之。如：「載、礙」二字其他版本編入「隊」字韻，經改爲「海、代」字韻中。實已符合發音，然檢韻時，略有困惑之。

《佩文韻府》

佩文韻府爲清代康熙四十三年敕編，「佩文」爲聖祖書齋之名，以陰時夫(幼遇)之《韻府群玉》、凌稚隆之《五車韻瑞》二書，增補而編之。首列「韻藻」，次標新增之字，皆以二字三字之列字相附之，以末字分韻，分隸於分目之下也。

《佩文詩韻》則隸屬佩文韻府之內，共五卷，凡一萬零二百三十五字，亦以四聲分目，於音義之後附異體字也。亦如宋代禮部韻略之類，爲清代士子下場屋試詩之憑藉，亦爲一部官定詩韻書籍也。此書原爲官刻本，現已不存之，後有光緒年代刻本，名爲《佩文詩韻釋要》矣。

《韻史》

韻史係清代道光時何萱所撰，書成之後，並未刊印，直至民國二十五年方印行問世之。書共八十卷，依據段玉裁之《古韻》之十七部方式而分部，將四聲共編二百五十二韻。以說文爲主，而以玉篇、廣韻為輔。說之字編為正篇；玉篇、廣韻之字編入副篇並論及字形、字義，此書本質偏向於訓詁為多。雖名之為韻史，實對韻學貢獻不大，今人語言學家羅常培氏跋其書曰：「改定字母，拘守五聲，誤解等呼之說，臆改反切之法，不無可議之處。」然其對韻學有所可疵議之處，而於訓詁學方面，則足於肯定之，雖失東隅，亦有桑榆可收，未嘗不是一得也。

韻學著述，於清代猶多，清人所撰不在百部之下也。對歷朝歷代之音韻，皆有精辟研究與著述，誠不勝枚舉之。明代：王應電所撰《聲韻會通》，一卷，有明嘉靖三十六年刻本。吳繼先所撰《音聲紀元》，六卷，有萬曆年刻本。葉秉敬所撰《韻表》，三十卷，有萬曆三十三年刻本。喬中和所撰《元韻譜》，一卷，有崇禎躋新堂刻本。清代柴紹炳所撰《古韻通》，八卷，《正音切韻復古編》，一卷，有康熙年間刻本。潘相所撰《毛詩古音參義》，五卷，首一卷，有嘉慶二十五年刻本。戴震所撰《聲韻考》，四卷，《聲類表》，九卷，有乾隆四十四年微波榭刻本。段玉裁所撰六書《音均表》，五卷，有乾隆四十一年富春官廨刻等等。

惟於民國初年五四運動後，廢八股倡新詩，標新立異，鈔襲泰西詩品，言不由衷，句不按律，尾不協韻，不論古詩、律詩、絕句、樂府、宋詞、元曲等一併束之於高閣，故而音韻學亦就秋扇見棄，而再乏人問津之虞也，久而久之則不知韻學為何物矣。

四、現代工具書

自新文學倡導以來，古文字學、詞學、韻學皆棄如敝屣矣。不為時人所願重視，是與非留予後世評論之。惟清代所編一部工具書寶藏——康熙字典，仍視爲瑰寶也。

《康熙字典》

康熙字典亦爲滿清政府，箝制思想之高壓政策下產物也。康熙字典於康熙四十九年三月九日，聖祖旨敕南書房侍直大學士陳廷敬等編纂，由文華殿大學士兼吏部尙書張玉書所領銜，實際編纂爲內閣學士兼禮部侍郎凌紹雯等，共十八位。復據翰林院學士陳邦彥奏摺所言，成書於康熙五十五年閏三月十九日，編纂共七年之久也。序言引敘旨敕云：「……而後儒推論輒多同異，或所收之字繁省失中，或所引之書濫疏無準，或字有數義而不詳，或音數切而不備，曾無善兼美具，可奉爲常典而不易者。朕每念經傳至博，音義繁賾，據一人之見，守一家之說，未必能會通，罔缺也。」聖祖之言，似爲光明磊落，實爲牢籠政策而欲蓋彌彰也。

康熙字典除闡釋字義外，並對音韻加之解說，於卷首註有字母切韻要法一篇；共分：證鄉談法、分九音法、分十二攝韻首法、寄韻法、借入聲法、揭十二攝法、分四聲法等。及附明顯四聲等韻圖（實爲表）一件。依此表不獨可調平仄，且可分陰陽之。其檢字按地支分爲十二卷，各支又分上、下卷，總共二十四卷也。

康熙字典於康熙五十五年刊竣頒布後，於道光七年八月經總理穆彰阿奏呈重刊。凡字句訛誤之處，照原文校訂，共更正二千五百八十八條，並按原書十二集，輯爲《考證》十二冊，凡一百一十卷。

於道光十一年三月經奕繪（親王貝勒・正白旗漢軍都統）奏呈重刊頒行，沿用至今也。

康熙字典蒐羅古文之多，執歷代牛耳，然亦有遺珠之恨耳。唐代元結所撰之古詩——治風詩中之「䘮」字，此字則漏刊之。茲將元次山集之原詩錄於后：

猗皇至聖兮。至惠至仁。德施蘊蘊。蘊蘊如何。不全不缺。莫知所貺。猗皇至聖兮。至儉至明。化流瀛瀛。瀛瀛如何。不虢不䘮。莫知其極。（卷一）

（元次山集爲中華書局，民國五十五年三月臺灣第一版，依四部備要集部明刻本刊印，並由清末桐城陸費逵所校定，於「䘮」字下註明，『字與音皆未詳之字樣。』康熙字典之赤部、勹部、己部以及各部首中均無此字。現今其他版本工具書中亦皆未檢獲此字也。）

康熙字典於臺灣經高樹藩氏重修，民國七十年九月出版。重修重點，可分如后：

①訂馱誤，將原之考證注釋失據之處，予以訂正之。

②實音讀，於反切或直音予以訂正，並增加注音符號及羅馬拼音，又於聲韻之下加註四聲及韻目。

③增句讀，原書無斷句，而增句讀。

④齊版面，特將原書之編排，每字順行而下不易檢閱，而重新調整。每字下逐目分明，並將常用字、備用字、罕用字、同字、殘字等先後順序標明分列之，易檢易閱之，音與義均分條列之。

高氏重修此書附列各表甚多。如：十三經簡介、二十四史簡介、歷代重要文集簡介等，惟一遺憾，惟獨未列注音符號索引，現今學子皆不擅於部首，予檢時或多或少則有困難之。況書中每字之下，均加注音符號及羅馬拼音，並附有國語注音與羅馬拼音對照表一份。何不多加兩項索引，實美中不足，誠令人費解之，不可謂白玉無瑕也。高氏於重修康熙字典之先，於民國六十年三月，曾編訂一部《形音義綜合大辭典》，其內容則爲重修康熙字典之縮版，亦既借形音義綜合大辭典爲範本，而重修康熙字典也。

《中華大辭典》

中華大辭典，自康熙字典刊印頒行後，幾兩百年未有新工具書面世，清代宣統元年，經陸費逵、歐陽溥存等三十四位學者編纂之，至民國三年蕆事，次年刊印發行。全書共編四萬八千餘字，計二千餘頁，注釋約四百萬餘言。卷首前有當時文豪林紓、梁啓超、王寵惠、熊希齡、廖平、李家駒及主編陸費逵等作序。實爲一部鉅著也。

中華大辭典雖依字彙、正字通、康熙字典等爲範本而編成之。仍依地支編目爲十二集，惟調整部份部首之順序。然對康熙字典則有疵議，陸氏於其序言中云：「解釋欠詳確，一也。訛誤甚多，二也。世俗通用之語，多未採入，三也。體例不善，不便檢字，四也。」以此可知，中華大辭典雖依康熙字典爲借鑑，其作用乃爲訂正康熙字典之謬誤，亦可言爲康熙重修更新版也。

中華大辭典別於康熙字典之處，解釋簡明，及引用清代中葉以後各家訓詁學說，融匯其中。如段玉裁之說文解字注、桂馥之說文義證、王念孫之廣雅證等等而闡釋之，並改善其音切及筆畫等。然面世不久，既爲辭海取而代之，今日坊間已不復有售之矣。

《文科大辭典》

文科大辭典爲清末國學扶輪社所編纂，編纂者名已佚傳，成書於清代宣統三年正月。據清末林紓所撰序言云：「……國學扶輪社編書，以文科大辭典序言見屬：偉哉！諸君之用心，顧乃以弁言屬諸，駑朽之叟，何不擇耶！貧窶之子，冒入金谷，所見華炫，烏知去取。今特就原書之大要言之，書近陳禹謨之駢志，駢志摭古事之相類者，爲之排比。取經局而博，本書則齊首一字，駢聯而下。凡從某字者，均就某字類推。與歐洲之辭典同體，惜吾國字非拼音，無字母可揭，不得不舉單字爲之發凡，大致與御定駢字類編爲近，亦齊首一字爲體也。惟本書每於第一條之前，銓釋單字音義，使爲體爲用，易以明瞭，以定各詞之界說。其非本義則略之，又與類編稍異。……」

依林氏序言，可知此書之旨詣及編排之方式也。先釋之單字，以單字第一字之字彙，再予詳釋之。試舉一例：

戍　春遇切，輸去聲。(說文)守邊也。(爾雅釋言)遏也。(廣韻)舍也。(詩小雅)我戍未定。

戍卒　(名)(武備類)守兵也。(史記三王世家)減戍卒之半，百蠻之君，靡不向風。(阿房宮賦)戍卒叫，函谷舉。

此書註釋頗詳，其檢字方式，仍以十二地支爲分類，以筆畫爲編目。單字部份約四千餘字，辭彙部份約二萬有餘，註釋約八十餘萬言。臺灣曾有翻印之，書坊今已惜不多見之矣。

至於辭源、辭海、中文大辭典爲現今所流行通用之工具書，各有千秋，未便論述，以免落入爲人作嫁之口實也。有關專門學術之工具書，非為檢字之用，門外漢難予論述。特附言之矣。

本文重予研討漢字檢字之困難，誠如民初文豪林紓之言，吾國文字未若歐洲之拼音字母，是故檢字之困擾，在所不免也。至於工具書，附而言之，以供參考耳。

註：元結；字次山，河南人。唐天寶進士，官累遷員外郎，晚拜道州刺史。著作排綺靡之習，著有元次山集等書。

古今滿江紅眞僞辨疑

【概說】

怒髮衝冠，憑欄處．瀟瀟雨歇。抬望眼．仰天長嘯，壯懷激烈。三十功名塵與土，八千里路雲和月。莫等閒白了少年頭，空悲切。　靖康恥，猶未雪。臣子恨，何時滅。駕長車踏破賀蘭山缺。壯志飢餐胡虜肉，笑談渴飲匈奴血。待從頭收拾舊山河，朝天闕。

（此闋爲宋代岳飛所塡，本文以下尊稱爲「岳武穆」，本闋滿江紅簡稱爲「此闋」。）

論及宋詞〈滿江紅〉一闋，幾予念及宋代岳武穆之「精忠報國，還我河山」，表顯中華男兒之豪氣壯志也。民國以來，此闋無人不知，無人不曉。猶以民國二十年代，日寇侵華，九一八事變發生至抗戰勝利，將此闋滿江紅編成軍歌，高唱不輟，敵愾同讎，熱血沸騰，愛國情操，賴以此闋〈滿江紅〉表達無遺矣。

【詞牌考證】

何謂「滿江紅」？世人無不知其名，而不知其然也。滿江紅詞牌之名，如清代趙翼之陔餘叢考等，其解說有三，茲錄於后：

陔餘叢考：「江船之巨而堅實，可載重者，曰；滿江紅。董穀之碧里雜存云：『明太祖得和陽，欲圖集慶，與徐達同行以覘之。至江值歲除，呼舟莫應。有貧叟夫婦二人，舟甚小，欣然納之。曰：日暮矣！明早渡江。因具雞黍留宿，厥明發舟。老叟舉棹口中打號曰：聖天子六龍護駕，大將軍八面威風。明祖元旦得此吉語，與達躡足相慶。登極後，訪得之。無子官其姪，并封其舟而朱之。故江中渡船稱滿江紅云。』」（卷三十三）

按：此說礙難信之，宋詞而引明代之傳說掌故，誠荒誕不經也，應不宜信之矣。

詞學全書．塡詞名解云：『唐冥音錄載：曲名〈上江虹〉，後轉二字得今名。』據此釋言：滿江紅係因上江虹之諧音而成，似恐未必之。清代萬樹之《萬氏詞律》，於目次下，亦引冥音錄之釋言也。

本草綱目：水草也。浮於水面，一名芽胞果，自古有之。乃隨取入詞，而爲詞名也。（白香詞譜之題解）

按：滿江紅爲槐葉蘋科，葉細小，互生，葉下有子囊，白色而有光彩，葉下鬚根垂入水中之。

滿江紅於樂府中，爲仄調。樂章集注爲仙呂宮，（元代高拭注爲南呂宮）。此闕御製詞譜共刊十四體，以九十三字爲正體（萬氏詞律以八十九字爲正體），宋人則以九十三字塡之。其字數多寡皆爲塡詞者隨心所欲，用墊字與否，並無限定。如御製詞譜既刊有柳永二闋，九十三字及九十七字各一闋。南宋時亦將此闋改塡平調，如御製詞譜刊有姜白石一闋，萬氏詞律刊有吳夢窗一闋，皆爲平調，後人亦有習之，如黨國元老前監察院長于右任老先生，既塡平調。此闋前闋八句四韻，後闋十句五韻，詞用墊字，原未若曲之普遍，然此闋用墊字，頗常有之。

【此闕滄桑】

論及〈滿江紅〉一闋，終不能脫俗，岳武穆所塡一闋，是否有贗作之嫌。眞僞問題，而近年以來，詞界論之久矣。此闋〈滿江紅〉，最先見自於明代徐階，於嘉靖十五年所編〈岳武穆遺文〉之中。岳武穆殉難於南宋紹興十一年（公元一一四一年），直至明世宗嘉靖十五年（一五三六年）其相距有四百年之久，故不得不令人生疑之？徐氏羅致此闋，係依據明孝宗弘治十五年（一五〇二年），浙江提學副使趙寬所撰岳武穆墓誌銘而編錄之。至於趙氏依何所據，則隻字未提。近人余嘉錫氏於其所撰《四庫全書提要辨證》中，則對此闋予以質疑(卷二十三)。並否定此闋非爲岳武穆所撰，而爲明代所贗作之。余氏所持主要理論有二；一爲岳武穆之孫岳珂所編纂金佗粹編(岳鄂王家集十卷包括在內)，未刊入此闋；一爲南宋末年、元代及明初之史籍，民間筆記亦未有此闋記載之。明人作僞，應無庸置疑也。近人詞學大師夏承燾氏亦疑此闋非爲岳武穆之手筆，夏氏於杭州岳廟此碑之碑陰，勘驗趙寬碑記原文，與李楨所編之《岳武穆集》（卷五）記載原文，略有差異。（按李楨之岳武穆集，爲余氏主要參考之一。）

金佗粹編之鄂王家集，本名之爲《岳武穆文集》，後改名《鄂王家集》未納入金佗粹編之內。鄂王家集所蒐羅岳武穆生前撰著，絕非完整，乃爲不爭之事實也。其原委；如南宋末年王明清之玉照新志所云：「秦檜殺岳氏父子後，其子孫皆徙重湖閩嶺，日賑錢米，以活其命。……」（卷六）。岳武穆生前撰著雖未經宋高宗收繳焚燬，岳家已遭喪家之禍，陷於抄家流徙之際，孰可收集岳武穆生前所撰著文稿歟？其散失殆盡，勢在必然矣！況岳武穆一生戎馬，撰著文稿，難有妥善保存之理也！

【真僞研討】

余氏於《四庫全書提要辨證》云：「……使當時飛之手澤猶有存者，安肯不亟亟尋訪，而聽其放失者哉！乃自嘉定三年十一月作序之後，直至端平元年十二月重刻（粹編）時，凡禁三十一年，而其所刻鄂王家集仍只此三萬餘言，未嘗增益一篇。然則飛之筆墨散落者，蓋無幾矣！如是有之，而爲珂所不及見，亦當先見宋元人之記載，或題跋扈尾。惡有沈霾數百年，突出於明中葉以後者乎？……滿江紅一詞，不題年月，亦不作於何地，故無破綻可指，然不見於宋元人之書，疑亦明人所僞託。」余氏之論，固有其見地，不容後人不生疑之。

惟近人唐圭璋氏於其所撰《詞學論叢》中，刊有一節：岳武穆又一首〈滿江紅〉，其云：岳武穆舊傳，小重山一首及滿江紅（怒髮衝冠）一首。但從無人知武穆尚有〈滿江紅〉一首，乃登黃鶴樓有感而作，詞見武穆墨跡云。茲將該闋及註錄於后：

《滿江紅》　遙望中原，荒煙外、許多城郭。想當年、花遮柳護，鳳樓龍閣。萬壽山前珠翠繞，蓬壺殿裡笙歌作。到而今、鐵騎滿郊畿，風塵惡。　兵安在，膏鋒鍔。民安在，塡溝壑。歎江山如故，千村寥落。何日請纓提銳旅，一鞭直渡清河洛。卻歸來、再續漢陽遊，騎黃鶴。

墨跡原有二紙，一爲送紫岩張先生北伐詩，一即此詞，此在岳鄂王集及金佗粹編諸書俱無之。墨跡有元統甲戌（元順帝元統二年，公元一三三四年）謝升孫題跋，宋克及文徵明題跋，或即宋克所藏者。（卷二　考證）

本闋唐氏所編《全宋詞》中亦刊之，並特註明《岳飛墨跡》。又註明：近人徐用儀所編《五千年來中華民族愛國魂》一書，卷端原係照片，……等云。

另中央月刊第九卷第一期一百九十六頁，刊載岳武穆七絕詩軸一件，其云：飲酒讀書四十年，烏紗頭上是青天。男兒欲到凌煙閣，第一功名不愛錢。款署岳飛，鈐印有二：鵬舉（白文）、岳飛之印（朱文）。此軸現存於臺北故宮博物院鑑定爲岳武穆眞跡，此七絕亦未刊於金佗粹編之中也。（民國六十五年十月三十一日出刊）

唐末韋莊之〈秦婦吟〉湮沒九百餘年後，始予面世，此已爲史實矣。另有唐王仁煦所撰《刊謬補缺切韻》一書，直至民國三十六年，故宮博物院影印唐代手鈔本。此業經千餘年矣！（現大陸古籍出版社正翻印中），然趙寬既刊出此闋，未言明其出處，實爲一大敗筆，徒令後世起疑之，而釀成千古文字懸案也。

岳武穆於風波亭殉難爲紹興十一年，而秦檜歿於紹興二十五年，其間共距十四年之久。況秦檜歿後，生前既令其子秦熺在朝，典領秘書圖籍之職。秦檜於禍國之初，殘害岳武穆，罷黜韓世忠，立主和議。爲恐史書遺留臭名，箝制思維，焚禁野史（筆記）之舉。是故其雖歿後，仍令其子在朝繼其劣政矣！而岳武穆身爲欽定要犯，其撰著列於焚禁，自不待言，而其撰著方於後代始予記誌矣。據宋史秦檜傳記載之云：「……十二月殺岳飛，檜以飛屢言，和議失計，且嘗奏請定國本，與檜大異。」因之，秦檜爲箝世人之口，文士之筆，奏禁野史等情。南宋末年，文士依舊載於稗史之中也。如王明清之揮塵後錄、陸游之老學庵筆記，言之綦詳。茲摘錄於后：

宋史秦檜傳：……檜乞禁野史，又命子熺以秘書少監領國史，進建炎元年至紹興十二年日曆五百九十卷。熺以太后北還，自頌檜功德，凡二千餘言。使著作郎王揚英、周執高上之，皆遷秩。自檜再相，凡前罷相以來，詔書章疏，稍及檜者，率更易焚棄。日曆時政，亡失已多。是後記錄，皆熺筆，無復公正是非矣！冬十月（紹興十四年）右正言何溥指程頤、張載遺書，爲專門曲家力加禁絕，人無敢以爲非。十五年……檜先禁私史，七月又對帝言：私史害正道，時司馬伋遂言涑水紀聞，非其曾祖光（司馬光）論著之書。其後李光（字泰發）家，亦舉光所藏

書萬卷焚之。……（卷四百七十三姦臣傳）

揮麈後錄：先祖早歲登科，遊官四方。留心典籍經營收拾，所藏書達數萬卷，皆自校讎貯之。……丁卯歲，秦檜之擅國，言者論會稽士大夫家藏野史，以謗時政，初未知爲李泰發家設也。是時明清從舅氏曾宏父守京口，老母懼焉，凡前人所記本朝典故，與夫先大人所述史稿雜記之類，悉付之回祿。每一思之，痛心疾首，後來明清多寓浙西婦家，煨燼之餘，所存不多，姪輩不能謹守，又爲親友盜去，或他人久假不歸，今遺書十不一存，每一歸展省舊篋，不忍復啓，但流涕而已。（卷七）

揮麈後錄：丁卯冬，……李泰發家舊有萬餘卷，亦以是歲火於秦，豈厄乎自有時耶！（卷七）

老學庵筆記：王性之讀書，眞能五行俱下，往往他人纔三四行，性之則已盡一紙。……既卒。秦熺方恃父氣燄薰灼，手書移郡，將欲取其所藏書，且許官其子，長子仲信，名廉清，苦學有守。號泣拒之曰：願守此書以死，不願官也。郡將以禍福誘脅之，皆不聽，熺亦不能奪而止。（卷二）

主和之議，本爲高宗，秦檜僅係奉旨而行之。焚禁野史之舉，是否亦爲高宗授意秦檜而爲之，難予斷言。如李心傳所撰《建炎以來繫年要錄》之云，頗爲微妙，似可推敲之。茲錄於后：

繫年要錄：紹興十二年三月辛亥，……上謂大臣曰：「朕兼愛南北之民，屈己講和，非怯於用兵也。若敵國交惡，天下受弊，朕實念之。今通好休兵，其利博矣！士大夫狃於偏見，以講和

爲弱，以用兵爲強，非通論也。（卷一百四十四）

繫年要錄：紹興二十有六年四月丙寅，……詔曰：「朕惟偃兵息民，帝王之盛德，講信修睦，古今之大利。是以斷自朕志，決講和之策。故相秦檜，非能贊朕而已。……近者無知之輩，以爲盡出於檜，不知悉由朕衷。（一百七十二）

高宗業已坦言，和議取決之策，非出於秦檜，乃由其一人而定之，當時「士大夫及無知者」之偏見，則出言誹謗，以用兵爲是，講和爲弱等。故高宗爲箝制世人之口，士大夫筆，免流於後世，乃降旨秦檜焚禁野史，亦未可知也。是時所焚禁之書，似非李泰發一戶而已矣。其被焚禁之書，不知幾多戶耶？岳武穆之類稿，有被焚之虞，自不在話下之矣。

宋史本紀卷三十三云：「紹興三十二年十月，壬午，官岳飛孫六人。」金佗粹編錄存，禮部奉旨改葬岳武穆文書，亦爲紹興三十二年十二月之事也，茲將原文鈔錄於后：

禮葬文書

故少保岳飛孫岳甫狀：見察　朝廷矜愍先祖飛以禮改葬。甫今踏逐到顯明寺一所，見存錢塘門外。照得本寺別無田產，只係律院。惟是近切　先祖墳塋，今欲乞充甫家功德院，伏望　特賜：將本府顯明寺，充本家功德院，施行。伏候旨指。十二月十八日。三省同奉　聖旨：『特依所乞。』　右劄付岳少保本家　紹興三十二年十八日押。（是年爲公元一一六二年）

依上言：岳武穆欽犯家屬，流徙重湖閩嶺，始於返籍係於紹興三十一年以後之事也。李心傳之建炎以來繫年要錄亦如此云：「紹興三十一年十月，……於是飛妻李氏及子霖等，皆得生還。」（卷一百九十二）秦檜歿於紹興二十五年，距此僅六年之時，此時此際，其子秦熺及其孫秦塤均列於朝，不能無所顧忌之。且岳氏初返錢塘，萬緒千痲，衣食溫飽，尙須張羅，況如前云，改葬岳武穆喬梓，以及呈請還田產等諸多事項，孰容遑論蒐羅岳武穆之遺墨耳？況岳武穆殉難於紹興十一年，受赦於三十一年，其中相距二十年之久。秦檜於當時大舉焚禁野史，岳武穆之遺作，豈有不被焚禁之列歟？二十年之滄桑，世態丕變，不言而喻矣。蒐羅遺墨，談何容易，掛一漏萬，勢所不免之。於詞之部份，滿江紅一闋確未刊列金佗粹編之中，而僅將〈小重山〉一闋，刊列於金佗粹編（卷十九），是否蒐羅未獲，抑或明人贋作，則難言之矣。故其孫岳珂於編纂金佗粹編時，其於鄂王家集自序有云。茲摘錄於后：

自序：先父岳霖，蓋嘗搜訪舊聞，參稽同異，或得於故吏之所錄，或傳自遺稿之所存，或備於堂劄之文移，或紀於稗官之直筆，掇拾未備，嘗於命臣，俾終其志。臣謹彙次，凡三萬六千一百七十四言，釐爲十卷，闕其卷尾，以俟附益。……散佚不考者，不能究知其幾也。異時苟未溘先犬馬，誓將搜訪，以補其闕，而備其遺。庶幾先臣之志，有考於萬世云耳。

依岳珂自序所云蒐羅岳武穆之遺墨，不遺餘力，業經言明。蒐羅非一蹴可成，雖知有遺珠之恨，惟求補苴耳！況自序中云：『散佚不可考者，不能究知其幾也。』岳武穆之遺墨喪失殆盡，一時難予蒐羅俱備，徒呼無奈耳！詞於宋代實爲普遍，文官武將，乃至市井小民，均可爲之，裁風吟月視爲消遺小品，不作大雅之談，是時亦未必珍視之，況爲欽犯之筆墨耶！

岳珂另撰《桯史》一部，未有論及岳家之事，亦未提及滿江紅一詞。四庫全書對該書評價頗高；云：「……餘則大旨，主於寓褒刺借物論以明時事，非他書所載，徒資嘲戲者，比所記遺事。……比正史爲詳備，所錄詩文，足以旁資考證。」依此評言，足證岳珂執筆爲文，不爲不專矣。提要又云：「毛晉刻本末附錄一卷，前爲岳飛傳及飛遺文，併珂詩文各一首已與此書無關，……今併刪之，庶不溷簡牘焉。」惜乎；此冊所附岳飛傳及其詩文而被刪之，未得一讀其詳也。憾哉！

至於余氏所論，宋元文獻或稗史等，亦未有記載〈滿江紅〉一闋之論。今於四庫全書子部中，元代士人所撰之稗史筆記等，爲數頗少，明初亦不多見。如胡應麟之少室山房筆叢等，均出於明代中葉也。至於宋代之稗史筆記，岳武穆殉難後，至孝宗時格於北方金人猖獗，爲平息民怨，不得已方赦免之。時爲專制帝王之時，士大夫皆明哲保身，多一事不如少一事，何惹禍自焚歟？故於稗史筆記中，未得見之，不難知悉矣。況秦檜父子在朝，官宦者皆諂諛之徒，又何斗膽而故犯權貴歟？南宋至理宗、度宗之時，業日薄西山，墨客騷士終日惶恐不安，大難將至，豈有閒情逸趣而舞文弄墨耳！

岳武穆遺墨於岳珂蒐編鄂王家集之當時，歷經巨變，幾將滅門，掛一漏萬，勢在必然矣。南宋趙與時曾於其所撰賓退錄記載，岳武穆題壁詩一首。未予收入金佗粹編之中。茲錄於后：

賓退錄：紹興癸丑，岳武穆提兵平吉虔群盜。道出新淦，題詩青泥市蕭寺壁間，云：「雄氣堂堂貫斗牛，誓將直節報君讎。斬除頑惡還君駕，不問登壇萬户侯。」淳熙（孝宗年號）間，林

今梓欲摹刻于石會罷去未果。今寺廢亡矣，其孫類家集，惜未有告之者。（卷一）

據趙氏賓退錄所云：「今寺廢壁亡，其孫類家集，惜未有告之者。」岳武穆之遺墨留存世間，不知有幾，如此七絕一首，苟非賓退錄所記，豈不是寺廢壁亡，隨瓦礫而朽沒矣！惜未告之岳珂而編入金佗粹編也。遺漏之詩文，應知其甚夥矣。

明代陳霆之渚山堂詞話云：「宋代邵公序贈岳飛〈滿庭芳〉本事云：『岳武穆駐師鄂州，紀律嚴明，路不拾遺，秋毫無犯，軍民胥樂，古名將莫能加也。』有邵公序者，薄游江湘，道其管內，因作〈滿庭芳〉贈之。」（卷一）

《滿庭芳》 落日旌旗，清霜劍戟，塞角聲喚嚴更。論兵慷慨，齒頰帶風生。坐擁貔貅十萬，啣枚勇，雲槊交橫。笑談頃、匈奴授首，千里靜欃槍。 荆襄。人安堵，提壺勸酒，布谷催耕。芝夫蕘子，歌舞威名。好是輕裘緩帶，驅營陣，絕漠橫行。功誰紀，風神宛轉，麟閣畫丹青。

按：邵氏年籍不詳。

唐圭璋氏之詞學叢論；轉述《鄂王遺事》云：『此詞句句緣實，非尋常諛詞也。』唐氏並評曰：「案此詞中「笑談頃、匈奴授首」句，顯然是檃括岳飛詞，「笑談渴飲匈奴血」之句(卷二 考證)。如此，岳武穆於寺壁所題七絕：「斬除頑惡還車駕」一句，亦顯有「駕長車踏破賀蘭山缺」之意味耳。

唐氏復撰一文，言明「岳飛之怒髮衝冠一詞，不能斷定是僞作」，剖析綦詳。茲轉錄於后：

近人謂岳飛「怒髮衝冠」爲僞作；其理由有二：一、宋元人載籍不錄此詞。二、岳飛孫岳珂所編金佗粹編及宋陳郁《話腴》不錄此詞。余以爲此二說，皆不足以證明此詞是僞作。宋詞不見於宋元載籍而見於明清載籍者甚多，如明陳霆《渚山堂詞話》即載有宋邵公序贈岳飛之〈滿庭芳〉詞。又如宋趙聞禮所編《陽春白雪》，詞集八卷，外一卷，久已失傳。清朱彝尊編輯《詞綜》，集合多人搜集；計覽觀宋元詞集一百七十家，傳記、小說、地志共三百餘家，歷歲八稔，然後成書（汪森之詞綜序）。但當時陽春白雪詞集尚未發現，集中之詞即無從錄入。直至清道光時，陽春白雪始重現人間，陶梁因據以編《詞綜》補遺。我國古來私人藏書，往往視爲至寶，不欲人知，故當其所藏珍籍尚未公之於世之時，雖有人盡量尋訪，亦不可能備載無遺。直齋書錄題解卷十八載《岳武穆集》十卷，久佚不傳。因此岳珂、陳郁書不載岳飛此詞，不等於岳飛即不可能作此詞。岳飛作此詞，最初究爲何人、何時、何地傳出，由於文獻不足，不能確定，但謂爲僞作，卻誠有如學初所云：「難免有流於武斷之嫌，似以審愼爲宜。」……（有關岳武穆另一首滿江紅〈遙望中原〉之記事，已錄於前，略之。）可見岳飛尚有餘翰，亦不能謂之爲僞作。至「怒髮衝冠」詞中，所謂「胡虜、匈奴、賀蘭山」皆借古喻今，并非實指，亦不證其爲僞作。（卷二　考證）

唐氏之言，〈怒髮衝冠〉一闋爲岳武穆所塡，已言之鑿鑿，不容置疑，然總爲推理之論，有乏具體佐證。其言；最初發現者，究爲何人？何時？何地？由於文獻不足，不能確定等語。亦有其可疑之處也。余嘉錫氏所言亦復此，「不爲宋元載籍所載」。二氏所言詣旨不外；徐階編纂岳武穆遺文之當初，語焉不詳，取自於何處歟？是故二氏之主張，是與非，皆爲推理之論也。認定非岳武穆所塡者，尚有近人陳定山氏等多位，非爲余氏一位也。

至於此闋中，所用詞句。或言「八千里路、賀蘭山、長車」等等之推敲，皆不足以言之，千古文章本是一大抄。既如此闋之首句「怒髮衝冠」，乃是採史記〈廉頗藺相如列傳〉，以及晉書〈王遜傳〉之言耳。茲摘錄於后：

藺相如列傳：……王授璧，相如因持璧卻立，倚柱，怒上衝冠。……

王遜傳：……怒囚群帥，執崇（姚崇）鞭之。怒甚，髮上衝冠，爲之裂。（卷八十一）

文章套用前人文，屢見不鮮，至於「八千里路」則爲引用韓愈左遷潮州示韓湘之詩：「一封朝奏九重天，夕貶潮陽路八千」。皆與此闋眞僞並無關聯之，無須深論也。論者謂，此闋滿江紅與鄂王家集卷十九所刊〈小重山〉一闋，風格迥異，非出自一人之手筆。此闋不獨與小重山風格有異，既與〈遙望中原〉之滿江紅一闋，於風格亦有顯著差別，此乃不爭之事也。故特予假定，此闋如係岳武穆所塡，必經後人所潤飾之。此闋非獨氣勢磅礴，對仗工整，即使音韻無不協律，音分清濁，韻分陰陽，非爲〈小重山〉及〈遙望中原〉二闋可相背之。小重山等二闋僅爲平仄合律耳，餘皆難予論之。誠如李清照於《詞論》中評論蘇軾之詞風所云：「蘇子瞻學究天人，作爲小歌詞，直如酌蠡水於大海，然皆句讀不葺之詩爾。又往往不協音律者何耶？」又云：「蓋詩分平側，而歌詞分五音，又分五聲，又分六律，又分清濁輕重。」等語。苟依此之言，〈怒髮衝冠〉一闋，則符易安居士所言各項規律，而小重山等二闋相距甚遠矣！岳武穆雖爲一代名將，而經綸滿腹，可言「學究天人」，然五音六律則非所長。其所塡之詞，美其名，爲學者之詞，而非詞家之詞也。況岳武穆所塡之詞，僅爲以洩憤懣而已，非爲彈唱之詞也。

至於小重山一闋之風格，與此闋顯然差異，宋代陳郁之藏一話腴云：「武穆〈賀講和赦表〉云：『莫守金石之約，難充谿壑之求。』故作詞云：『欲將心事付瑤琴，知音少，弦斷有誰聽。』蓋指議和之非也。」（甲集卷下 清代張宗櫹之詞林記事卷九等，均記之。）唐圭璋氏特引話腴之論，岳武穆既言議和之非，故於滿江紅一闋中云：「莫等閒白了少年頭」一語，可明其心事，忠憤可見矣。茲將小重山一闋錄於后：

《小重山》 昨夜寒蛩不住鳴。驚回千里夢、已三更。起來獨自繞階行。人悄悄、簾外月朧明。
白首爲功名。舊山松竹老、阻歸程。欲將心事付瑤琴。知音少、絃斷有誰聽。

小重山一闋，不論音律、文藻、氣慨，實不及〈怒髮衝冠〉一闋，猶以氣慨而言，迥然有異之。或言兩闋塡作時間不同，心情有異，故氣慨有別也。小重山之「獨自繞階行」一句，足證岳武穆滿腹愁緒，無處申訴，而獨自徘徊之，故方有「知音少、絃斷有誰聽」之憤慨情懷也。

高宗爲一己之利，南面稱孤道寡，不念父兄被虜之讎，自我解嘲而言，主和乃爲避免生民塗炭，實爲好生之德也。孰不言及北方黎民，於金人鐵蹄蹂躪下，水深火熱之苦楚歟？岳武穆志欲直搗黃龍，救回徽欽二帝，滿懷憂國憂民之愁緒，無處伸張，而以詞中宣洩之。兩闋文藻之氣慨有異，其主旨並無二致，皆爲雪恥復國之雄心壯志矣！

前代文人學者有一陋習，喜篡改或贗作他人文章，宋代以降，日盛一日，明清兩代，爲之更劇。如南唐後主李煜所塡〈破陣子〉一闋，最後一句「最是倉皇辭廟日，垂淚對宮娥」，另有版本爲「揮淚對宮娥」，「垂、揮」二字，孰眞孰改，則難知之矣？清代梁紹壬之〈兩般秋雨盦隨筆〉爲一「揮」字，大作文章也。（卷二）然垂淚爲靜態，揮淚爲動態，各有其意境，篡改者閒極無聊也。再如元曲，馬致遠所作天淨沙一闋，題名秋思。原詞：

枯藤老樹昏鴉。小橋流水人家。古道西風瘦馬。夕陽西下。斷腸人在天涯。

然此曲經近人隋樹森所編全元散曲考據云：「老學叢談：枯作瘦、小橋作遠山、夕陽作斜陽、人在作人去。歷代詩餘及詞綜引別本老學叢談：人家作平沙、西風作淒風。」此一則膾炙人口之元曲，不知歷經後人幾度篡改之，非獨此則元曲，即如老學叢談一書，尙且版本有二，已被篡改之嫌，如此足證歷代文人篡改之舉，駭人聽聞耶！此可言歷代文丑之精心傑作也。然平心論之，經篡改後之作，確較原作之曲爲佳矣。是故〈怒髮衝冠〉一闋，苟爲岳武穆之作，被篡改之嫌，難予否定之，確較小重山等闋爲佳，亦可言之爲上上之作，而流傳千古也。苟若小重山一闋亦復幾經後人潤飾之，岳武穆之詣旨則更爲恢弘，韻律亦更爲暢順，而非如此佶屈聱牙耳。

怒髮衝冠一闋，言經後人潤飾，僅爲假定而已。致於何人潤飾？何時潤飾？爲何潤飾？則難予言之矣。余氏所論，此闋贗作，應出於明人之手。即非贗作，其潤飾亦應出於明人之手，宋人固有擅予鈔襲及贗作之習，而岳武穆原為欽定要犯，國人習性，避禍趨福，自不致惹禍上身耳。元亡明興，中葉以後，承平之世，民間富庶，文人雅士，閒極無聊，而生此雅興矣。況元代中原黎民倍受蒙古人之蹂躪，怨惡異族之念，油然而起之。更憐岳武穆抗金主戰之舉，民族正氣，竟以「莫須有」之罪名，而枉死於風波亭，不論贗作或潤飾，論於此時，似不訛矣。至於現存流傳此闋之拓碑，或言為岳武穆之眞跡，應亦存疑。此碑現立於河南朱仙鎮岳王廟中，岳王廟亦修建於明代也。

或言此闋中言詞激烈，有牴忤朝廷之嫌，如藏一腴話之言：武穆之賀講和赦表所云等，是故岳珂未錄於鄂王家集之中也。此言復有商榷之餘，岳珂亦為詞高手，於全宋詞中共錄有滿江紅、六州歌頭等八闋長詞，既有牴忤之處，自可改之，而不致棄之矣。且岳珂之兄，岳甫亦善予塡詞，全宋詞中錄有為其祖父祝嘏(冥誕)滿江紅一闋，故此論不足取也。

後人對此闋中所言：「賀蘭山、胡虜、匈奴」等字樣，與當時金人佔據中原情節不合，議論紛紜。或言此闋中，原非如此，言及金人女眞族，而清代為女眞族之後裔，又為清人再次潤飾，以免而再起文字之禍耳。

今岳武穆故里河南湯陰縣岳廟內立一方石碑，上鐫刻此闋，並跋云：「右滿江紅詞乃宋少保岳鄂武穆王作，天順二年春二月吉日　庠生王熙書。」此闋最後一句「朝天闕」，改作朝「金」闕。以天字改作金字，頗有商榷。或言為諱明景帝天順年號，然年號為紀錄公務時日之用，自古未有避諱之舉，亦未有避諱之理也。亦有言：本爲朝金闕，因清代爲金人後裔之故，而將金字改天字。苟若言爲繕書者王熙之筆誤，絕無可能，立書刻碑，千校萬對，且非經一人之目，豈有如此兒戲之理也。然此碑有無贋作之嫌，不可不疑之，「天順」爲景帝之年號，歷經憲宗、孝宗、武宗後方至世宗嘉靖年號，其間有一甲子有餘。徐階於嘉靖十五年始編纂岳武穆遺文，而其依據孝宗弘治十五年，浙江提學副使趙寬，所撰岳武穆墓誌銘所編之。若依今日辭典所編公元年代而計算，其中更有可疑之點耶！景帝天順二年爲公元一四五七年，孝宗弘治十五年爲公元一五〇二年，世宗嘉靖十五年爲公元一五三六年，徐階何未引用天順二年之碑歟？引後未引前，不無疑竇耶！如此則難釋之矣！然可斷言，此闋不論是否岳武穆所塡，而經後人潤飾，無庸疑議之矣。

怒髮衝冠一闋之眞與僞，余氏等所論及不外是文詞，而於音韻方面則未見論及之。宋詞原繼樂府後之歌唱，不獨講求詞藻澎湃華麗，且更需聲音清脆響亮，於音韻方面鮮少有論及之。怒髮衝冠之韻律可言爲上乘，而較小重山及另一闋滿江紅（遙望中原）則不可同日而語矣！宋代女詞人李清照之《詞論》言之甚詳。其云：「……逮至本朝，禮樂文武大備，又涵養百餘年，始有柳屯田者，變舊聲作新聲，出樂章集，大得聲於世。雖協音律，而詞語塵下。……至晏元獻（殊）、歐陽永叔（修）、蘇子瞻（軾），學究天人，作爲小歌詞，直如酌蠡水於大海，然皆句讀不葺之詩爾。又往往不協音律者何耶？」復云：「蓋詩文分平側，而歌詞分五音，又分五聲，又分六律，又分清濁輕重。」據此論〈怒髮衝冠〉一闋不論五音、五聲、六律、清濁、輕重等項，無不合於詞律之規定耳。岳武穆之文學造詣不容置疑，而一代虎將對音律之修維，是否如此深厚，則難言之矣？疑竇之起，何怪之有！因此故可斷言，此闋不論是否岳武穆所填，乃經後人潤飾，無庸疑議之矣。（李氏詞論除刊於李清照全集卷，苕溪漁隱叢話後集卷三十三中亦刊之。）

【細說餘闋】

〈怒髮衝冠〉一闋，近數年來論說，足可汗牛充棟，然本文亦未能脫俗，冗長累贅而敘述之。有關滿江紅一闋，自來佳作頗夥，且不乏有贋作之品，而可證古人之陋習矣。贋作未必不佳之，然歷來佳作累累，如岳甫祭其祖父一闋，實有乃祖之風也。

《滿江紅》　碧海迢遙，曾窺見、赤城樓堞。因傲睨塵寰，猶帶憑虛仙骨。武庫胸中兵十萬，文場筆陣詩千百。記向來、小試聽臚傳，居前列。　世間事，都未說。親爲大，官毫末。況諸郎鍾慶，夙齡英發。銀菟頒符方易地，金鑾寓直行趨闕。更相期、盡節早歸來，傳丹訣。

（本闋爲變體，上闋第四句少一字。）

岳甫於詞後並跋之云：「甫敬賦滿江紅，敬祝百千遐算，甫再拜。」另尚一闋水調歌頭不錄。岳珂亦作滿江紅一闋，爲吟風裁月之類，不予錄之矣。

北宋南渡後，舉凡有民族正氣人士，皆以滿江紅一闋以紓憤懣。高宗朝右司諫趙鼎，力排和議，而忤秦檜。其於南渡途中亦填滿江紅一闋：

《滿江紅》　慘結秋陰，西風送、絲絲雨溼。淒望眼、征鴻幾字，暮投沙磧。試向鄉關何處是，水雲浩蕩迷南北。但一抹、寒青有無中，遙山色。　天涯路，江上客。腸欲斷，頭應白。空搔首興歎，暮年離隔。欲待忘憂除是酒，奈酒行有盡情無極。便挽取、長江入尊罍，澆胸臆。

（本闋爲變體，「奈酒行有盡情無極」此句中有一襯字，或轉錄時錯誤，無他本可考。錄自全宋詞）

趙氏於詞後並跋之云：「丁未（欽宗靖康二年）九月南渡，泊舟儀眞江口作。」

宋詞非獨爲墨客騷士之消遣作品，既使武將亦可爲之。南宋名將韓世亦有滿江紅一闋留於後世，惟該闋出自於演義小說，應是贗作毋庸存疑之。

《滿江紅》　萬里長江，淘不盡、壯懷秋色。漫說道、秦宮漢帳，瑤臺銀闕。長劍倚天氛霧外，寶弓掛日煙塵側。向星晨、拍袖整乾坤，難消歇。　龍虎嘯，風雲泣。千古恨，憑誰說。對山河耿耿，淚沾襟血。汴水夜吹羌笛管，鸞輿步老遼陽月。把唾壺、敲碎問蟾蜍，圓何缺。

（本闋與王昭儀一闋同，可疑，於王女詞後述之。）

本闋刊於演義小說《說岳全傳》第五回，此書全稱《精忠演義說本岳王全傳》。撰著人爲清代錢彩，是否係錢彩所贗作，應有疑慮，其他書籍未有見之矣。故難予驟信爲韓氏之筆翰，然韓氏亦可塡詞。宋代費袞所撰《梁谿漫志》中，載有韓蘄王詞兩闋：一曰臨江仙，一曰南鄉子。宋代武將能塡詞者，故知非岳武穆一人也。茲將梁谿漫志及韓氏之詞錄於后：

梁谿漫志：紹興間，韓蘄王自樞密使就第。放浪湖山，匹馬數童，飄然意行。一日至湖上，遙望蘇仲虎尚書宴客，靳王逕造其席，喜甚醉歸。翌日折簡，謝餉以羊羔，且作二詞，手書以贈，蘇公緘藏之。親題其上云：二闋三紙勿亂動。……（卷八）

《臨江仙》　冬看山林蕭疏淨，春來地潤花濃。少年衰老與山同。世間爭名利，富貴與貧窮。榮貴非千長生藥，清閒是不死門風。勸君識取主人公，單方只一味，盡在不言中。

《南鄉子》　人有幾何般。富貴榮華總是閒。自古英雄都是夢，寶玉妻男宿業纏。　年邁衰殘。鬢髮蒼浪骨髓乾。不道山林有好處，貪歡。只恐癡迷誤了賢。

此二闋皆有訛謬：臨江仙一闋，上闋第一句「疏」、第四句「名」，下闋第一句「生」、第三句「主」等，平仄不調。且下闋第二句多一「是」字。南鄉子一闋，上闋第三句與四句之間漏一句兩字，如下闋「貪歡」二字。因無他本可考。（全宋詞按梁谿漫志照章所錄，錯誤無法校考證，恐爲原書謄繕之誤也。）

南宋愛國詩人陸游，生平詩詞作品，無不慷慨激昂，亦爲一位多產作者，其於老年臨終之前，仍有一首〈示兒〉詩云：「死去原知萬事空，但悲不見九州同。王師北定中原日，家祭無忘告乃翁。」平生未能北伐爲憾也。其所塡之詞，滿江紅共有兩闋，一爲孝宗乾道二年赴建康途中所塡，一爲乾道六年赴夔州時所塡，僅爲感歎而未有慷慨之氣氛矣。則不若中年所塡一闋〈訴衷情〉，則澎湃激昂之。試錄於后：

《訴衷情》　當年萬里覓封侯。匹馬戍梁州。關山夢斷何處，塵暗舊貂裘。　胡未滅，鬢先秋。

淚空流。此生誰料，心在天山，身老滄州。

按：此闋所言「天山」，乃指祁連山，爲開封之屏障也。

宋代羅大經所撰鶴林玉露，刊有滿江紅一闋，具有佛家思想，世人疑爲朱熹所塡，朱言非其所作，乃爲僧人晦庵所塡。朱氏號仲晦，並因著有〈晦庵詞〉，故世人疑之。此闋出世思想頗濃，有禁世之意，饒富風趣，特錄之。

《滿江紅》 膠擾勞生，待足後、何時是足。據見定、隨家豐儉，便堪龜縮。得意濃時休進步，須知世事多翻覆。漫教人、白了少年頭，徒碌碌。 誰不愛，黃金屋。誰不羨，千鍾祿。柰五行不是，這般題目。枉費心神空計較，兒孫自有兒孫福。也不須、採藥訪神仙，惟寡欲。

（卷四）

按：僧人晦庵年籍不詳。

此闋對仗不工，上下闋之七字句均須對仗，惜已改作聯句，有欠工整。

元代陶宗儀之輟耕錄云：「至元十三年丙子春正月十八日，淮安王巴延以中書右相統兵入杭，宋謝全兩后以下皆赴北。有王昭儀者題滿江紅詞於驛云(錄於后)，昭儀名清蕙，字沖華，後爲女道士。五月二日抵上都，朝見世皇，十二日夜故。……」（卷三）

按：陶宗儀爲元末明初時人，而文文山全集爲明初永樂進士德安何遷所編，有欠簡略。後爲嘉靖進士吉水羅洪先補遺之。特採陶氏所編輟耕錄所記。

《滿江紅》太液芙蓉，渾不是、舊時顏色。曾記得、春風雨露，玉樓金闕。名播蘭簪妃后裡，暈潮蓮臉君王側。忽一朝、鼙鼓揭天來，繁華歇。龍虎散，風雲滅。千古恨，憑誰說。對山河百二，淚沾襟血。驛館夜驚塵土夢，宮車曉碾關山月。願嫦娥、相顧肯從容，隨圓缺。

說岳全傳所刊滿江紅一闋，可言為和本闋之韻，本闋見之於明初陶宗儀之輟耕錄，而說岳全傳則為清代錢彩所撰，所用之韻，除下闋第二句「泣與滅」二字不同外，餘皆雷同。下闋幾乎照鈔不誤，如「千古恨，憑誰說」、「淚沾襟血」。其餘數句僅略改幾字而已，可武斷言之，錢氏不獨有贋作之虞，且有鈔襲之之嫌耶！

清代康熙時人徐釚，於其所撰《詞苑叢談》記有此闋，及註有年代為元代至正丙子年，並將「春風雨露」之春風二字，擅改為「承恩雨露」。春風二字則為瀟灑飄逸，而承恩二字則顯有權威及諂諛之意，（春風、承恩之詞乃為封建時代女子貞操之慮也），實為畫虎而不成也。

詞苑叢談云：「至正丙子正月十八日，元兵入杭。」至正年號，則有訛誤，應為「至元丙子」。綱鑑記載：「丙子二年：宋端宗景炎元年，元世祖至元十三年。元伯顏帥師次於臯亭山，文天祥、張世傑請移三宮人海，而已帥衆背城一戰。陳宜中不許，白太后，遣監察御史楊應奎，上傳國璽以降，伯顏受之。遣使召陳宜中出降議事。」清代齊召南所編《歷代帝王年表》亦作如此云耳。至於至正二年為壬午年，順帝年號。順帝繼位，年號先為元統共二年，因水旱災疫，改為至元年號，至元二年亦為丙子，其中相距一甲子矣。詞苑叢談刊印為至正二年，或為徐氏筆誤，或為刻版錯謬，特附記之。

（綱鑑卷三十七　南宋紀恭宗章）

詞苑叢談復云：「文丞相讀至末句「隨圓缺」，歎曰：惜哉！夫人於此少商量矣。」並爲之代作二闋滿江紅。徐氏復評之曰：「予按女史載王昭儀抵上都，懇請爲女道士，號沖華。然則昭儀女冠之請，與丞相黃冠之志，後先合轍，從容圓缺語，何必遽貶耶！」（凡詞苑叢談所載皆於卷六　記事一）

輟耕錄所刊王昭儀之一闋滿江紅，並未記於何處驛，一切經過，均語焉不詳。陶氏爲元末明初時人，於南宋滅朝之時，亦僅數十年之久（陶氏爲元代學人），尚不致如此含混耳。詞苑叢談亦復如，故使後人對王昭儀一闋，亦應有存疑之處也。

王昭儀一闋最後一句，輟耕錄記爲「隨圓缺」，而浩然齋雅談則刊爲「同圓缺」（卷下）。據東園客談、佩楚軒客談、渚山堂詞話（卷一）等，均刊有本闋，皆云爲王照儀位下宮人張瓊英所塡，佩楚軒客談並註明本闋題於南京夷山驛（全一卷）。指南後錄卷一上，則記爲「從圓缺」（文文山全集）。

文丞相滿江紅二闋錄於后：

《滿江紅》　試問琵琶，胡沙外、怎生風色。最苦是、姚黃一朵，移根仙闕。王母歡闌瑤宴罷，仙人淚滿金盤側。聽行宮、半夜雨淋鈴，聲聲歇。　彩雲散，香塵滅。銅駝恨，那堪說。想男兒慷慨，嚼穿齦血。回首昭陽離落日，傷心銅雀迎新月。算妾身、不願似天家，金甌缺。

《滿江紅》　燕子樓中，又捱過、幾番秋色。相思處、青年如夢，乘鸞仙闕。肌玉暗消衣帶緩，淚珠斜透花鈿側。最無端、蕉影上窗紗，青燈歇。　曲池合，高臺滅。人間事，何堪說。

向南陽阡上，滿襟清血。世態便如翻覆雨，妾身原是分明月。笑樂昌、一段好風流，菱花缺。

（以上二闋皆和王昭儀之韻）

上記二闋亦似有贋作之嫌，至於何人贋作，而徐氏復未作考證及評述，則無可考之。依文文山指南錄（文丞相生平撰著，明代郭一鶚整編），卷二、卷三兩卷中所作之詩，記載歷經被俘感歎，然未記有於驛站言及閱王昭儀所塡滿江紅一事，指南後錄中則有錄此二闋。全宋詞所錄此二闋，亦註明錄自指南後錄。近人李安所撰《文天祥史蹟考》，後附年表中。文丞相自海豐縣被俘，解至燕京，沿途經過，記載綦詳，未有言及途過驛站，有關王昭儀滿江紅一闋之事，故不得不疑有贋作之虞也。茲將李氏所編記載文丞相沿途之經過。茲摘錄附於后：

端宗景炎三年十二月十五日屯兵廣東海豐，二十日兵潰被俘。二十七日解至元軍都元帥張弘範處。

次年正月初二張弘範攻崖山，被移禁海上。十三日解至崖山，迫令作書勸張世傑降，拒從之。

同年三月十三日解回廣州。

同年四月二十二由都鎮撫石嵩械護北上，與崖山朝士鄧光薦俱發廣州。二十五日至南安軍，次日東下，囚於舟中。二十八日至贛州，六月初一至吉州，初五過隆興，十二日至建康，囚於邸中。

同年八月二十四日北行渡江，二十六日至揚州，九月初七至邳州，九月初九至徐州，十五日至東平府，二十日至河澗，二十一日至保定，十月初一至燕京。

初至燕京，解至會同館，館人拒收，囚於小館偏室之。

依李氏之年表所記文丞相解押行程，自建康以後之路程，行經大運河，皆囚於舟中，並未提及投宿驛館承事，難有見之王昭儀滿江紅矣。再言，文丞相既已被俘，途中何可從容塡詞歟？於指南錄前集卷二、卷三中，沿途確有作詩之舉，惟皆爲五絕、七絕短詩而已，詩僅需記平仄，而詞則不然，需按譜塡之矣。如此：三闋滿江紅恐似有贗作之嫌耳，皆令後人存疑之！

佩楚軒所記，王昭儀之滿江紅一闋，題於南京夷山驛館。而李安氏之文丞相年表所記載，「十二日至建康（南京），囚邸中」，此「邸」即爲夷山驛館否，則未可知也。指南錄中，記有十月一日解至燕京，後作感懷詩五律一首，詩前序言：「己卯，八月二十四日，予以楚囚發金陵，十月一日至燕，越五日罹狴犴。今爲庚辰仲秋後九日，感懷四十字。」（卷三）沿途所經之事，均有記之，「惟邸中前後」，未見隻字矣。文文山全集（指南錄）雖爲文丞相所撰，而爲明人所編，事隔將百年之久，是否有所遺漏或贗作情事，實難予知之矣。

近人許浩基所撰文文山傳信錄，後附文丞相年表云：「……四月二十二日發廣州，五月二十五日至南安，始繫頸縶足，以防江西之劫奪者，公即絕粒不食計日。可首丘盧陵，乃爲文祭墓，爲詩別諸友，遣人登岸，馳歸約六月二日，復命盧陵城下，即瞑目長逝。乃水盛風駛，前一日過盧陵至豐城，始知所遺人竟不得行。公至是不食，垂八日若無事，然私念死盧陵不失爲首丘，今委命荒江，志節不白，誰知之者，盍少從容以就義乎？遂復飲食如初。初眾議，以公漸殆，欲行無禮，掩鼻以灌粥酪，至是乃止。六月五日至隆興，觀者如堵，北人有駭其英毅者，曰諸葛軍師也。十二日至建康，鄧光薦以病留天慶觀，七月公爲光薦作東海集序。七月二十四日公北行，淮士有謀奪公江岸者不果。十月一日至燕，供張如上賓館，人云：博羅丞相命也，公義不寢處，坐達旦。五日送兵馬司，枷項縛手，坐一空室，防衛甚嚴。」

許氏編纂傳信錄羅織綦詳，自宋末至民國有關文丞相之各項文字均蒐羅之。至於被械護至建康，兩月之久，未見有所隻字片言之紀錄，頗爲憾也。而被囚禁建康時日，是否拘於夷山驛館，則未可知也。故對王昭儀一闋滿江紅，有無贋作，僅可存疑，無法考證歟？

釋：

狴犴：龍生九子，其四子曰狴犴，形似虎，性好守，立於獄門之上。

丘首：禮記檀弓上篇：「古之人有言曰：『狐死正丘首，仁也。』」喻曰：禮不忘本也。元代陳浩注云：「狐雖微獸，丘其所窟藏之地，是亦生而樂於此矣。故及死，而猶正其首以向，不忘其本也。」

（文丞相，廬陵人氏，被俘解至廬陵，願歿於其鄉，不忘本也。）

全宋詞中刊錄文丞相另一闋滿江紅，言詞慷慨，然未註明自何出處，錄自何人簿籍，有欠註記，附錄於后：

《滿江紅》　酹酒天山，今方許、征鞍少歇。憑鐵脅、席磨百鍊，丈夫功烈。整頓乾坤非易事，雲開萬里歌明月。笑向来、和議總蛙鳴，何關切。　鐃吹動，袍生雪。軍威壯，笳聲滅。念祖宗養士，忍教殘缺。洛鼎無虧誰敢問，幕南薄灑羶腥血。快三朝、慈孝格天心，安陵闕。

（本闋爲和岳武穆韻，文文山全集中未刊此闋。足令人置疑之。）

文丞相被俘後，禁於崖山時，崖山朝士鄧剡同囚一室，情成莫逆。後文丞相解至建康時，囚於官邸中。而鄧剡（光薦因病留於天慶觀，自六月十二日至八月二十四日北上，兩月有餘，曾爲鄧氏所撰之《東海集》作序。惜鄧氏以後失節，屈膝於元將張弘範。鄧氏亦撰滿江紅一闋，尚爲悲壯，亦有贋作之疑，鄧因俘被羈，病留天慶觀，可否有至「邸」中（夷山驛館），不無疑問？且後屈膝降元，有無如此節氣，而和王昭儀之韻，何可信之矣！茲將該闋錄於后，以待博者評之。

《滿江紅》　王母仙桃，親曾醉、九重春色。誰信道、鹿銜花去，浪翻鼇闕。眉鎖嬌娥山宛轉，髻梳墮馬雲攲側。恨風沙、吹透漢宮衣，餘香歇。　霓裳散，庭花滅。昭陽燕，應難說。想春深銅雀，夢殘啼血。空有琵琶傳出塞，更無環佩鳴歸月。又爭知、有客夜悲歌，壺敲缺。

（本闋註爲和王昭儀韻，錄自永樂大典卷三千零零四。指南後錄卷一下，亦刊此闋；註云：和王夫人滿江紅韻，以庶幾后山妾薄命之意。）

另有汪元量者，亦和王昭儀滿江紅一闋，渠曾侍王昭儀有年，所作處甚哀怨傷感。茲錄於后：

《滿江紅》　天上人家，醉王母、蟠桃春色。被午夜、漏聲催箭，曉光侵闕。花覆千官鸞閣外，香浮九鼎龍樓側。恨黑風、吹雨溼霓裳，歌聲歇。　人去後，書應絕。腸斷處，心難說。

更那堪杜宇，滿山啼血。事去空流東汴水，愁來不見西湖月。有誰知、海上泣嬋娟，菱花缺。

元代異族人士中，對文學詞曲造詣較深，而有四才子之稱者。計有；薩都拉（亦作剌，蒙古人）、貫雲石（維吾爾人）、馬昂夫（回鶻人）、不忽木（康里部人，即漢代高車國）等。貫雲石等三人皆以元曲見長，惟獨薩都拉對詞造詣極高。清代舒夢蘭（字白香）所編白香詞譜，刊錄兩闋，第八十六闋爲滿江紅，題名「金陵懷古」，頗爲清麗，將金陵自六朝以後，衰敗景象，感歎敘述，扣人心弦。且斟字酌韻，無不妥善。可言上上之品也。薩氏尚有一闋念奴嬌（第八十七闋），亦寫金陵石頭城，兩闋不相仲伯之。茲將滿江紅錄於后：

《滿江紅》　六代豪華，春去也、更無消息。空悵望、山川形勝，已非疇昔。王謝堂前雙燕子，烏衣巷口曾相識。聽夜深、寂寞打孤城，春潮急。　思往事，愁如織。懷故國，空陳跡。但荒煙衰草，亂鴉斜日。玉樹歌殘秋露冷，臙脂井壞寒螿泣。到而今、只有蔣山青，秦淮碧。

另有悼念岳武穆一闋滿江紅，現有明代文徵明墨跡一幅，（並有宋高宗賜岳武穆手敕一件，現存於臺北故宮博物院。美哉中華第八十七期予以刊登，六十五年元月號。）

《滿江紅》　拂拭殘碑，敕飛字、依稀堪讀。慨當初、倚飛何重，後來何酷。果是功成身合死，可憐事去言難贖。最無辜、堪恨更堪悲，風波獄。　豈不念，中原蹙。豈不卹，徽欽辱。但徽欽既返，此身何屬？千古休談南渡錯，當時自怕中原復。笑區區、一檜亦何能，逢其欲。

近人虞君質氏云：「今查此滿江紅原爲文天祥所作，徵明本件題旨，涵意深遠，其憂國憂時之心，已藉這首滿江紅表露無遺！史稱文氏以九十高年，身體仍然康強如常。」又云：「尤以滿江紅詞，寫成於文氏去世之年初春。所書內容，有數字與文信國原詞不同，想係文氏年老力衰，記憶力不免減退，以致所書與原詞略有出入。」茲復錄虞氏所云一闋如后：

《滿江紅》　拂拭殘碑，敕飛字、依稀可讀。慨當初、倚飛何重，後來何酷。果是功成身合死，可憐事去言難贖。最無辜、堪恨最堪憐，風波獄。　豈不念，靖康辱。豈不卹，中原蹙。但徽欽一返，此身何屬？千載休談南渡錯，當時自怕中原復。彼區區、一檜有何能，逢其欲。

（以上二闋確有少數幾字之差，然與義與韻皆無訛謬，孰是孰非，以待博者證之。虞氏並未予註明出處，文文山全集中未刊此闋，全宋詞亦未編入文丞相篇內，特予註明之。）

（虞氏年籍不詳，本文刊於藝海雜誌第一卷第三期，民國六十六年六月出版，並註明爲虞氏遺作。）

徐釚之詞苑叢談云：「夏侯橋沈潤卿掘地，得宋高宗賜岳侯手敕刻石，文徵明待詔題滿江紅詞。」本闋詞句又略有變動，如上闋之最無辜，變爲「最無端」。下闋前四句亦予變更爲「豈不念，封疆蹙。豈不念，徽欽辱。」第五句但字亦改爲「念」字，如此又有另一版本，誠不知孰爲本詞之原本，孰爲後人擅改之矣。（卷八）

夏侯橋位於何處？沈潤卿何許人也？僅一筆帶過，未予敘明。文徵明待詔題本闋滿江紅，如此本闋爲文氏所塡？抑或爲文氏所題？文氏奉何朝，何帝之詔？則語焉不詳，令人難予捉摸之。本闋究竟爲何所作？亦難知之矣。誠一波未平一波又起，又添一宗學案也。（至於宋高宗「手敕」一事，前已述明，現存於臺北故宮博物院。）

文徵明氏生於明代中葉，承平時代，詞風清麗恬靜，風格略有差異，明代徐㶿所撰徐氏筆精刊有文氏滿江紅一闋，清新婉雅。茲錄於后：

《滿江紅》 漠漠輕寒，正梅子、弄黃時節。最惱是、欲晴還雨，乍寒又熱。燕子梨花都過也，小樓無那傷心別。傍欄干、欲語更沉吟，終難說。 一點點，楊花雪。一片片，榆錢莢。漸西垣日隱，晚涼清絕。池面盈盈深淺水，柳梢淡淡黃昏月。是誰人、吹徹玉參差，情凄切。

（卷五）

清末陳廷焯所撰《白雨齋詞話》云：「板橋（鄭燮）金陵十二首，瑕瑜互見，惟臙脂井一篇，用筆最勝，余獨愛滿江紅中二句云：『碧葉傷心亡國柳，紅牆墮淚南朝廟』淒涼哀怨，金陵懷古佳句。」按：鄭氏金陵懷古十二闋爲念奴嬌（本文無關不錄），陳氏所云：滿江紅之金陵懷古一闋，爲悼念金陵之衰敗而作，然與薩都拉一闋相言，則略遜一籌矣！茲特錄於后：

《滿江紅》 淮水東頭，問夜月、何時是了。空照徹、飄零宮殿，淒涼華表。才子總緣杯酒誤，英雄只向棋盤鬧。問幾家輸局、幾家贏，都秋草。 流不斷，長江淼。拔不倒，鍾山峭。賸古碑荒塚，淡鴉殘照。碧葉傷心亡國柳，紅牆墮淚南朝廟。問孝陵、松柏幾多存，年年少。

（本闋爲變體。）

清初大文豪蒲松齡所著通俗小說《醒世姻緣》（筆名西周生），文中撰有七闋滿江紅，於第二十四回中描述「明水鎮」景象共五闋，文詞頗爲秀麗。另於第二十回及九十一回前引子各一闋，第二十回一闋敘述世情，詞意平平，第九十一回描述幃內情節，極饒風趣。茲錄於后：

《滿江紅》　紗帽籠頭，假裝喬、幾多蹶劣。總豪門、強宗貴族，受他別掣。笑人繞指軟似綿，自誇勁節堅如鐵。又誰料、慣呈身變化，眞兩截。　膝多棉，性少血。氣難伸，腰易折。在秀閣香閨，令人羞絕。風流吃苦自家知，敲牙偷嚥喉嚨咽。看這班、幃內大將軍，無所別。

（本闋平仄有訛）

（鄭板橋全集滿江紅共有七闋）。

鄭板橋爲清代乾隆丙辰進士，一生玩世不恭，於濰縣任縣令時，適逢苦旱，迫令富戶開倉賑災，被劾棄官，後於揚州畫壇，列爲八怪之首。其於歸來時，作唐多令〈思歸〉一闋，下闋云：「官舍冷無煙。江南有薄田。買青山不用青錢。茅屋數間猶好在，秋水外，夕陽邊。」如此之言雖有傲世之態，然尚不及其夫子陸種園耳，青未必能出於藍也。陸氏亦有滿江紅一闋（贈予王正子），玩世不恭，更勝一籌，板橋尚未能及之耶！茲錄於后：

《滿江紅》　驀地逢君，且攜手、壚邊細語。說蜀棧、十年烽火，萬山鼙鼓。楓葉滿林愁客思，黃花遍地無歸路。歎他鄉、好景最無多，難常聚。　同是客，君尤苦。兩人恨，憑誰訴。看囊中罄矣，酒錢何處。吾輩無端寒至此，富兒何物肥如許。脫敝裘、付與酒家孃，搖頭去。

（以上兩闋錄自鄭板橋全集，詞鈔。）

白雨齋詞話評陸詞云：「暴言竭詞，何無含蓄至此，板橋幼從種園學詞，故筆墨亦與之化。」（卷六）

御製詞譜所刊滿江紅一闋，多為仄調，平調僅有姜夔一闋，據詞譜註云：此闋為姜夔所創。按姜氏自序云：「滿江紅舊詞用仄韻，多不協律，如周邦彥詞，「無心撲」句，歌者將「心」字，融人去聲，方諧韻律。予欲以平韻為之，久不能成。因泛巢湖，祝曰：『得一席風，以平韻滿江紅為神姥壽。』言訖得一席風，與帆俱駛，頃刻而成。末句云「聞環佩」（上闋），則協律矣。此詞兩結三字句，並用平仄平。詞律刊有吳文英平調一闋，並註明兩闋末句三字，平仄平為其定格。（御製詞譜卷二十二、詞律卷十三。）

姜詞為婉若派作風，文藻終不離風花雪月，其所填此闋平調，亦復如是。缺乏明確主旨，無病呻吟，文字堆砌而已。已謝世前監察院院長，黨國元老于右任老先生亦擅填平調。於抗戰利前夕，曾填平調一闋，並於詞前序云：「民國三十三年十二月九日夜四時不寐，用白石調（姜夔），寫武穆之心，遂成此詞。茲錄於后：

《滿江紅》　無數英雄，應運起、爭赴沙場。驚心是、執戈無我，祖國為殤。喜馬高峰飛過去，怒江前線打回鄉。看馬前、開遍自由花，天散香。　新時代，新國防。新中國，壽無疆。把百年深痛，付太平洋。世界和平原有責，中華建設更應當。待短時、告廟紫金山，祈憲章。

（刊於于右老詩集卷九詞部）

本闋激昂慷慨，足可與岳武穆一闋媲美。將岳武穆直搗黃龍之心意，及抗戰後期之情勢，顯露無遺，誠為千古之不朽之佳作也。本闋後附跋之曰：「三十三年在重慶，一日夜晚，喬君大壯醉後來訪，見余朗誦先生滿江紅，並高吟：『看馬前、開遍自由花，天散香。』連呼：『太美了！太美了！』大壯於詞界置身甚高，此語出於醉中，亦可見心折矣！」（附跋未於署名，不知何許人也？憾哉！悵哉！喬大壯氏年籍不詳。）

民國七十七年臺北市議會，因榮星花園公地租賃案，三位市議員假以職權，貪瀆鉅額賄款，被臺北地方法院檢察處收押法辦。民主政治，議會為監督行政單位之立法機關，議員為民眾選舉，而託付監督行政效率之責，竟率先貪瀆，令人痛心！更可恥者，法務部調查局自詡清廉，執法如山，偵辦本案，借提被告查證時，調查員竟率同被告，共赴花間冶遊之，知法公然玩法也。不揣愚昧，東施效顰，和岳武穆韻，試塡塡滿江紅一闋如后，請博者指正之：

《滿江紅》　粉墨民主，議壇上、聲嘶力竭。窮問政、淫威懾眾，發言激烈。四載風光陽臺露，一朝失足鐵窗月。怨當初、夫復又何言，徒淒切。　求選票，清如雪。當選後，廉恥滅。索青蚨銅臭，腰肥情缺。巨帛誘人封著口，東窗事發身無血。到如今、囹圄五更殘，污官闕。

（本闋依柳三變之體調塡之。）

白雨齋詞話對作詞格調有云：「作詞之法，首貴沈鬱。沈則不浮，鬱則不薄。顧沈鬱未易強求，不根柢於風騷，烏能沈鬱。」（卷一）又云：「激昂慷慨，原非正聲。然果能精神團聚，辟易萬夫，亦非強有力者，未易臻此。」（卷五）本篇旨在論討民族正氣，而非吟風裁月，故所錄詞闋，咸以慷慨激昂爲準。如柳永、蘇軾、周邦彥等詞，均未錄之。至於岳武穆之〈怒髮衝冠〉一闋，亦無力辨其眞僞，則爲附和前人而論之矣。

註：

趙與時：宋太祖七世孫，字行之，又字德行，理宗寶慶進士，官至浙江麗水縣丞。四庫全書提要評賓退錄云：考證經史，辨析典故，則精核者，十之六七。可爲夢溪筆談、容齋隨筆之續。……

岳甫：岳霖之子，岳武穆之孫也。甫字大用，宋孝宗淳熙十三年以朝奉郎知臺州，兼提舉本路常平茶鹽，十二月移明州，十五年除尙書左司郎。

趙鼎：字元鎭，解州聞喜人，自號得全居士。生於神宗元豐八年，徽宗崇寧五年進士，官至開封市曹。金人入汴京議立張邦昌，鼎拒書議狀，即而南渡。高宗擢右司諫，歷官至左僕射，同中書門下平章事。與秦檜不睦，爲檜所忌，出爲奉國軍節度使徙泉州，復置潮州。後又誣其受賄，再移吉陽軍，檜意猶未盡。高宗紹興十七年，鼎憤而不食乃逝。孝宗時追謚忠簡，封豐國公。著忠正德文集。鼎與南渡名臣，宗澤、李綱鼎足而三也。

韓世忠：字良臣，延安人，晚號清涼居士。生於哲宗元祐四年，南渡後，官歷太保，封英國公，兼河北諸路招討使。秦檜收三大將權，拜樞密使，數疏歸里罷官。晉封福國公，改封咸安郡王，紹興二十一年謝世，卒年六十三。孝宗時封蘄王，謚忠武。

陶宗儀：字九成，黃巖人。元時舉進士，一舉不中，即棄去之。古學無所不讀，工詩文，家貧，教學自給。洪武初，累徵不就，晚歲司聘爲教官。著述極豐，計有：輟耕錄，又有國風尊經、南村詩集、滄浪櫂歌、說郛、書史會要、四書備遺、草莽私乘、古刻叢鈔等。

鄧剡：字光薦，號中齋，廬陵人。理宗景定三年進士，祥興時官至禮部侍郎。崖山兵潰，爲張弘範所俘，後降教張次子，得還。著有中齋集。

汪元量：字大有，號水雲，錢塘人。以善琴，事謝后、王昭儀等。宋亡，隨三宮留燕，後爲黃冠師南歸。有水集、湖山類稿。

薩都拉：字天錫，號直齋，姓答失蠻氏，元蒙古人。以世勳鎮雲代，居雁門。泰定進士，官京口錄事長，南雲南臺辟爲椽，繼而御史臺奏爲燕南架閣官，遷閩海廉訪知事，進河北廉訪經歷。著有雁門集。虞邵庵云：「薩天錫詞，最長於情，流麗清婉。」

蒲松齡：字留仙，號柳泉，山東淄川人。十九歲中秀才，自此場屋失意。著有聊齋全集，卒年七十六。醒世姻緣一書作者署名「西周生」，經清代乾隆進士楊復炬（夢蘭瑣筆）及鄧文如（骨董瑣記）及近人孫楷第、胡適等考證之，均認定爲蒲松齡所撰。

古文觀止中之贗作文章

【概說】

古文觀止一書，爲我國家喻戶曉之普及性之文學讀物，其內容蒐羅甚廣。於時代撰著而言；上自春秋，下至明代，計有二百二十二篇。於內涵而言；散文、騈文無不爲歷代精選之文章，而今爲中等學校則普遍廣泛採用之。

古文觀止爲清代康熙年間山陰人吳楚材、吳調侯叔姪二位編選之。吳楚材除編選古文觀止外，尚於康熙五十九年，另行編訂《綱鑑易知錄》一部。吳氏因場屋失意，編選古文觀止之目的，以性質而言，乃爲科舉應試之用耳。然於民國初年五四運動之時，學者評其所選文章，皆「文以載道」，缺乏抒情文字，拘束學子思維，不合時宜，係爲一部道學先生之書本也。此言未必盡然，乃因時代背景迴異，此言可謂一己之偏矣。民國二十年代，其中所選之左傳，西漢文爲教材，於初中既已選習之，而今高中課業方授唐宋散文而已，豈可言今日學子之學業遜於昔日歟？乃因時代之遞變耳。

吳氏其因科舉名落孫山，而以舌耕糊口，故其於編纂古文觀止所揀選文章，乃爲適應科舉之需也。莘莘學子苟若決勝於場屋，躍登於龍門，讀之可矣。況滿清文字獄之高壓政策，箝制學子思維，查士標之「維民所止」一案，既是一例耳！是故學子勢必熟讀「文以載道」之文章也。吳氏叔姪用心不爲不苦矣！古文觀止所採選文章，不論左、史，乃止歷代諸子，無不符合儒家之道統標準，尊王攘夷爲圭臬，以重報效朝廷思維。否則任憑文章，句句錦繡，字字珠璣，亦是罔然，永列於孫山之後哉！故知古文觀止編選之目的，亦在於此矣。

古文觀止編成之後，清初當年學術界並未發生震撼作用，爲學子啓蒙後之讀物視之。較百家姓、三字經、千字文略高一籌而已矣。直至清末民初方受教育界之重視，猶以民國二十年代日寇侵略，物力維艱，中等學校均採用爲教課書，方重視之。古文觀止另項原因，自左傳至明代文章，由深至淺，難易適中，故爲中等學校所樂予採用之。而今大陸學者曹道衡氏，對古文觀止批評云：古文觀止所編文章，未若姚鼐所編《古文辭類纂》之文章爲謹嚴，其中其中尙編選多篇贗作之文章；如〈李陵答蘇武書〉、〈辨姦論〉諸篇，頗不妥善，此論亦爲一己之偏也。

古文觀止所編選之文章，內中確有羼入數篇贗作文章，乃爲不爭之事實，然其性質功能，遠較古文辭類纂爲廣泛，散文包涵論說、述事、遊記以及小品文，另尙編入唐代駢文（唐代駢文則較六朝性質爲佳，言之有物）。吳氏編選詣旨，乃用於教學之途，似不必混而言之矣。古文辭類纂所編選文章，乃爲桐城派文章風格之代表，足爲「文以致用」耳。其內涵以論辯、序跋、奏議、書說等十三類爲主。

苟言「文以載道」，古文辭類纂則較古文觀止更勝一籌矣。文章編選各有其性質，各有其風格，似不應以統一規格而定論也。

至於古文觀止中有贋作爭議之文，非僅〈李陵答蘇武書〉及〈辨姦論〉兩篇而已，其他贋作爭議文章，且尚有兩篇之矣。茲分述於后：

【分論】

《李陵答蘇武書》

蘇武與李陵二人，同為西漢武帝時之重臣，武帝於天漢元年，鑑於北方屢遭匈奴為患，乃遣武出使匈奴，以達和局，孰知匈奴鞮侯單于罔顧道義，迫降來使，武誓死不從，被囚於土窖多日。後移至北海，此乃天漢元年之事也。次年李陵提楚人步卒五千，出征匈奴，兵盡糧絕被俘，而降匈奴，單于數度遣陵至北海，說降蘇武均未果。武帝崩，昭帝始元六年遣使迎回蘇武時，陵曾與武把相聚於北海時甚歡之（資治通鑑卷二十一、二十三）。是故李陵答蘇武書此篇文章不無有贋作之嫌歟？

據民國二十五年葉楚傖氏所編《西漢散文選》一書中，蘇武歸漢時與李陵書簡往返，非此一篇耳，共三篇之多也。古文觀止卷二所編選，僅錄最後一篇，故使後世讀者難予蠡測全豹矣。此篇文字亦為李陵發洩胸中忿懣不滿之文也。吳氏是否有所影射，則不得而知矣。

李陵與蘇武書簡往返共有三篇；第一篇：李陵報蘇武書，第二篇：蘇武報李陵書。第三篇亦既古文觀止所選，原題為《李陵重報蘇武書》。（此三篇文章原刊於唐代歐陽詢所編之藝文類聚，以及清代嚴可均所輯之全漢文中。）葉楚傖氏於第一篇文後註云：「此書蓋當子卿（蘇武字）歸漢時所致，陵本勸子卿降單于，子卿誓不屈，其後陵乃不敢復言。子卿歸漢，陵置酒賀之，因與之訣。語詳漢書李廣、蘇建傳，但傳中不載此文，『行矣子卿』句，可知其作於相別時也。」依葉氏之言：「原書三篇為蘇武歸漢所致，而傳於後世之。」如何所致，語焉未詳耳。此「致」是否應作為攜回之釋，而傳於後世，疑點重重也。

蘇武於武帝天漢元年出使匈奴，昭帝始元六年和親匈奴，武始歸漢，共羈北海十九年之久。而李陵於天漢二年出征匈奴，戰於浚稽山（現蒙古喀爾喀境內），敗北被俘而降。武與陵被俘相距一年之久，武羈北海（北海現於何處，古今地名大辭典言，為今之渤海。或言為西伯利亞之貝加爾湖），而陵降於匈奴之處，應為匈奴部落所在地呼和浩特（現內蒙古包頭），兩地相距應踰千里之遙，單于令陵前往勸武歸降，當時二人曾覿面對談數次未果，亦未有書簡往返之舉，此點頗有疑竇矣。武於歸漢前夕時，二人書簡往返三封之中，而於當年相見之舉，未見隻字提及，令人不解。再兩地相距如此之遙，往返何其之便速，如此文章不獨有贗作之嫌，既使史書（通鑑等）亦有瑕疵。令後世之人，多加疑慮耳！

李陵與蘇武書簡往返三封，乃為蘇武歸漢時惜別之書，臨別之時，二人是否相會，尚有疑問，如何如葉氏之註釋，三書由武所〃致〃之。令人難予深信，特將原三書各尾節錄之於后，以作釋疑之輔也。

報武書：行矣子卿！恩若一體，分爲二朝，悠悠永絕，何可爲思？人殊俗異，死生斷絕！何由復達。

報陵書：嗟乎李卿！事已去矣！失之毫釐，差之千里，將復何言？所貺重遺，義當順承。本爲一體，今爲異俗。余歸漢室，子留彼國。臣無境外之交，故不當受，乖離邈矣。相見未期，國別俗殊，死生隔絕，代馬越鳥，能不依依。謹奉答報，並還所贈。

重報武書：幸謝故人，勉事聖君。足下胤子無恙，勿以爲念。努力自愛，時因北風，惠復德音。李陵頓首。

據此三書而論之；第一篇陵報武書云：行矣子卿等言，乃爲惜別之意，即明顯爲贈別之書，並予贐儀，不容疑議之。第二篇武報陵書云：余歸漢室，子留彼國。……謹奉答報，並還所贈。等云。武除函復陵外，並將所贈贐儀，予以璧謝。顯有不屑陵叛漢降敵之意，如「臣無境外之交」，義正辭嚴，凜然大義。躍於紙上也。

至於第三篇陵重報武書，疑竇更重，似應於歸漢之後而作之。如「足下胤子無恙」一句，非僅爲例行客套而已，武羈北海，與胡女所生之子，名爲通國，時未能隨武返回中原，書乃附筆告之也。陵重報武書又云：「聞子之歸，賜不過二百萬，位不過典屬國。無尺土之封，加子之勤。……嗟乎子卿！夫復何言，相去萬里，人絕路殊，生爲別世之人，死爲異域之鬼，長與足下生死辭矣。」苟如文中之言，第三篇爲武歸漢後之作，應無疑議。蘇武歸漢還朝，昭帝方封爲典屬國，宣帝即位，武賜爵爲關內侯。武若未歸之先，而作此篇書簡，陵何有先見之明矣。「況足下胤子無恙」，於武歸漢之先，何須用此言矣。

第二篇武報陵書中所云：「代馬越鳥」一句。漢代韓嬰所編之韓詩外傳云：「代馬依北風，飛鳥依故巢。」（嬰於文帝時爲博士，景帝時官拜常山太傅。）代馬者：除於韓詩外傳外，並見於史記蘇秦傳：四塞之國，秦南有巴蜀，北有代馬。（按索隱云：代郡馬邑也，地理志云：代郡有馬城縣。）至於曹植之朔風詩中雖云，願爲代馬，倏忽北徂。此爲東漢末年獻帝年代時事，無庸論之矣。有關「越鳥」者：晉代潘岳所作懷縣詩中云：「徒懷越鳥志，眷戀相南枝。」（昭明文選卷二十六）。又昭明文選卷二十九所刊古雜詩十九首，撰著人不詳，第一首中云：「胡馬依北風，越鳥巢南枝。」或言爲西漢景帝時枚乘所作，然唐代崇賢館直學士李善爲文選所注，則認爲不可考。南朝陳代徐陵所編之玉臺新詠卷一亦刊此首，原文云：「胡馬嘶北風，越鳥巢南枝。」李善注曰：「韓詩外傳：詩云『代馬依北風，飛鳥依故巢。』皆不忘本之謂也。」未有提及枚乘所作之。「越鳥」二字苟非出自枚乘之筆，則於蘇武作書之先，其他文章中未見有此則典故矣。豈有前人用後人之典故歟？文選古詩十九首中，第三首有云：「驅車策駑馬，遊戲宛與洛。」經李善注云：「宛者，南陽郡宛縣。洛者，東都洛陽。」近人馬茂元氏所撰《古詩十九首初探》云：枚乘所作之說不可信，據詩品所言：逮漢李陵，始著五言之目。然西漢時期，樂府多爲四言，五言至建安之時，方爲蓬勃之。」如是；此三篇書簡皆有贗作之嫌也，惟待博者證之耳！宋代曾慥所輯《類說》，清代朱彝尊於玉臺新詠書後跋之，以及近人胡適博士所撰《白話文學史》對此皆作釋言，以證其僞。茲錄於后：

類說・李陵江淹書：東坡云：『李陵答蘇武書，其詞儇淺，乃齊梁間人擬作。蕭統不悟，而劉子元獨知之。據宋書：江淹獄中上書云：此少卿所以仰天槌心，泣盡而繼之以血也。正引陵書中語，是又非齊梁間人所作明矣。年世既遠，眞僞難辨。』（卷四十七）

玉臺新詠朱跋・……裁翦長短句作五言，移易其前後雜糅，置十九首中，沒枚乘等姓名。概題曰：古詩要之，皆出文選樓中諸子之手也。徐陵少仕于梁，爲昭明諸臣，後進不敢言明其非，乃別出一書，列枚乘姓名還之作者，殆有微意焉。劉知幾疑李陵答蘇武書，爲齊梁文士擬作。蘇子瞻疑陵武贈答五言，亦後人所擬，而統不能辨，非不能辨也。昭明優禮儒臣，容其作僞。

……（據清乾隆三十九年永嘉陳玉父刻本所錄。）

清代沈德潛於康熙己亥(五十八年)所編《古詩源》，輯刊古詩計；蘇武四首：第一首爲別兄弟，第二首爲別妻，第三、四首別友。(陳代徐陵之玉臺新詠卷一僅錄第二首別妻。)李陵與蘇武三首（卷一）。清代吳兆宜箋注玉臺新詠云：「前人所傳，如鍾嶸詩品，但云：李都尉（李陵於武帝時，官拜騎都尉）不及蘇屬國（蘇武返漢封典屬國），江淹雜體亦然。劉知幾疑李陵贈蘇武詩爲擬作，武詩蘇子瞻亦疑後人擬作。」朱彝尊於玉臺新詠跋云，亦引此言，認爲南朝文士所擬作。文心雕龍明詩篇云：「成帝品錄三百餘篇，朝章國典，亦云週備，而辭人遺翰，莫見五言。所李陵、班婕妤見疑於後世也。」章樵之古文苑注亦謂非眞，十九首未必出於西京。至次梁昭明太子蕭統，優禮儒臣，容其僞作，亦恐未必，古代贋作，蔚然成風，豈止南朝梁代等文士耳！

白話文學史：舊說相傳漢武帝時的枚乘、李陵、蘇武等做了一些五言詩，這種傳說，大概不可靠。李陵、蘇武的故事流傳在民間，引起了許多傳說。近年敦煌發現的古寫本中也有李陵答蘇武書（現藏巴黎國立圖書館），文字鄙陋可笑，其中竟用了孫權典故！大概現存的蘇李贈答詩文，同出於這一類的傳說故事，雖雅俗不同，都是不可靠的。枚乘的詩也不可靠，枚乘的詩九首，見於徐陵的玉臺新詠；其中八首收入蕭統的文選，都在「無名氏」的古詩十九首之中。蕭統還不敢說是誰人作的；徐陵生於蕭統之後，卻敢武斷是枚乘的詩，這不是的嗎？（第五章）

古今之人，咸疑陵與武之往返書簡爲後人所贋作，起自唐宋，以至今日，爲何贋作？何人贋作？尚無答案也。

第三篇陵重報武書，咸認贋作，爲時已久。其贋作原意，今人費解。讀文章內容，並非視之爲李陵辯解，且有挑釁含意。不滿漢室，盡述其中。茲將所云摘錄於后：

……上念老母，臨年被戮，妻子無辜，並爲鯨鯢。……功大罪小，不蒙明察，孤負陵心，區區之意。……

足下又云，漢與功臣不薄，子爲漢臣，安得不云爾乎？……且足下昔以單車之使，適萬乘之虜。遭時不遇。至于伏劍不顧，流離辛苦，幾死朔北之野。丁年奉使，皓首而歸。老母終堂，生妻去幃。此天下所希聞，古今所未有也。蠻貊之人，尚猶嘉子之節，況爲天下之主乎！陵謂足下當享茅土之薦，受千乘之賞。聞子之歸，賜不過二百萬，位不過典屬國。無尺土之封，加子之勤，而妨功害能之臣，盡爲萬户侯。親戚貪佞之輩，悉爲廊廟宰。子尚如此，陵復何望哉？且漢厚誅陵以不死，薄賞子以守節，欲使遠聽之臣，望風馳命，此實難矣。

以上錄所言，不可視陵之剖白，實爲李陵發洩憤耳，且含挑釁之意也。苟爲後人贗作，其贗作之意，令人費解，是否影射？爲何影射？影射何事？猶待博者考證之矣。

李陵叛漢降敵之初，武帝震怒至極，而族李陵滿門，太史公司馬遷竭力爲之維護，保奏李陵忠烈，而遭宮刑，是故後世之人疑爲此三篇書間，或爲太史公所贗作之。研討第二篇武報陵書，代馬越鳥之「代馬」二字，曾見于史記蘇秦傳之中。此「代馬」二字，乃指郡馬城縣，地名而言，與馬匹無涉。第三篇陵重報武書，對漢代自高祖起殺戮功臣，羅列綦詳。令後人讀之，毛骨悚然。漢代歷朝君主皆殘酷寡恩。陵降匈奴，雖爲不當，漢廷爲卻爲立威，而族李陵滿門。朝廷諍臣，竟遭宮刑，如是對待九鼎重臣，何恩之有。誠如文中所云：「陵雖孤恩，漢亦負德。」怨恨語句，躍於紙上。且此篇之中，部份詞句與太史公報任少卿書，有意義雷同之處，故令使後人而疑爲太史公所贗作之。茲將二書相似之處，錄於后：

報任少卿書：李陵提步卒不滿五千，深踐戎馬之地，足歷王廷，垂餌虎口，橫挑彊胡。……攻戰千里，矢盡道窮，救兵不至，士卒死傷如積。然陵一呼勞軍，士無不起躬流涕，沫血飲泣，張空弮，冒白刃，北首爭死敵者。……

陵重報武書：昔先帝授陵步卒五千，出征絕域。五將失道，陵獨遇戰。而裹萬里之糧，帥徒步之師，出天漢之外，入彊胡之域。以五千之眾，對十萬之軍，策疲乏之兵，當新羈之馬。……疲兵再戰，一以當千，然猶扶乘創痛，決命爭首，死傷積野，餘不滿百，而皆扶病，不任干戈。然陵振臂一呼，創病皆起，舉刃指虜，胡馬奔走，兵盡矢窮，人無寸鐵。猶復徒首奮呼，爭爲先登。當此時也，天地爲陵震怒，戰士爲陵飲血，……

至於清代包世臣（字愼伯，嘉慶舉人）其所撰《藝舟雙楫》。其於復石贛州書與復李邁堂書中，論及李陵、蘇武二人三篇書簡，以及太史公與李陵之關係甚詳。茲特摘錄於后。

復石贛州書：……竊謂推賢薦士，非少卿（陵字）來書中本語，史公諱言少卿求援，故以四字約來書之意。而斥少卿爲天下豪傑以表其冤。中間述李陵事者，明與李陵非素相善，尚力爲引救，況少卿有許死之誼乎！實緣自被刑後，所爲不死者，以史記未成之故。……（論文二）

復李邁堂書：……無如龍門答任少卿書……李少卿答蘇武書，依仿結撰，書內略摭來書數語用意往來，實如影響，何此書除令刀鋸之餘，與私心刺謬數語外，悉似狂易耶？二千年來一大疑案！（論文三）

包氏所言，其詣旨在於論述太史公文章風格與結構，雖非言及李陵與蘇武三封書簡贋作之題耳。

然包氏文中所言及二節，令人狐疑揣測不已：其一，於復石贛州書云：「太史公諱言少卿求援」一節。

至於李陵求援之舉未見於其他典籍。而太史公所言，定必有據，惟報任少卿書中並未提及之。僅述及與李陵之情誼，亦非深厚耳。其云：「夫僕與李陵，俱居門下，素非相善也。趣舍異路，未嘗銜杯酒，接殷勤之歡。然僕觀其爲人，自奇士，事親孝，與士信，臨財廉，取予義，分別有讓，恭儉下人。……」綜此，太史公何可爲李陵力諍，幾以身殉，恐非如此，內中必有隱情耳？其二，於復李邁堂書云：「二千年來一大疑案。」其疑何案，未予言明，頗令人推敲。報任少卿書又云：「……而爲李陵遊說，遂下於理。拳拳之忠，終不能自列。因而誣上，卒從吏議。家貧財賂不足以自贖；交遊莫救，左右親近不爲一言。……」依其言「家貧財賂不足以自贖」一句，頗堪玩味。按古代之律令，本可以財而可贖罪之舉也。故新莽之時，六銖錢爲一鍰，乃爲贖罪之用也。抑或未予賄賂當道，而遭宮刑。故書中云：「交遊莫救，左右親近不爲一言」之語也。

太史公受刑一節於史籍中，皆語焉不詳。惟李陵出征匈奴一節，資治通鑑則有記之。其云：「因詔路博德將兵半道迎陵軍。博德亦羞爲陵後距。奏言：『方秋，匈奴馬肥，未可與戰，願留陵至春俱出。』上怒，疑陵悔不欲出，而教博德上書，乃詔博德引兵擊匈奴於西河。詔陵以九月發，出遮虜障。……」（卷二十一）其疑案是否於此耶？則未可知也。

太史公與李陵友情，似非如報任少卿中所言，僅爲泛泛之交，否則何不惜身家性命，力保李陵叛漢，而另「左右親不發一言」乎？太史公乃致羈獄六年並遭宮刑。其於報任少卿書所云：「李陵既生降，隤其家聲，而僕又茸之蠶室，重爲天下觀笑。悲夫！悲夫！」茍若天漢二年李陵叛漢時起，太史公羈獄六年，出獄後與任少卿書，僅七年之久。而蘇武羈於匈奴共十九年，其間相距十年以上，李陵身羈北方，其重報武書何可引用太史公報任少卿書中之語也。愈使深信此三篇書簡，皆有贋作之嫌耳。且非出於一人之手筆，前二篇出於一人，第三篇則另出於一人之，因其文章結構、語句皆有所不同耳，亦均非爲太史公所爲之。猶以第二篇中之第二段，文字過於犀利，非出自仁者之筆，武未出使匈奴之前，官拜中郎將。官尊學優，與陵二人均爲朝廷重臣，難言莫逆之交，亦有覿面之情，何致文字如是尖銳，今人不堪之。第一、二篇書尾均未署名，第三篇則有署名，「李陵頓首」等署名之。且文章極似駢文風格，與太史公之散文迥然有異之，與西漢駢文文風又截然不同。言及爲六朝時人爲之，應可信之矣。況「代馬」二字，非指禽獸而言也。茲因第一、二篇書簡，書坊已不多見，特錄於后：

〈報蘇武書〉

子卿名聲冠于圖籍，分義光于二國，形影表于丹青，爵祿傳于王室，家獲無窮之寵，永明白于千載。夫行志志立，求仁得仁，雖遭困厄，死而後已，將何恨哉！

陵前提步卒五千，深入匈奴右地三千里。雖身降名辱，下計其功，豈不足以免老母之命邪？

嗟夫子卿！世事謬矣！功者福主，今爲禍先，忠者義本，今爲重患。是以范蠡赴流，屈原沈身，

子欲居九夷，此不由感怨之志邪？

〈報李陵書〉

行矣子卿！恩若一體，分爲二朝，悠悠永絕，何可爲思？人殊俗異。死生斷絕，何由復達？

曩以人乏，奉使方外。至使遐夷作逆，封豕造悖，豺狼出爪，摧辱王命。身幽于無人之處，跡戢于胡塞之地，歃朝露以爲飲，茹田鼠以爲糧。窮目極望，不見所識；側耳遠聽，不聞人聲。當此之時，生不足甘，死不足惡。所以忍困強存，徒念忠義。雖誘僕以隆爵厚寵萬金之利，不以淆其慮也；迫以白刃在頸，鐵鎖在喉，不以動其心也。何則？志定于不回，期誓于歿命。幸賴聖明，遠垂拯贖，得使入湯之禽，復假羽毛；刖斷之足，復蒙連續。

每念足下，才爲世英，器爲時出。語曰：「夜行被繡，不足爲榮。」況于家室孤滅，棄在絕域，衣則異制，食味不均，棄捐功名，雖尚視息，與亡無異。向使君服節死難，書功竹帛，傳名千代。茅土之封，永在不朽，不亦休哉！

嗟乎李卿，事已去矣！失之毫釐，差之千里，將復何言？所貺重遺，義當順承。本爲一體，今爲異俗。余歸漢室，子留彼國。臣無境外之交，故不當受。乖離邈矣。相見未期，國別俗殊，生死隔絕，代馬越鳥，能不依依。謹奉答報，並還所贈。

《出師表》

諸葛亮之出師表，共有前後二表（以下稱簡前表、後表）。編選於古文觀止卷二之最後兩篇，出師表兩篇之文辭慷慨激昂，鏗鏘澎湃，蘊藏民族正氣，勵發愛國情操也。九一八事變，日寇侵佔我國東北四省之後，各中等學校之國文教課書，均將出師表列入必讀之課文。

前表爲諸葛武侯於西蜀後主劉禪之建興五年（魏太和元年、吳黃龍六年、公元二百二十八年），北伐中原時，第一次出祈山征魏所上之表章。至於後表，是否仍為諸葛武侯所撰，後人頗為懷疑，咸認為後人所贋作之。

前表，陳壽撰三國志時編入諸葛亮傳中：『五年率諸軍北駐漢中，臨發上疏（載前表全文），遂行屯于沔陽。』（三國志卷三十五，蜀書卷五）而後表則未編入之，且又隻字未提耳。然後表面世之時，始見於東晉習鑿齒所撰著《漢晉春秋》中刊之。再復見於諸葛武侯第三十六世孫，明代諸葛倬士所編纂《諸葛孔明年譜》中，特予刊入，而與三國志所記，對後表則稍有相異之處。茲將二書之記載均錄於后：

年譜：建興六年春，侯率諸軍伐魏，有出師表，關中響震。前軍馬謖違侯節度，敗於街亭，疏請自貶，詔以亮為右將軍，行丞相事。拔西縣千餘家，還漢中。十一月，復「上表」出師，圍陳倉，糧盡引還，斬其追將王雙。二表俱載傳。

三國志：六年春，揚聲由斜谷道取郿，使趙雲、鄧芝為疑軍，據箕谷，魏大將軍曹真率眾拒之。亮身率諸軍攻祈山，戎陣整齊，賞罰肅而號令明。南安、天水、安定安定三郡叛魏應亮，關中響震。魏明帝西鎮長安，命張郃拒亮，亮使馬謖督諸軍在前，與郃戰于街亭。謖違亮節度舉動失宜，而為郃所破。亮拔西縣千餘家，還於漢中。戮謖以謝眾，上疏請自貶……。是以亮為右將軍行丞相事，所總統如前。冬亮復出散關，圍陳倉，曹真拒之，亮糧盡而還，魏將王雙率騎追亮，亮與戰破之，斬雙。（建興六年）（三國志蜀書卷五）

依三國志所言，建興六年武侯因馬謖戰敗，敗北而還，乃請自貶。上表僅一件而已，未見於同年冬出師時，再上後出師表一文也。

南朝宋文帝以陳壽所撰三國志過于簡略（按三國志共六十五卷，魏書三十卷、蜀書十五卷、吳書二十卷）。乃命裴松之爲註，重予闡釋。裴氏遂博採衆家之著述，匯入書中，文字則較三國志原書多出五倍以上。於建興六年中有關〈後表〉一文，亦有所闡釋。茲錄於后：

闡文：漢晉春秋曰：「或勸亮更發兵者，亮曰：大軍在祈山箕谷，皆多於賊，而不能破賊，爲賊所破。……（刊後表全文），於是有散關之役。此表亮集所無，出自張儼所撰默記。」（三國志蜀書卷五）

自此時，世人皆關注〈後表〉爲贗作之文也。至於爲何贗作？何人贗作？歷代均有考證之。清代錢大昭所撰三國志辨疑云：「竊疑後表是後人僞撰，習鑿齒未之深考而載之耳。承祚（陳壽字）不載此文，極爲卓見。」

近人范文瀾（大陸學者）於《中國通史簡篇》云：「後出師表是別人假託。」其所持理由有二；一爲後表不爲陳壽之三國志所載，一爲後表矛盾頗多。除此；前表文深而義雄，後表文瑣而氣竭，非爲全係疑點重重而已矣。（臺灣未見原文，僅刊摘錄轉載，所刊甚略。）

晉代常璩所撰《華陽國志》，前表錄並於其中。與三國志所撰史實，所差無幾，惟亦無後表。茲摘錄於后：

五年（建興），魏太和元年也。春丞相亮將北伐，上疏曰：（錄前表全文）。二月亮出屯漢中，營沔北陽平石馬，以鎮北將軍魏延爲司馬。六年春，丞相亮揚聲由斜谷道取郿，使鎮東將軍趙雲中監軍，鄧芝據箕谷爲疑軍，魏大將曹眞舉眾當之。亮身率大眾攻祈山，賞罰肅而號令明。天水、南安、安定三郡叛魏。（卷七）

清代學人黃式三則云：「前表悲壯，後表衰颯；前表意周而辭簡，後表意窘而辭繁。後表係作僞者有意爲文，而辭意不免庸陋。前表乃忠臣志士無意爲文，而風格至爲高邁。」此段評語，眞剝皮見骨，亟爲中肯也。誠如武侯於北伐未竟時，自表遺表一篇，文僅百字，風格樸實無華，文辭簡潔暢明。茲錄於后：

遺表：伏念臣賦性拙直，遭時艱難，興師北伐，未獲全功。何期病在膏肓，命垂旦夕。伏願陛下，清心寡慾，約己愛民；達孝道於先君，布人心於寰宇。提拔逸隱，以進賢良；屏黜奸讒，以厚風俗。……臣死之日，不使內有餘帛，外有贏財。以負陛下也。（諸葛武侯全集卷七遺文）

後表出自張儼所撰之默記，是故後世咸疑爲張儼所贗作，今人馬植傑（大陸學者）所撰《後出師表的作者問題》一文中，另作一說。云：「後表既非諸葛亮自作，也非張儼僞作，其僞作者乃爲諸葛恪。」馬氏所持理由有四：一爲後表主旨不明，二爲後表文辭頹廢，三爲後表史實不符，四爲後表引事謬誤。諸多疑竇，足證爲他人所贗作之。諸葛恪所贗作之用意，乃爲用兵於魏，以樹己威。（未見其原文，僅摘錄轉載，所刊甚略。）

馬氏所論，殊有見地。後表文詞前後反復，不知所云。如「顧王業不可偏安於蜀都，故冒危難以奉先帝之遺意，而議者謂為非計」。此段記述與後表首句，已生重復，「先帝慮漢賊不兩立，王業不偏安，故託臣以討賊也」。非獨意義雷同，而文字重疊，與前表文辭大相逕庭之。且議者謂為非計，此「議者」何人？所議何事？今人疑惑！武侯於蜀，權傾天下，北伐之舉，何可議之？何人議之？表中並未敘明，故不識後表詣旨何在矣！

其次後表文辭頗為沮喪，如〃曹丕稱帝，凡事如是，難可逆料，臣鞠躬盡瘁，死而後已！與前表所云：「今天下三分，益州疲敝，此誠危及存亡之秋也」。文章措詞，天壤之別也。其中甚有歌頌曹吳之處，如「今歲不戰，明年不征，使孫策坐大，遂并江東」。「曹操智計，殊絕於人，其用兵也，彷彿孫吳」。依此文辭，足可瓦解民心士氣非武侯所能為之矣！後表既非出自武侯手筆，亦必經武侯過目之，何致如此。其瑕疵業已明矣！

後表復云：「然喪趙雲、陽群、……等，及曲長屯將七十餘人」，據三國志趙雲傳云：「七年卒，追諡順平侯」。按後表據三國志裴氏注釋為建興六年所作，而趙雲於建興七年謝世。焉有表章援用尚未到來之事耶！另如「任用李服，李服圖之」。而袁宏所撰後漢紀云：「五年（建安）正月壬午車騎將軍董承，偏將軍王服謀殺曹操，發覺被誅。」（卷二十九）。此為「王服」而非「李服」也。此又係不符之處也。後表疑為贗作，則不言而喻矣！

諸葛恪何以贗作後表，據三國志吳書諸葛恪傳云：「……陸遜卒恪遷大將軍，假節駐武昌，代遜領荊州事。久之，權不豫，而太子少，乃徵恪爲大將軍領太子太傅。……」(卷十九)吳主孫亮傳云：「太元二年冬，權寢疾，徵大將軍諸葛恪爲太子太傅。……」如是孫權臨終將幼主孫亮託孤予諸葛恪。恪受吳帝孫權知遇之恩，忠心扶持幼主，然朝廷重臣，皇室權貴，因恪身望不孚，而事事掣肘，使恪每有力不從心之感也。乃欲掌握兵權，對外樹立武功，而可威懾群雄。用兵之初，朝中重臣力圖苟安，異聲者衆，遂贋作後表，以聳聽聞也。後表文中有言：『而議者謂爲非計。』蓋此之謂也。若西蜀而言，該議者爲何人？答案則難覓之矣！武侯於蜀中，上受後主劉禪之信託，下得民心之愛戴，鮮有異聲以待之。建興五年上前表出師時後主即下詔慰勉，以及陳壽呈晉武帝表，皆有所言，且甚綦詳。茲錄於后：

後主詔：……諸葛丞相，弘毅忠壯，忘身憂國，先帝託以天下，以勗朕躬。今授旌鉞之重，付以專命之權。統領騎兵二十萬眾，董督元戎，恭行天伐，除患寧亂，克復舊都，在此行也。……

……廣宣恩威，貸其元帥，弔其殘民。他如詔書律令，丞相其露布天下，使稱朕意焉。(武侯全集卷四附傳)

上晉武帝表：「……然亮才於治戎爲長。奇謀爲短；理民之幹，優於將略。……泰始十年二月一日(公元二七五年)」(蜀書卷三十五　附錄)

綜上兩節文字記述，武侯不論治軍施政，均得人和。並未見匪議者，何有「議者」？何言「謂爲非計」？誠令人疑惑之矣！後表復云：「劉繇、王朗各據州郡，論安言計，動引聖人；群疑滿腹，衆難塞胸，今歲不戰，明年不征，使孫策坐大，遂并江東。」此段論述，與史實則有差距之。按劉繇據丹徒，王朗據會稽，皆為孫策所滅（此節見於資治通鑑漢紀卷五十三、五十四。袁宏之後漢紀卷二十九，建安元年僅刊破王朗一節。）孫策受許貢家臣刺死後，孫權繼之。曹操聞策死。欲因喪伐之。侍御史張紘諫曰：「乘人之喪，既非古議，若其不克，成讎棄好，不如因而厚之。」操即表權為討虜太守（通鑑卷五十五）。

後表復言曹操敗北之恥。云：「然困於南陽，險於烏巢，危於祈連，逼於黎陽，幾敗北山，殆死潼關。」按南陽亦即宛城，敗於張繡。潼關敗於馬超，幾遭殺身之禍。至於烏巢澤之役，戰敗者為袁紹，而非曹操。黎陽之役，為袁紹之子袁潭，迫於曹操之後路，操並未戰敗，非若南陽、潼關之慘敗耳。北山之役，為曹將夏侯淵於漢中敗於趙雲之手也。另謂祈連之戰，史實不詳之。然曹操平生戰役，其慘敗者，未若赤壁遇周瑜，華容遇關羽，全軍盡墨耳。後表對曹操戰敗之役，應撰者而未撰，不應撰者則反撰之，令人費解，亦耐人尋味歟？

今人龐懷靖（大陸學者）著文，肯定後表確認武侯為原撰著者，首言；陳壽何未將後表列入三國志中，因陳壽原為蜀臣，而後降晉。後表所指漢賊，非獨曹氏父子，而司馬氏亦影射其中，有所忌諱，故不列入之。次則習鑿齒何以列入漢晉春秋，時已東晉，中原河山淪於異族，而成偏安之局。尊蜀而貶魏，以示正統，故特將後表而列入之，以圖光復中原之意也。（未讀原文，僅見轉載，甚略）

龐氏之論，固有其道理，後表開宗明義，即指詬漢賊。曹氏父子直呼其名而辱之，此前表所未有也。前表中論北伐之舉，乃予興復漢室，絕未有詬詈漢賊之言也。陳壽係爲晉武帝司馬炎敕撰三國志，陳氏爲西蜀降臣，自有顧忌，況司馬炎篡魏爲晉，正於鼎盛春秋之日，不獨避諱後表中詬辱漢賊之語，且特尊魏爲正統，以符晉武帝之歡心耳。而習氏撰著漢晉春秋時，已非昔比。司馬氏偏安江山已岌岌可危，苟延殘喘。與當年西蜀局面，如出一轍。特予刊入漢晉春秋之中，乃欲爲振奮人心，共圖復興晉室也。並尊蜀爲正統，晉承漢祚，人心思漢，合力抵禦北方胡人。故書名之爲《漢晉春秋》。後表首句即言：漢賊不兩立，王業不偏安。不獨不避忌諱，晉以假漢爲正統，且有借此言以求啟發人心，光武中興故事得能重演之也。依此之論，尚有推敲，龐氏所言依據，尚需求證之。習氏爲一代博學之士，後表僅錄自張儼默記，而不辨正史，不察眞僞，似嫌草率，難予令後人置信之矣。苟不如言之，習氏對後表未辨眞僞，特以錄之。其目的乃以東晉存亡爲重，而欲振奮人心也。

陳壽仕蜀時，爲黃皓所扼，鬱鬱不得志，又未爲武侯所器重，降晉後，二臣之身，奉敕撰著三國志，不獨有所忌諱，且有所忿懣，特以魏爲正統之。如此前表爲曹魏迎敵，拒武侯之師者，司馬懿也。前表公然編入三國志之中，以揚司馬氏之功也。何將後表卻棄之，苟若後表文字欠妥，錯誤累累，以陳氏才華，不難駁斥之。董狐之筆，在於公正，即刊前表而棄後表，以情以理，何以論之矣。龐氏言：張儼作默記，爲武侯謝世二十年後，是時三國鼎立，張係吳人，不爲曹氏及司馬氏所轄，故列後表耳。此言實不足深信之，張氏與諸葛恪同朝比肩爲官，於恪舉兵之際，儼特相互策應，則非不可能也。陳壽不列人三國志中，眞僞之際，自有其道理矣，不可不信之，況後表中并歌頌「孫策坐大」之語也。

後表依其文章及史實觀之，贋作之嫌，不容疑議。至於何人贋作？爲何贋作？無確切證據，何人敢遽下斷言之。至於前表苟出於武侯之手筆乎，亦有疑議歟？後主昏庸無能，耽溺酒色，尚有「此間樂不思蜀」之話柄耶！武侯日理萬機，內外鉅細皆決於丞相之手，豈有暇親自執筆而撰前表乎？誠如後表所云：「寢不安席，食不甘味。」如是；前表顯然係爲僚屬捉刀耳。古文觀止於清代及民初年之版本，不論前表或後表，下署「後漢文」，撰著人並未署名爲「諸葛亮」也。（民國三十七年上海春明書局版本亦然。）此亦可言前表及後表，均非出自武侯之手筆，僅爲後漢時代之文章也。如西漢時「漢高帝求賢詔、武帝求茂材異等詔」，則署名爲「西漢文」，「光武帝臨淄勞耿弇」則署名爲「東漢文」。試問漢高祖、漢武帝、光武帝能親自執筆撰詔否？前表及後表亦復如是耶！至於其三十六孫諸葛倬士所編武侯全集內，收編前表及後表於全集之中。自後漢至明末，時隔千餘年之久，則難予深信之矣。

前表與後表之文辭氣慨迥然不同，前表以情爲文，氣慨軒昂。以文辭而論；一言鉅細咸括，片語洪纖難漏。後表以事爲文，氣質滯怠。其文辭繁冗蕪蔓，猥鄙雜瑣。二表顯非出自一人之手筆。苟若前表與後表於建興五年及六年之際而撰，時隔一年，豈可如此耶！

前表或疑爲陳情表撰作人「李密」代撰之，文字灑脫，氣慨澎湃，以情爲文，讀之懾人肺腑，與陳情表風格頗有相似之處。如前表云：「臣本布衣，躬耕於南陽，苟且性命於亂世之間，不求聞達於諸侯。先帝不以臣卑鄙，猥自枉屈，三顧臣於草廬之中。」陳情表云：「今臣亡國賤俘，至微至陋，過蒙拔擢，寵命優渥，豈敢盤桓，有所希冀？」李密於蜀亡後，晉武帝屢詔，而以祖母年邁病危為由辭之，乃作陳情表。（李密於三國志無傳，據陳情表所云：「臣少事僞朝」之言，所任官職難於考之。）惟其對蜀忠心不二，與武侯僚屬情誼之深厚，則可預知也。前表其爲捉刀，實有可疑之處也。以待博者證之矣。

綜之：前表、後表均疑非出自武侯之手筆，前表則經武侯親自審閱，則不容疑議，後表則否也。苟不論兩表之撰作者，或文章眞僞情節，二文之中心思想，皆以忠心愛國之意詣，學子讀之，培育浩氣，有益無害耳。

註：

陳壽：字承祚，晉安漢人。少好學，仕蜀爲觀閣令史。入晉舉孝廉，除著作郎，終御史治書。著有三國志。

習鑿齒：字彥成，晉襄陽人。博學多聞，桓溫辟爲從事，累遷別駕，後忤溫旨，出爲襄陽太守。著有漢晉春秋。時爲東晉，亦爲偏安之局面，乃於蜀爲正統，未若三國志以魏爲正統，其最顯著於此也。

常璩：字道將，晉江源人。官至散騎常侍。著有漢書、南中記、華陽國志等。

張儼：字子節，三國吳國吳郡人。拜大鴻臚。吳主孫皓寶鼎二年（二百六十六年）使晉。著有默記。共三卷，唐書藝文志編入之。按：默記共有二本，宋代王銍所撰亦名《默記》。亦爲三卷，其卷中刊有一節，王安石勵蘇軾重寫三國志，未爲蘇軾所納。

裴松之：字世期，聞喜人。博覽群書，武帝尙於領司州刺史時，以松之爲州主簿。宋國初建，召爲太子洗馬，累轉中書侍郎。著有松之鳩集傳記，廣增異聞，重釋三國志，並註晉紀。

錢大昭：錢玉炯孫，大昕弟，字晦之，一字竹廬，嘉定人。清代嘉慶初舉孝廉方正。著作頗豐，刊印僅後漢書補注一部。

諸葛倬士：年籍不詳，於編年譜蒇事。其兄義爲代序，後署「崇禎壬申（五年）十一月三十六世孫義頓首謹序于臨庾之公署」。

諸葛恪：諸葛謹之子，武侯之姪，字元遜。進封陽都侯加荊州牧，督中外諸軍，孫峻素與不睦。恪戰新城，久圍不拔，士卒疲困。孫峻誣於民怨，謀主孫亮，構恪欲變，誘而殺之。

袁宏：字彥伯，晉扶樂人。爲謝安參軍，桓溫記室，溫北征，令宏倚馬作露布，俄得七紙。嘗以後漢書煩蕪雜亂，著後漢紀。

黃式三：字薇香，定海人。道光貢生，因應鄉試，母病暴卒，馳歸慟絕，遂予黜試。博學綜群經，不立門戶。其著作頗豐，所著論語後案，論者謂能持漢宋之平。另有易釋、詩叢說、詩傳箋考、春秋釋等等。

李密：字令伯，蜀武陽人。蜀亡，晉武帝詔爲太子洗馬，密以祖母劉氏年邁多病，上表懇辭。祖母終服闋後，復名爲太子洗馬，後遷漢中太守。自以失分懷怨，免官以終之。

《桃花源記》

桃花源記編列於古文觀止卷三中，爲篇膾炙人口且具份量之好文章，撰著人爲東晉陶淵明。本篇文詞簡潔，風格平實，主旨恬靜，爲散文略含韻文之格調，易讀易懂，不可多得之文字，今日國民中學國文教科書中均列爲教材。昔日私塾學童於完成啓蒙讀本後，既讀四書，忠也，孝也，仁也，義也，總爲道統文字之。一旦陡然換讀此類短篇散文〈桃花源記〉。不獨有新鮮感受，並足以提高讀書之興趣耳。

陶淵明生平：陶淵明，字元亮，一名潛，東晉潯陽人。蕭統云：淵明，字元亮。宋書云：潛，字淵明，名元亮。按靖節全集中之孟嘉傳及祭妹文，皆自稱淵明當從之。晉安帝末，起爲州祭酒，桓玄篡位，淵明自解職而歸。州召主簿不就，躬耕自娛。劉裕起兵討玄，而爲鎭軍將軍，淵明參其軍事。未幾，又遷建威參軍，淵明見裕心懷異志，求爲彭澤令，遂以去職。潛少性尙高逸，好讀書不求甚解，著有五柳先生傳以自況，世號之靖節先生。按清代陶澍於其年譜考異下云：先生在晉時名淵明，字元亮。在宋則更名潛，而仍其舊字，謂其以名爲字者。謂初無明據，殆非也。至於唐代稱之爲深明或泉明，乃爲避諱唐高祖李淵之明諱耳。晉書雖署名爲唐太宗李世明所撰，實爲房玄齡等所彙編之。宋書爲梁代沈約所撰，蕭統與沈約係同時代之人，或云沈約所撰之隱逸傳在先耳，以後各傳皆此模託之。（晉書卷九十四。宋書卷九十三。南史卷七十五。三史隱逸傳中均有傳矣。）

靖節全集，最初爲梁昭明太子蕭統所編纂。據宋代晁公武讀書志云：「梁昭明所編，正集原止七卷，又錄一卷，爲八卷。其五孝傳，四八目，則陽休之所增，當以別於正集。次爲三卷，合成十卷，是陽本也。今諸本以五孝傳編於記傳之後，疏祭文之前，則既違蕭編，亦乖陽錄矣。故特離而出之，庶昭明舊第，猶可想像而得焉。……五孝傳，四八目，本係假託，可以存而不論。今於卷首載四庫全書提要，俾承學士不致以贋爲眞。其四八目與正史間有同異，仍爲注明者，以究係六朝人之書，爲後世類書之祖，足資考證也。」茲將四庫全書提要錄於后：

提要：陶淵明集八卷，晉陶潛撰。按北齊陽休之序錄，潛集行世凡本。一本八卷，無序。一本六卷鵲序目，而編比顛亂，兼復闕少。一本爲蕭統所撰，亦八卷，而少五孝傳及四八目。四八目即聖賢群輔錄也。休之參合三本，定爲十卷，已非昭明之舊。又宋庠私記稱，隋經籍志，潛集九卷。又云：梁有五卷，錄一卷。唐志作五卷。庠時所行，一爲蕭統八卷本，以文列詩前。一爲陽休之十卷本，終不知何爲是。……今四八目已經睿鑒指示，灼知其贋，別著錄於子部類書，而詳辨之。其五孝傳，文義庸淺，決非潛作，既與四八目一時同出，其贋自不待言，今並刪除。惟編潛詩文，仍從昭明太子爲八卷，雖梁時舊本，今不可考，而黜僞存眞，庶幾猶爲近古矣。……

桃花源記一文，雖刊於古文觀止卷三，實出於《搜神後記》（又稱續搜神記），刊於卷一第五節。搜神後記是否爲陶淵明所撰著，自明代以降，多人業已質疑，疑爲贋作。搜神後記中疑竇頗多，歷代學者均有考證，咸信絕非出自陶淵明之手筆也。

靖節全集經清代陶澍氏所蒐集歷代版本之序錄及跋，自蕭統本序言起，以至清，有數十篇之多。惟所提及〈桃花源記〉一文者，僅一篇耳。於清代乾隆五十年海昌吳騫引南宋理宗淳祐元年，鄱陽湯漢之東澗本跋云：「有宋刻陶集，斧季（毛姓，其名未檢獲）自題目下曰，此集與世本，夐然不同。

如〈桃花源記〉，聞之欣然往，時本率訛規作親。今觀是集，始知斧季之言爲不謬。」

據陶澍按云：東澗本，何孟春云，今不見其全書。此本乃吳騫拜經樓以宋重刻者，惟詩四卷，文但錄桃花源記，以有詩也。錄歸去來辭，以詩類也。其歸園田居，江淹擬作，及問來使，晚唐人作，舊誤入者，皆別出附於集末。

至於吳瞻泰陶詩彙注本云：「……刪去歸園田居江淹擬作，及問來使，四詩三首。而以桃花源詩，列於卷末。」又蔣薰本云：「詩四卷，與諸本同，惟刪四詩一首。而以桃花源詩，列於卷末聯句之前。」然晉書、宋書及南史之陶潛傳皆錄有〈五柳先生傳〉及〈歸去來辭〉，獨無桃花源記一篇，是故令人生疑之也。

爲證搜神後記贋作之嫌，則先論《搜神記》眞僞之考。近人余嘉錫據四庫全書提要考證，認現存搜神記，已非晉人干寶原著，乃爲後人所贋作之。余氏並予說明，並刊干寶原序等。茲錄於后：

說明：搜神記二十卷，舊題晉干寶撰，干寶（生卒年未詳）字令升，新蔡人。晉書本傳說他有感於生死之事；遂撰集古今神祇靈異人物變化，名爲《搜神記》凡三十卷。干寶原書傳至宋代，就已經散佚了。今天所看到二十卷本，據考證，可能是明代胡元瑞（應麟）從法苑珠林及諸書中輯錄而成。最初刊於海鹽胡震亨的《秘冊彙函》中，後爲毛晉收入《津逮秘書》。至嘉慶中，又爲張海鵬輯入《學津討源》第十六集。胡元瑞見聞博洽，又懂編輯體例，輯本多數條目大抵出於干寶原書。但胡氏鈔撮時亦有遺闕，並有濫收他而造成錯誤。

原序：雖先考志於載籍，收遺逸於當時，蓋非一耳一目之親聞睹也。又安敢謂無失實者哉。……況仰述千載之前，記殊俗之表，綴片言於殘闕，訪行事於故老。將使事不二跡，言無異途，然後爲信者，固亦史前之所病。……今之所集，設有承於前載者，則非余之罪也。若使訪近世之事，茍有虛錯，願與先賢前儒分其譏謗。及其著述，亦足以發明神道之不誣也。（摘錄自晉書卷八十二．干寶傳）

按：本序津逮秘書本無，鹽邑志林及學津討原本則刊之。恐皆據晉書．干寶傳摘錄補之。有關搜神後記（以下簡稱後記）。言爲陶淵明爲所撰者，僅見於南朝梁代釋慧皎所撰《高僧傳》之序中，亦僅「陶淵明搜神錄」六字而已，一語帶過耳。直至隋書經籍志記載有陶潛之搜神後記十卷，然舊、新唐書之藝文志卻未刊錄，僅記干寶之搜神記三十卷。北宋仁宗時王堯臣編輯崇文總目亦不見錄之。南宋紹興時鄭樵編通志，於其藝文史部傳記中，復見《搜神後記》十卷之記載。而尤袤之遂初堂書目、晁公武之郡齋讀書志、陳振孫之直齋書錄解題等卻又未刊載之。復至明代萬曆年時沈士龍、胡震亨合輯《秘冊彙函》中又見刊之。崇禎時毛晉據秘冊彙函本，而編入《津逮秘書》。清代嘉慶時張海鵬編入《學津討源》之中。

明代毛晉作搜神記後跋有言及後記之，當時繡水沈士龍及海鹽胡震亨作搜神記引時，亦提及之。茲錄於后：

毛跋：子不語神，亦近于怪也。顧宇宙之大，何所不有，令升感壙婢一事，信紀載不誣，採錄宜矣。元亮悠然忘世，飲酒賦詩之外，絕少著述，而顧爲令升噶矢耶？語云：「叩盆拊瓴，相和而歌。」自以爲樂矣。嘗試爲之繫建鼓，撞巨鐘，乃性仍然，知其盆瓴之足羞也。囿于耳目之常者，請作是觀。湖南毛晉識。（錄自津逮秘書卷二十附記）

沈引：後記，多人附益，絕非元亮本書。如元亮卒于元嘉四年，而有十四、十六年等事（卷六第十二節等）。《陶集》多不稱宋代年號，以干支代之，何得書永初、元嘉。又諸葛長民與宋武，比肩爲臣，陶必不謂伏誅（卷八第三節）。凡此數事，皆不可不與海内淹贍曉辨之等也。繡水沈士龍識。按：後記中所用宋之年號，不計其數，甚多矣。

胡引：若淵明後記，梁皎法師稱其「傍出《高僧》，敘其風素。」王曼穎報書亦云：「高僧行跡，糅在元亮之說。」今記中僅佛圖澄，曇遂二人，應散佚不少（卷二第七節、第九節）。其載桓溫老尼及見簡文帝山陵，豈以之況宋武耶？（卷二第五節、卷五第八節）海鹽胡震亨識

（以上三節錄自津逮秘書卷首）

沈士龍氏所言後記中以干支記載年代一節，經靖節全集刊《桑喬廬山記事》云：「義熙三年，是時，劉裕實殺殷仲文，將移晉祚。陶氏世爲晉臣，義不事二姓，故託爲之辭以去耳。梁昭明謂恥復屈身異代，要爲得其心，夫豈以一督郵，爲此悻悻乎！」宋王明清之困學紀聞亦云：「嗚呼！陶淵明奕葉爲晉臣。自以公相後，每懷宗國屯。題詩庚子歲，自謂羲皇人。「手持山海經，頭戴漉酒巾。興與孤雲遠，辨隨還鳥泯。」見廬山記，集不載。如此後記所記載年代之舉，頗令人疑竇之矣！

清代考據學盛行，四庫全書提要及周中孚之鄭堂讀書記均力主其非，實非陶氏手筆，乃爲後人所贋作。民初史學家陳寅恪氏云：「陶氏對道家清流學術，有創意見解，因漢末三國之兵燹年年，晉代統一未久，又遭八王之亂，未幾，北方五胡亂華，中原喪失，士大夫咸染清流無爲之思想，陶氏亦復如是。而後記中所載佛教沙門事蹟甚夥，並論及果報之說，與陶氏思維有悖，顯爲後人所贋作，而假陶氏之名耶！」（見陳氏於民國三十四年所發表〈陶淵明思想與清談之關係〉）（按卷二第五節、卷三第六節、卷五第一節、卷六第十三節等均是之。）清初沈德潛所編之《古詩源》於〈桃花源詩〉後註云：「原評：有羲皇之想也。必辨其有無，殊爲多事。」此註何意，頗爲不解，以求博者釋之矣！至於桃花源記僅注於詩前耳。近人周作人（筆名魯迅）所撰《中國小說史略》，今人郭箴一所撰《中國小說史》對後記皆有著述。茲錄於后：

> 周著：續干寶書者，有搜神後記十卷，題陶潛撰。其書具存，亦記靈異變化之事，如前記。陶潛曠達，未必拳拳於鬼神，蓋僞託也。（第五篇）
>
> 郭著：搜神後記，不但作者姓名難以置信，就是這個名稱也覺不妥。既是續書，不應該與搜神記有重複的，但隨便一翻，就發現好幾節與搜神記相同的，只是文字的詳略或記述的方式不同罷了。例如；郭璞爲趙固救馬使活的故事，既見搜神記卷三，又見搜神後記卷二。又如蔣侯贈果物愛人吳望子的故事，既見搜神記卷五，又見搜神後記卷五。（第三章）

後記中除上述瑕疵外，尚有一重大疑問。桃花源記刊於卷一第五節，而第四、七節等內容幾乎雷同。至於第六節提及南陽劉子驥之事。茲錄於后：

滎陽人，姓何，忘其名，有名聞士也。……何尋逐徑向一山，山有穴，纔容一人。其人即入穴，何亦隨之入。初甚急，前，輒閒曠，便失人。見有良田數十頃，何遂墾作，以爲世業，子孫至今賴之。（第四節）

長沙醴陵縣有小水（一處，名梅花泉）。有二人乘船取樵，見岸下土穴中水逐流出，有新斫木片逐水流，上有深山，有人跡，異之。乃相謂曰：「可試入水中，看何由爾。」一人便以笠自障入穴，穴纔容人；行數十步，便開明朗然，不異世間。（第七節）

南陽劉驎之，字子驥，好遊山水。嘗採藥至衡山，深入忘反。見有一澗水，水南有二石囷，一閉一開。水深廣不得渡。欲還，失道；遇伐弓人，問徑，僅得還家。或說囷中皆仙方，靈藥及雜物。驎之欲更尋索，不復知處矣。（第六節）

據以上三節觀之，其文詞與桃花源記之文章頗爲雷同。桃花源記似有綜此三節而贋作之，以掩其僞也。

陶淵明於晉書、宋書、南史均有傳此于二十四史中罕有之象也。三史及蕭統等四篇傳記，文詞大同小異，如出一轍，最先應於梁武帝時所作，沈約與蕭統二人孰先，則不知之矣？其中有關五柳先生傳一句，「嘗著五柳先生傳以自況」，除南史爲「蓋以自況」加一蓋字耳，餘無相異之處也。又「賦歸去來」四字亦一字不差！既如〈蓮社高賢傳〉亦一復如是耶！此乃千古文章一大鈔，不足爲怪也。

惟沈約所撰宋書尾句，「潛元嘉四年卒，時年六十三」。蕭統所撰，所差無幾。而晉書則言：「以宋元嘉中卒，時年六十三」，南史卻未記其謝世之年矣。然歷代所著傳記中皆未有提及〈桃花源記〉一筆之？

桃花源記之風格，與五柳先生傳、歸去來辭二篇，似爲相似而又非似也。一爲瀟灑悠然，飄逸之風；一爲避世思想，承襲晉代玄學遺風。然桃花源記與另二篇之文辭，則有軒輊耳。桃花源記全屬散文筆調，與唐宋散文相若，如宋朝歐文蘇文極爲接近，而五柳先生傳二篇仍未脫駢文四六對仗之遺風，猶以歸去來辭爲甚之。且歷代傳記均未刊有桃花源記一文，故世人不疑爲贋作之。

後記刊一百十六篇，補遺十八篇，共一百三十四篇。桃花源記一篇之文體、內容、風格與其餘各節皆格格不相入，頗有獨樹一幟之感。其餘各節文體僵硬，章句生疏，除有承襲前記之作風外，並與郭璞之玄中記、劉慶義之幽明記同爲一格，仍不脫志怪小說之巢臼也。而桃花源記則不然，詞藻潤滑優美，風格飄逸灑脫，且無神怪靈異之說。如文中「芳草鮮美，落英繽紛」。「黃髮垂髫，並怡然自樂」。等句，依此筆調極似散文遊記之文筆，而非神怪靈異小說之佶屈聱牙哉。苟再依後記卷一之第四、六、七節而言，桃花源記一文，似有據此三節而拼成之（已錄於前節）。後記已公認爲贋作，然則桃花源記一文，應是贋作中之贋作也。桃花源記又不見於歷代之陶淵明傳中，自難驟然認定爲陶氏所撰，此文則又爲何人所贋作之矣？如是惟請博者以證之。

歷代學者爲靖節先生作傳頗夥，清代陶澍爲先生訂年譜考異時敘述綦詳。其云：「宋李巽撰靖節新傳三卷，其書已佚。陳振孫書錄有吳仁傑所撰年譜，蜀人張縯爲作辨證，今吳譜尙傳於世。王質（字雪山）著紹陶錄，亦撰栗里年譜，元代陶宗儀載入輟耕錄。清代新安吳瞻泰撰陶詩彙注，將二譜並冠卷首。……竊倣張縯辨證之例，以王、吳二譜並列於前，參考宋元以來諸家所說，爲之考異。」按年譜考異中，僅有兩節論及靖節先生之著述：一爲晉安帝義熙三年，吳仁傑譜云：「晉史本傳云，義熙三年，解印去縣，賦歸去來辭。按先生自序，去縣以乙巳歲，實元年，此史誤也。」另晉恭帝元熙二年，王譜云：「……劉驎之，一字遺民。即桃花源記中南陽劉子驥，晉書有傳。」按劉傳既如後記卷一第六節（本節前文已錄之）。餘無他也。亦未敘及桃花源記是否爲靖節先生所撰，或何時所撰？僅爲介紹劉驎之耳。

桃花源記一文刊於靖節全集卷六，陶澍箋注本，文後附有宋代康駢、蘇軾、趙與時、胡仔等評語。至於胡仔之苕溪漁隱叢話所云：「東坡云：世傳桃源事，多過其實。云云。」又云：「東坡此論，蓋辨證唐人以桃源爲神仙，如王摩詰（維）劉夢得（禹錫）韓退之（愈）作桃源行是也。王介甫作桃源行與東坡之論暗合。」然皆爲論及〈桃源行〉之詩風而已（卷三），並未論及桃花源記其文之眞實性，亦未有言及其出處耳。然而於唐宋以前，再未見有學者著述中有此類之評語也。自六朝至隋唐，六百餘年之久，博學之士不知幾許，何未論及靖節先生全集乎？令人費解耶！全集雖爲蕭統所編纂，歷經兵燹等等，復經後人竄改，四庫全書提要，業已考證明確。清代吳騫跋宋代湯漢東澗本云：「有宋刻陶本。斧季自題目下曰：此集與世本，敻然不同，如桃花源記，聞之欣然規往，時本率訛規作親。」

陶澍按曰：「按東澗本，今已不見其書，此本乃吳騫拜經樓以宋本重刻者。惟詩四卷，文但錄桃花源記，以有詩也。」至於清代吳瞻泰之陶詩彙注及蔣薰本，僅提及及桃花源詩，而附於卷末，並未論及桃花源記一文也。

（錄自陶澍箋注靖節先生集序錄）

綜論：桃花源記勘定其有贋作之嫌，不外四點：

一、不見於史書，不論晉書、宋書、南史陶潛傳中均提及桃花源記一篇。

二、現存靖節全集已非蕭統所編之原貌，業經後人竄改，是否據桃花源詩而贋作補入之。

三、後記復見於明代中葉，古文觀止編纂於清初，吳氏未察之矣。

四、清代沈德潛編古詩源時，特將桃花源記附桃花詩之後刊於卷末，且已表懷疑矣。

桃花源記實爲一篇上乘教學課文，苟不言其贋作之嫌，論風格、詞藻無不列上品，讀之實有俾益之。

註：

干寶：字令什，晉新安人。博覽群書，名爲著作郎，求補山陰令。歷位散騎常侍，領國史，著晉紀，直不能婉，咸稱良史。性好陰陽術數，撰搜神記，世謂鬼之董狐。又著春秋義外傳，注周易、周官數十篇。

湯漢：字伯紀，號東澗，宋安仁人。淳祐中充國史實錄院檢驗，授太學博士，遷秘書郎。著有文集。

胡應麟：字元瑞，明蘭谿人。萬曆中舉於鄉，久不第，記誦淵博撰著頗夥。有少室山房類稿、筆叢，詩藪等。

胡震亨：字孝轅，明海鹽人。萬曆舉人，官至兵部員外郎。乞歸，藏書萬卷，日夕搜羅，著有唐音統籤、赤城山人稿、海鹽圖經、讀書雜志。

沈士龍：年籍不詳。史籍未有記載。

王質：人名大辭典中同名者，共有十位，均未有一位，字爲雪山，亦未著《紹陶錄》一書。故年籍不詳。

吳騫：字槎客，號兔床，清代海寧人。乾隆時貢生，著有拜經樓詩文集。

吳瞻泰：字東巖，清代歙縣人。著陶詩彙註。餘不詳。

陶澍：字子雲，號雲汀，清安化人。嘉慶進士，道光年間官至太子少保，兩江總督。時鹽漕積弊甚深，創海運及票鹽之法。其他如治皖之荒政，在吳有三江水利等政績，卒諡文毅。著有印心石屋文集、奏議、陶桓公年譜、淵明集輯注、靖節年譜考異、蜀輶日記等。

余嘉錫：字季豫，民初湖南常德人。歷任北平輔仁大學中文系主任。撰四庫全書提要辨證、目錄學發微、古書通例、世說新語箋注等。

《辨姦論》

〔辨姦論編選於古文觀止卷四之中，撰著人署名爲宋代蘇洵，乃爲一篇誣衊詆詖當朝宰相王安石之文也。此文乃爲北宋末年邵伯溫所贋作，業經於拙作《王安石洗冤錄》，第六章・辨姦論及其他謗文中，敘述綦詳，本節僅將前書摘錄及摭遺而已矣，敬請參閱前文。〕

宋史神宗本紀一：「熙寧元年四月乙巳，詔翰林學士王安石越次入對。」另王安石傳：「熙寧元年四月始造朝入對。」既於當時即爲熙寧新法之始也。緣因王安石於仁宗之時，曾上萬言書，諫諍當朝弊政，力主革新，仁宗懦弱，未納其諫。神宗繼位，已知北宋積弱日深，奮力變法維新，登基未暖，既自江寧將王安石宣詔入朝，獨任創議新法而強國，越次詔見，遂致冷落滿朝重臣，群起共予掣肘。誹謗詆詖文字，不絕於市矣。程頤、程顥、蘇軾、蘇轍、張方平等皆予外放，司馬光、呂公著、韓琦等均東走洛陽，而依邵雍矣。王安石於熙寧七年四月，第一次罷相歸江寧，次年二月復任相位，又於九年十月上表乞歸江寧。神宗施予新政不輟，直至元豐八年三月駕崩。哲宗嗣位之時，尚於稚齡，太后宣仁皇后垂箔聽政，改元爲元祐。盡革新法，召前朝外放舊臣，悉數還朝，恢復舊制，而釀成元祐黨禍，北宋乃步入南渡之途耳。

邵伯溫爲邵雍之子，日雜於司馬光等之間，耳濡目染，遂力斥新法爲非，肆意詆詖王安石，然王安石之行端政廉，學養斐然，無懈可擊，以致邵某積胸中之懣，難予宣泄，故而揑造辨姦論一文而詆詖之，其云：「衣臣虜之衣，食犬彘之食，囚首喪面，而談詩書，此豈其情也哉？凡事之不近人情者，鮮不爲大姦慝，豎刁、易牙、開方是也。」此類潑婦罵街之語也。

哲宗登基，宣仁太后垂箔九年而薨。哲宗此時業已弱冠，九年之久，受盡太后及元祐黨人挾制之怨，心中忿懣乃即洩瀉，立即改元爲「紹聖」。起用新法舊臣，如呂惠卿、章惇、曾布等。而元祐黨人如蘇氏昆仲，程頤、范鎮、范祖禹、邵伯溫等輩盡行貶逐之，元祐黨人稱之爲「紹述之禍」，邵伯溫身爲元祐黨人，焉能不憤恨之。乃至遷怒新法，亦并遷怒于王安石，而故撰辨姦論一文，特以詬辱王安石也。

元祐黨人於司馬光卒後，程頤與蘇軾等爲殯葬之事，竟起蕭牆之禍，而分爲洛黨則以程頤、邵伯溫爲首。蜀黨而以蘇軾昆仲統率。朔黨即有劉摯等領之。其間程頤與蘇軾二人，形同冰炭，洛黨、蜀黨之爭，禍延數十年之久矣。邵某贋作辨姦論一文，而假蘇洵之名，不獨惡意攻訐王安石，實又毀及蘇洵之清譽，誠一石二鳥之計也。

辨姦論最先發現於邵某之聞見錄卷十二中，並加前序後跋，明爲以訐王安石之姦，釐定新法，貽害生民。實乃陷蘇洵之不義，其爲尖酸刻薄之寒士也。更爲史實中，蘇氏父子均爲是非口舌之徒矣。

茲將前序、後跋錄於后：

前序：眉山蘇明允（洵字）先生，嘉祐初遊京師時，王荊公名始盛，黨與傾一時。歐陽文忠公（修諡號）亦善之，先生文忠客也。文忠勸先生見荊公，荊公亦願交先生。先生曰：吾知其人矣，是不近人情者，鮮不爲天下患，作辨姦論一篇爲荊公發也。

後跋：斯文出，一時論者，多不以爲然。雖其二子，亦有嘻其甚矣之。歎後十餘年，荊公始得位，爲姦無一不如先生言者。呂獻可中丞於熙寧初，荊公拜參知政事日，力言其姦，每指荊公曰：亂天下必此人也。又曰：天下本無事，庸人擾之耳。司馬溫公初亦以爲不然，至荊公虐民亂政，溫公乃深言於上不從，不拜樞密副使以去，又遺荊公三書，甚苦冀荊公之或從也，荊公不從乃絕之。悵然曰：呂獻可之先見，余不及也。若曰，明允先生其知荊公，又在獻可之前十餘年矣。豈溫公不瞞辨姦也。獨張文定公（方平）表先生墓具載之。

邵伯溫之辨姦論面世後，元祐黨人相競鈔錄其劄記內，誠如近人胡子明氏於《楚辭研究》中所云：「宋人向多異說，此類異說，相互鈔襲，不避雷同。」如朱熹之五朝名臣言行錄，方勺之泊宅記，葉夢得之石林避暑錄，胡仔之苕溪漁隱叢話等等，視而不察，和而倡之，相競鈔錄，以訛傳訛，積非成是，故迫後人不得不深信王安石之姦也。除胡仔之苕溪漁隱叢話，鈔錄邵某所贋作之張方平墓誌外，餘皆將邵某之辨姦論全文，一字不改，照鈔不誤。至於前序後跋，雖不雷同，所差無幾矣。茲將方勺之泊宅記、葉夢得之避暑錄話、苕溪漁隱叢話所記錄於后：

泊宅記：公（歐陽修）在翰苑時，嘗飯客，客去獨老蘇少留。謂公曰，適坐有囚首喪面者何人？公曰，王介甫也。文行之士，子不聞乎？洵曰，以某觀之，此人異時必亂天下，使其得志立朝，雖聰明之主，亦將爲其誑惑，內翰何爲與之遊乎！洵退於是作辨姦論行於世，是時介甫方作館職，而明允猶布衣也。（卷上）

避暑錄話：蘇明允本好言兵，見元昊叛西方，用兵久無功，天下事有當改作，因挾其所著書。嘉祐初來京師，一時推其文章。王荊公爲知制誥，方談經術，獨不嘉之。屢詆于眾，以故明允惡荊公甚于仇讎，會張安道亦爲亦爲荊公所排，二人素相善，明允作辨姦論一篇，密獻安道。……（卷上）（按：蘇洵來京師之時，應爲至和末年，因蘇軾於嘉祐元年中進士。）

叢話：苕溪漁隱曰：龜山（楊時）謂老泉（洵號）爲荊公所薄，余觀張安道（方平字）作老蘇墓表，老蘇亦自鄙荊公。蓋道不同，不相爲謀。宜其矛盾如此，墓表云：「嘉祐初，王安石名始盛，黨友傾一時。其命相制曰，生民來，數人而已，造作語言，至以爲幾于聖人。歐陽修亦與之善，勸先生與之遊，而安石亦願交先生，先生曰，吾知其人矣！是不近人情者，鮮不爲天下患。安石之母死，士大夫皆弔之，先生獨不往，作辨姦論一篇。當時見之者，多不謂然曰，嘻其亦太甚矣。先生既歿三年之後，而安石用事，其言乃信。」（後集卷二十七）

以上各家，各有宏論，言詞雖不盡同，詆詖荊公「囚首喪面」，不重儀容，而言及新法之不當，禍國殃民，則如出一轍也。按蘇洵於京之時，僅有十年而已，嘉祐初時蘇軾昆仲舉進士，此時蘇洵應逗留京師，卒於英宗治平三年，嘉祐共八年加治平三年，共十餘年之久。而王安石於嘉祐初仍知常州，四年入京任職於集賢院，六年任知制誥，八年母喪歸江寧丁憂，在京亦四年之久耳。此時神宗尚未繼位，新法亦未肇施，王安石與與蘇洵何恩怨之有歟？歐陽修飯客，王安石已任館職，而蘇洵尙爲布衣，荊公不識蘇洵，以理亦爲不合，其子蘇軾業進士及第，同儕之誼，焉有不識其尊翁之理乎？荊公既就館職，布衣之士焉有不識朝廷重臣乎？同爲歐陽文忠公坐上飯客，又何未爲引見乎？此類乖舛情理之言，何能令人折服之。辨姦論所云：「衣臣虜之衣，食犬彘之食。」葉夢得之避暑錄話亦云：「荊公性固簡率，不緣飾然，食太彘之食，囚首喪面者，亦不至是也。」（卷上）

苟據邵某聞見錄所記，以及諸人等論說，各項情節，則難吻合之矣。按邵某與程頤二人爲洛黨之首，朱熹爲程頤受業門生。蘇軾於杭州刺史時，主持場屋，方勺錄之金榜，亦有師生之誼，故皆竭力詆誣王安石也。二人又爲南渡後而鈔襲，時隔百年特肆意而爲之矣。葉夢得氏爲哲宗紹聖進士，此時元祐黨人業經失勢，其所錄文詞，亦較超然也。故言：荊公性固簡率，不緣飾然，……亦不至是也。然對辨姦論一文，未予察其贋作，冒然錄之於其劄記之中，而附和之，有失治學之道也。至於南宋末年龔頤正之芥隱筆記所云：「荊公在歐公坐，分韻送裴如晦知吳江，……（老蘇亦在坐），爲押韻之舉，王蘇之憾，未必不稔於此也。」（全一卷）然不識此言出於何處也。四庫全書提要評云：「頤正考證博洽，具有根柢，而舛謬處，亦時有之。」

熙寧元豐施行新法之際，司馬光之涑水記聞、魏泰之東軒筆錄、蘇軾之仇池筆記及東坡志林、蘇轍之龍川略志等，均已先後面世，猶以涑水記聞、東軒筆錄無一字不在詆誣王安石，未見提及辨姦論一文之事耳，豈不怪哉？據邵某之聞見錄所載，事端起於歐陽修飯客之舉，朱熹、方勺、龔頤正皆作如此之言，何獨歐陽修之歸田錄，卻亦隻字未提之，另江休復所撰之嘉祐雜志，以記述嘉祐年代之事，更未提及辨姦論一節，亦不怪哉！儕輩皆爲嘉祐、熙元年間之人，劄記中皆未記之，而後人記之，誠令人不解之矣。邵某爲元祐年間由元祐黨人保薦授大名助教，辨姦論一文苟如聞見錄所言，於嘉祐年初之事，時經將三十年之久，何知如此之詳耳？前序後跋，天衣無縫，然情節舛謬，是故破綻百出，贋作之嫌，不言而喻矣！英宗治平進士王闢之所撰《澠水燕談錄》，於忠孝一篇中，記有蘇氏父子入京經過。茲錄於后：

澠水燕談錄：眉山蘇洵，少不喜讀，幾壯猶不知書。年二十七始發憤讀書，舉進士又舉茂才，皆不中曰，是未足爲吾學也。焚其文，閉户讀書五六年，乃大究六經百家之説。嘉祐初，與二子軾轍至京師，歐陽文忠公獻其書於朝，士大夫爭傳其文。二子舉進士，亦皆在高等，於是父子名動京師，而蘇氏文章擅天下。（卷四）

唐宋科舉時代，不獨論及文章，更重其品德。王闢之將蘇洵苦讀一節，列入忠孝篇中，蘇洵文章當不致如此尖酸刻薄耶！然則何能名重於京師乎？既以元祐黨人范鎮之《東齋記事》及同儕等劄記，均未見有記載蘇洵撰作辨姦論一文。反見之於後世之文字耶！元明學者何未疑之耶！

清代文壇，以考據學爲擅長。辨姦論一文，首先發難言爲贗作者，爲清代康熙進士李紱，李氏於其《穆堂初稿》中，書辨姦論後兩則，率先斷定其爲贗作，力證其非。不獨辨姦論一文，既使張方平爲蘇洵所撰之墓誌銘，以及蘇軾回謝張方平代作墓誌銘一文，皆係贗作之。邵某贗作辨姦論一文爲求得能矇蔽世人，故特再贗作張方平之蘇洵墓誌銘，特將辨姦論一文嵌入其中，以飾其僞。更復贗作蘇軾回謝張方平書，反覆掩蓋，邵某可言心勞力拙矣。

李紱氏爲證辨姦論確爲贗作，因當時明清兩代書坊所售之《老泉集》（共二十卷），內中刊有辨姦論一文，特竭力搜尋蘇洵昔日文字集本等，以證其僞。終于搜得明代嘉靖年間，太原太守張鏜翻刻巡案御史王灃南家藏本，書名爲《蘇明允嘉祐集》，僅十五卷，集中卻未有辨姦論一篇（即今書坊所售經四庫全書勘定之《嘉祐集》）。因辨姦論一文始見之於邵某所撰聞見錄中，乃確認辨姦論一文爲邵某所贗作而無疑議矣！按：張方平所撰之《樂全集》中並無蘇洵墓誌銘一文，蘇軾之東坡七集中亦未有回謝張方平一書。雖非全賴李氏所證，亦可知此三篇文字皆出予贋作之也。

李氏之後，乾隆時人蔡上翔氏所撰《王荊公年譜考略》，廣蒐博證，其於考略卷十下，開宗明義即云：「聞杜鵑、辨姦皆僞書也。遂爲荊公兩大公案，作僞者皆年歲不合，事實亦異，因其僞而辨之。」此卷洋洋灑灑四千餘言，辨證不謂不詳也。茲就辨姦論贋作之三文，辨證重點，簡略摘之於后：

考略：

（辨證辨姦論）……明允見微知著，果若此乎？後來介甫之姦，果至於是乎？若夫面垢而不洗，衣垢不澣，則必庸流乞丐窮餓無聊之人而後可。慶歷二年，介甫年二十二成進士，已踐仕途。四年，曾子固（鞏）稱其人爲古今不常有。皇祐三年，文潞公（彥博）薦其恬退，乞不次進用。至和二年，初見歐陽公，次年，以王安石、呂公著並薦於朝，稱安石德行文章爲衆所推，則年三十六也。而是年明允至京師，始識安石，安有臚列醜惡一至此極，而由屢見稱於南豐（曾鞏）廬陵（歐陽修）潞國（文彥博，仁宗時封潞國公）若此哉！……

（辨證墓誌銘）蘇明允得歐陽修、曾子固誌其墓，可以立名千古矣。而安道（張方平）復爲之表，與子瞻謝書，若專爲辨姦而作，豈明允一生大事爲歐曾文所未備者，果無有重於此哉！嗚呼！吾於明允墓表，尤不免爲安道惜哉！……嘉祐初，安石名始盛，黨友傾一時，中間刪去其命相制曰二十四字，而即繼之曰歐陽修亦善之。夫刪之則似既知其亡矣，既知之，若於是人作僞日拙，已自陷於萬不能解免者，而刪者顧爲之代覆其惡，吾誠不能爲造謗者解也，吾尤不能爲代覆其惡者解矣。中間意不接，辭不成句，不可勝摘，識者詳之。

(辨證回謝書)……若明允於介甫生前既無一日過從之雅，即謂介甫素不悅其所學，與非毀其文章，亦未嘗有事權以塞登進之路。則子瞻之於介甫，尤非有不共戴天之讎也。曷爲一則曰涕泗，再則曰流涕，乃專在於辨姦，由君子觀之，是豈仁人孝子所爲，且將子瞻爲何如人哉？辨姦爲一人私書，初傳於世，亦詭秘莫測，而曰論之於先朝，載之於史冊，是何所據而云然？……

(卷十　張方平之墓誌銘、蘇軾之謝函，一併附錄於卷十之中。)

至於宋史王安石傳所刊：「安石未貴時，名震京師，性不好華腴，自奉至儉。或云衣垢不澣，面垢不洗，世人多其賢。蜀人蘇洵獨曰，是不近人情者，鮮不爲大姦心，作辨姦論以刺之。……」蔡氏於年譜考略自序中，亦釋言之。茲摘錄於后：

自序：……若爲宋史者，元人也。而元人盡採私書爲正史，當熙寧新法初行，在朝議論蜂起。其事實在新法，猶爲有可指數者，及乎元祐諸臣秉政，不惟新法盡變，而黨禍蔓延。尤以范呂諸人初修神宗實錄，司馬溫公瑣語、涑水記聞。魏泰東軒筆錄，已紛紛盡出，則皆陰挾翰墨，以饜其忿好之私者爲之也。……

近人梁啓起先生之王安石評傳第一章敘論中云：「宋史成於元人之手，元人非有好惡其間也。徒以無識不能別擇史料之眞僞耳。……宋史遂據一面之詞，以成信讞，而沉冤莫白矣。」

又：靖康之初，楊時論蔡京疏。南宋有未署名者於其後跋之云：「……南渡以後，元祐諸賢之子孫及蘇程之門人故吏，發憤於黨禁之禍，以攻蔡京爲未足，乃將敗亂之由，推原於荊公，皆爲妄說也。」等云。

綜上各論：蔡氏所論，王安石受辱，「其事實在新法」，此言頗有推敲餘地，新法並非不良，梁任公於評傳中，評述將百萬言，對新法之剖析綦詳。並未有不善之處，其所以而受疵議於後世者，元祐黨人故入王安石之罪也。未署名人氏言，其故入王安石之罪者，乃爲元祐諸賢之子孫及蘇程之門人所致也。按宋史爲元代右丞相脫脫所主修，試問？脫脫爲蒙古人，其漢學修維如何？宋代史蹟又知如何？而修史皆羅致南宋之遺臣也。如此則可斷言，其中元祐黨人之子孫及蘇程門人夾雜其間矣。則肆意顚倒是非，而將辨姦論一文之重點，羼入宋史之間，而愚弄後世，是故梁任公評宋史爲「妄史」也。

今人鄭廣銘氏（大陸學者）於所撰〈中國十一世紀時的改革家王安石〉一文云：「邵伯溫於其聞見錄中，以廣大篇幅而誹謗醜化王安石。……而猶以卑鄙惡劣的假冒蘇洵之名，炮制一篇辨姦論。……」

辨姦論一文，證實其爲贗作，業已三百餘年之久矣。姑不論史實之眞僞，邵某之卑劣，然此篇文章亦非上品文字，文章詞句反覆顚倒，引「山巨源見王衍、郭汾陽見盧杞」二事，於篇幅中竟佔三分有二，未見敘述王安石之禍國殃民之處，如此何姦之有歟？尾節則言「衣臣虜之衣，食犬彘之食，囚首喪面，而談詩書」等語，則與潑婦罵街又有何異乎？邵某所云「凡事之不近人情者，鮮不爲大姦慝，豎刁、易牙、開方是也」，不近人情爲大姦慝者，其具體事蹟何在，未見言明之，如是何成姦慝乎？

至於豎刁易牙開方一句，則為套用蘇洵之管仲論中字句，其原意乃為使他人深信為蘇洵所撰矣。文後又復引用，孫子云：『善用兵者，無赫赫之功。』其原意誠不識何在歟？更不知其云耳？元祐黨人胡仔於苕溪漁隱叢話中言及王安石之閫範一節。其云：「荊公妻，吳國夫人亦能文，嘗有小詞。約諸親遊西池：『有待得明年重把酒，攜手，那知無雨又無風。』皆脫灑可喜之句也。」如是吳國夫人對荊公，「衣臣虜之衣，食犬彘之食，囚首喪面，而談詩書」。可視若無睹乎？（前集　卷六十麗人雜記，此節又記荊公之妹及女等皆為能詩文耶。並記綦詳，略之。）

前論〈李陵答蘇武書〉等三文，雖有贋作之虞，然文章有其主旨，文字結構、詞藻均為上乘，學子讀之有益而無害也。獨此篇文字，主旨卑鄙，詞藻拙劣，全篇賴予文字堆砌耳，歪曲史實，污衊先賢使學子讀之易受其蠱惑也。古文觀止編纂原意，在求教誨夫子忠恕之道，勉勵學子發憤圖強，品學俱優，為登金榜之階梯也，吳氏編纂此篇〈辨姦論〉，其考慮有欠周詳也。

（本節有關資料於拙作〃王安石洗冤錄〃詳述之。請予參閱之。）

註：

蘇洵：字明允，宋眉山人。年二十七，始發憤為學。領其二子同至京師，歐陽修、韓琦奏於朝除秘書省校書郎，著有嘉祐集。洵家有老人泉，又號老泉。

張方平：字安道，自號樂全居士，宋江寧人。舉進士，為著作郎，熙寧間官累至參知政事，著有樂全集。

江休復：字鄰幾，宋陳留人。舉進士，累遷刑部郎中。著有春秋世論、嘉祐雜志等。

邵伯溫：字子文，宋范陽人，邵雍之子。元祐中以薦授大明助教，爲元祐黨人，著有易辨惑、河南集、皇極系述、聞見錄等。

胡仔：字元任，宋績溪人。以蔭授迪功郎，兩浙運司幹公事，官至奉議郎，著苕溪漁隱叢話。

龔頤正：字養正，宋遂昌人。南宋光宗時爲國史檢討，著有老證博治、芥隱筆記。

王闢之：字聖塗，宋青州人。治平進士，紹聖間退居澠水，著有澠水燕談錄。

李紱：字巨來，又號穆堂，清臨川人。康熙進士，累官至工部侍郎。著有穆堂初稿等。

蔡元鳳：字上翔，清金溪人。乾隆嘉慶間人著有王安石年譜考略，餘不詳。

【新編】

世人評論古文觀止取材嚴謹，文以載道。抒情文章，付諸闕如。學子久讀久習，易導思維古板，食而不化之病也。然仁智互見，利弊各在，時代差異，研讀目的，則不盡同，編選歷代文章，散文駢文無不爲精粹之文也。

今人趙聰先生重行編選古文觀止一部，名爲《新編古文觀止》。汰舊換新，刪去舊本八十八篇，新增一百零六篇，共編二百三十八篇。是否一除舊習，摒棄八股，採用抒情，亦未盡然耳。

新編本中，增刪捨取，未必盡善之。刪除左傳文章如「齊桓下拜受胙、子產論政猛寬」等篇，此類文章則爲政論性文章，有禮儀及施政之道，而非儒學道德文章也。唐文；李白所撰〈與韓荊州書〉

一篇，亦爲刪去，此篇兼有駢文意味，文意誠摯，詞藻優美，亦可謂之抒情文章也。再韓愈之〈原道〉，以及〈祭鱷魚文〉有史實性文章，悉數刪除，頗爲惋惜，等等不勝枚舉矣。至於新增文章中，言其精粹亦未必盡然，如戰國策之〈鄭袖讒魏美人〉一篇，應有疵論，此文主旨，有欠光明。以讒言陷人於絕境，仁者所不取焉。再依抒情文章而論，唐文編錄陳鴻之〈長恨歌傳〉，元稹之〈鶯鶯傳〉等篇文字，有欠妥善。長恨歌傳，言及唐玄宗李隆基強佔其子壽王之妃，兒媳楊玉環，聚麀之污，何以教誨學子歟？猶以鶯鶯傳一文，更爲淫靡近乎淫逸耳。其中五絕一首：「待月西廂下，迎風戶半開。拂牆花影動，疑是玉人來。」尚爲含蓄，更有淫靡文詞，不堪入目，何可作爲教學之文耳？唐宋時代學者對元稹久有疵議，皆評元稹詩文，淫風甚重，如宋代王讜之唐語林則有言之。茲錄於后：

唐語林：元和以後文筆；學奇於韓愈，學澀於樊中師，歌行則學流蕩於張籍，詩章學矯激於孟郊，學淺切於白居易，學淫靡於元稹，大抵天寶之風。……（卷二）

新編本中，增編論語一章，孟子六章，此於私塾之際，列爲四書，先予讀之。自五四運動後，胡適博士倡導打倒孔家店，四書於今教課書中，鮮少編列授教，故予編入未爲不可，此乃新本可喜之處也。更將原本中之後出師表及辨姦論二篇贋作文字，予以剔除，功德非淺矣。猶以辨姦論一篇，主旨奸佞，詞藻卑劣，實不可教育學子耶！剔除原委，雖未言明，亦不難知之矣。李陵答蘇武書及桃花源記二篇，則未予刪除之。或其二篇文辭優美耳。

新本中復編入兩篇爭議性文章，一爲致史可法書，一爲復多爾袞書。多爾袞爲女眞族，初入中原，漢學未通，此篇文章爲二臣捉刀，則無庸疑議之。致於復多爾袞書，是否爲史可法親撰，又有爭議焉！史氏爲明末崇禎進士，滿腹經綸，草擬如此文章，易如反掌也。然史氏於南明時，累官爲大學士兼兵部尚書，督師揚州，於兵荒馬亂之際，揚州形如壘卵，危在旦夕矣。能否有此閒情逸趣，而草擬此書，則是令人生疑之矣！況麾下謀臣之盛，江左精英薈萃，群聚於此，焉用史氏執筆耳。

然此二篇，文辭並茂，致史可法書雖爲招降之書，言詞婉轉，文義和緩，並未有咄咄逼人之態，頗具儒家之風範也。至於復多爾袞書，大義凜然，浩氣澎湃，不卑不亢，慷慨陳辭，自古難得擲地有聲之好文章也。

清代計六奇所撰《明季南略》刊此二篇，題名略異；爲「甲申（明崇禎十七年，清順治元年，公元一六四四年）九月，清攝政王遣副將唐起龍致史可法書」，《史可法答書》。計氏於答書後加註云：「何亮工，南直桐城人，宰相何如寵之孫也。亮工少有逸才，時爲史道鄰（可法字）幕賓，此書乃其手筆。順治丁酉，亮工舉孝廉，家於南京武定橋。」（卷七）

清代徐鼒之小腆紀年則爲存疑云：「史公答書，原札尚存內閣，書用紅帖寫，蓋印曰：督師輔臣之印，每頁四行寫，連抬頭二十字一行；列銜云：大明國督師尚書兼東閣大學士史可法頓首謹啓大清國攝政王殿下。書尾署弘光甲申九月十五日。」復云：「此文雖署名史可法，但多家均以非出自本人手筆。按當時史可法開府揚州，其幕僚之盛，幾集萃東南英俊，故有「於軍書旁午之際，復書未必爲其親筆」之說。然是否出於何亮工達士之手乎？」

清末李慈銘則認何亮工所撰，未可定論。依彭士望所撰《恥躬堂集》言為樂平王綱所撰，昭棟所撰《嘯亭雜錄》言為侯朝宗所撰，徐珂所撰《清稗類鈔》亦言為侯朝宗所撰。至於江蘇鹽城縣志言為清初王士禎所撰，則為荒謬，按王士禎於崇禎七年出生，甲申之變，尚為十餘歲之稚齡兒童，王氏於順治八年中舉，十二年中進士，故非為王氏所撰，況王氏亦無此民族忠貞節氣也。

【結語】

古文觀止確為中國古文學中之一部優良讀品，雖有四篇之贋作文章，瑕尚不能蓋其瑜也。亦非妄評為文以載道之道學文字也。苟若能熟背十篇以上，寫作文筆自會通順，雖不致立筆成文，倚馬可待，亦不致佶屈聱牙，文不成章矣。至於新本所編文章，是非功過，則是仁智問題也。優良文章，百讀不厭，可議之文，除辨姦論之文詞奸佞外，餘者雖具有贋作之問題亦不失為好文章也。桃花源記一文詞藻優美，為千古鮮見之上乘文章也。學子應熟讀之。